자녀를 살리는
낮은울타리 3사역

오늘날
교회 학교와 기독교 가정의
문제

- **복음사역이 약해졌다** – 주님을 모른다

- **회복사역이 사라졌다** – 자기를 모른다

- **문화사역이 사라졌다** – 세상을 모른다

문제와 해결책

- 복음사역의 약화 – 선지자 직 모른다
- 회복사역의 부재 – 제사장 직 모른다
- 문화사역의 부재 – 왕 직 모른다

3중 사역 곤란 - 육에 속한 삶

대안

3사역이 융합된 양육

5 JESUS POWER

선지자, 제사장, 왕
3중 직분 감당함으로
역동성 넘치는 삶

선지자 직
자녀에게 복음을
먹이는 사역

복음사역

5 JESUS POWER

양육

벧전2:9
너희는 택하신 족속이요
왕 같은 제사장들이요
거룩한 나라요

3사역의
융합을 전제로 한
낮은울타리
양육 목표

제사장 직
지성소에서의
직면을 통해 주님
성품 갖게 하는 사역

회복사역

문화사역

왕 직
문화를 통해
세상 정신을 알고
다스리게 하는 사역

선지자 직
하나님의 창조를 알고 해석
주님 창조 경륜의 심오한 뜻과
목적에 입각한 바른 지식 전파

복음사역

5 JESUS POWER

양육

벧전2:9
너희는 택하신 족속이요
왕 같은 제사장들이요
거룩한 나라요

3사역의
융합을 전제로 한
낮은울타리
양육 목표

제사장 직
하나님 앞에 가져야 할
마땅한 자세-경배와
찬양으로 하나님을
섬김, 예배 통한 직면

회복사역

문화사역

왕 직
주님의 선한 청지기 삶
뱀을 몰아내며 주님의
의와 공의와 평화의
천직 통해 통치 확대

융합의 중요성
convergence

복음을 객관적 진리로
믿지 못하게 하는
신학 실종 해결

복음사역

5 JESUS POWER

양육

복음을
객관적 진리로
믿게 하는
내면의 문제 해결

회복사역

문화사역

복음을
객관적 진리로
믿게 하는
외면의 문제 해결

3사역의
융합을 전제로 한
양육 목표

융합의 중요성
convergence

하나님 인식을 돕는
교리 파악, 선택

복음사역

5 JESUS POWER

양육

회복사역

문화사역

하나님 인식 방해하는
상처, 욕망 파악

하나님 인식 방해하는
세상 정신 파악

3사역의
융합을 전제로 한
양육 과정

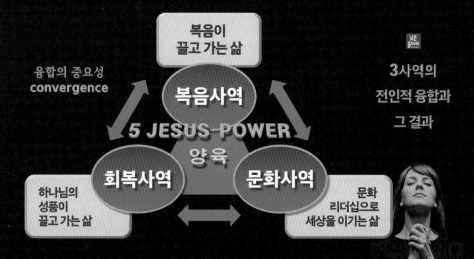

양육이 가져오는 아름다운 결과

```
          복음사역
       convergence
          양육
   회복사역      문화사역
          ↓↑
         변증가
```

3사역의 전인적 융합

↓

5 JESUS POWER

↓

변증가로 살게 함
벧전3:15

```
          복음사역

   5 JESUS POWER
        생명력
     통찰력, 분별력
        창의력
        변증력
   회복사역      문화사역
          ↕
       성공적인 양육
```

3사역의
전인적 융합과
그 결과

융합의 중요성
convergence

하나님은 누구신가?

복음사역

5 JESUS POWER

양육

회복사역　　　문화사역

나는 누구인가?　　세상은 어떠한가?

3사역의
융합을 전제로 한
양육 목표

융합의 중요성
convergence

하나님의 계시인
복음에 초점

복음사역

5 JESUS POWER

양육

회복사역　　　문화사역

하나님 앞에 나아가
직면에 초점

세상에서 왓처, 가이드,
프로듀서로 사는 데 초점

3사역의
융합을 전제로 한
양육 초점

묵시를 보는 영적 지각력 훈련

1 복음에의 갈망이 없다면 - 복음사역 필요
   복음을 먹어야 영적 지각력 확보 가능

2 상처 욕망의 성격적 문제 - 회복사역 필요
   직면을 통해 회복되지 않으면 불행해짐

3 세상 정신에 속거나 오염되지 않으려면
   - 문화사역 필요 세속화의 위험 예방

낮은울타리 3사역

회복은

지성소에 들어가 직면할 때
생명력 충만을 방해하는 죄와 상처가
보혈의 은혜로 깨끗이 씻겨지고,
4개의 부정적 성격이
하나님의 거룩한 성품으로
바뀌는 은혜의 과정

HMMS
TEENZ HMMS
KIDZ HMMS

왜 크리스천은 문화 읽기를 해야만 하는가?

- **문**화 속에는 욕망으로 포장한 시대정신이 들어있기 때문이다
- **문**화를 만드는 메시지, 메타포, 이미지는 마음과 생각(세계관)에 영향을 주기 때문이다
- **문**화가 우상이 되는 시대에, 문화를 좋아하다가 우상 숭배에 빠질 수 있기 때문이다
- **문**화 자체가 나쁜 건 아니다. 문화는 **N**세대와의 접촉점을 만들어 주기도 한다

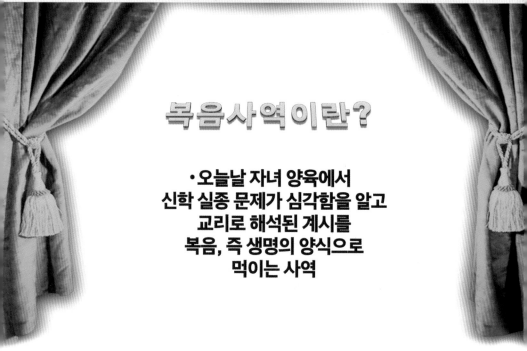

복음사역이란?

- 오늘날 자녀 양육에서 신학 실종 문제가 심각함을 알고 교리로 해석된 계시를 복음, 즉 생명의 양식으로 먹이는 사역

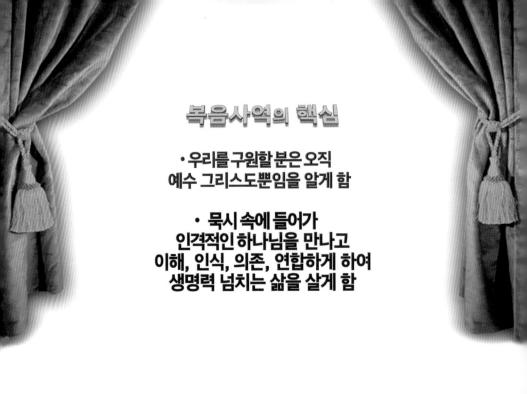

복음사역의 핵심

- 우리를 구원할 분은 오직
예수 그리스도뿐임을 알게 함

- 묵시 속에 들어가
인격적인 하나님을 만나고
이해, 인식, 의존, 연합하게 하여
생명력 넘치는 삶을 살게 함

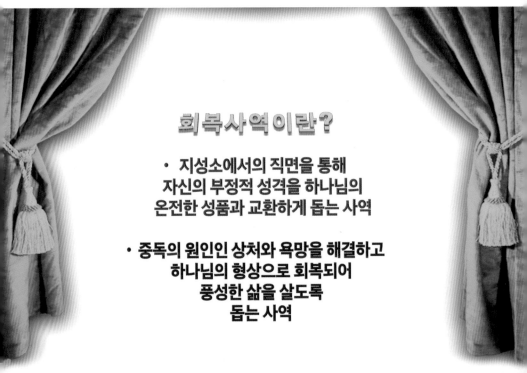

회복사역 이란?

- 지성소에서의 직면을 통해
자신의 부정적 성격을 하나님의
온전한 성품과 교환하게 돕는 사역

- 중독의 원인인 상처와 욕망을 해결하고
하나님의 형상으로 회복되어
풍성한 삶을 살도록
돕는 사역

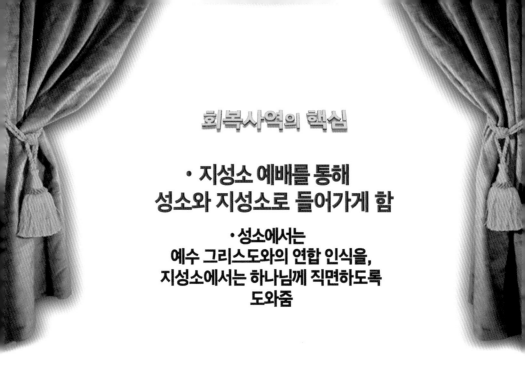

회복사역의 핵심

- 지성소 예배를 통해
성소와 지성소로 들어가게 함

- 성소에서는
예수 그리스도와의 연합 인식을,
지성소에서는 하나님께 직면하도록
도와줌

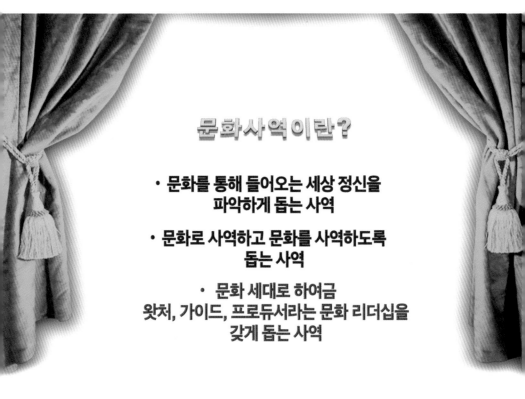

문화사역이란?

- 문화를 통해 들어오는 세상 정신을
파악하게 돕는 사역

- 문화로 사역하고 문화를 사역하도록
돕는 사역

- 문화 세대로 하여금
왓처, 가이드, 프로듀서라는 문화 리더십을
갖게 돕는 사역

문화사역의 핵심

· 미디어가
얼마나 힘센지 알게 해 줌

· 문화를 통해 육신의 정욕, 안목의 정욕,
이생의 자랑을 부추기는 세상 정신을 파악
속아 넘어가지 않게 도와줌

· 누가 왕이냐의 문제를
해결하게 해 줌

낮은울타리 가족회원, 협력교회가 되시면
이 모든 사역을 가져갈 수 있습니다

생명력
중심

통찰력 분별력
창의력 변증력

복음사역
회복사역
문화사역

낮은
울타리

부모가 살면
자녀도 산다

문의: 02-515-0180
www.wooltari.com

복음
한끼

소요리
문답

성막
공부

JPA
통찰력학교

NCS
집중력학교

BBS
부모 통찰력
학교

홈스
HMMS

키즈
홈스

틴즈
홈스

월간
낮은울타리

NAS
변증력학교

예라어하
큐티

지성소
예배

축복의
샤워 캠프

큐
밀리터리
캠프
사관학교

복음변증학교
GAS

아가서
동화

천직
찾기

자녀를 살리는

복음사역
회복사역
문화사역

예수 그리스도의 생명으로 거듭난 부모를
복음사역 · 회복사역 · 문화사역 전문가로 세워 주지 않으면
가정에서의 신앙 훈련은 난관에 부딪히게 될 것이다.

- Peter -

내 마음에서는 늘 어떤 아이가 운다.

발암 물질 그윽한 곳에서 아이가 운다. 어른이 울 때보다 아이가 울 때
더 가슴이 미어지는 건 아이에게서 나는 풋풋한 젖 냄새 때문일 것이다.

그런 아이가 어른이 되면 왜 풀 향기 대신 발효된 눈물 냄새가 날까.

프롤로그

　자녀에게 젖만 먹이는 사람을 유모라 하고 밥을 해 먹이는 사람을 식모, 놀이터에 데려가 놀아 주는 사람을 보모라 한다면, 부모는 위에 말한 모든 역할에 전인적 양육이 가능한 사람을 부르는 말이 될 것이다. 하루 멀다 하고 폭우가 몰아치는 세상에서 비바람 너머의 별보다 더 빛나는 그 무엇, 부모라는 이름. 그러나 출렁인다고 다 파도가 아니듯이 부모라고 다 같은 부모는 아니어서, 세상에 가장 중요하면서도 어려운 일이 뭐냐 묻는다면 건강한 부모가 되어 건강한 자녀를 양육하는 일이라 할 것이다. 왜냐하면 살갗 위 솜털부터 심장 속 깊이 새겨지는 게 부모에 관한 기억이기 때문이다. 하늘의 하나님도 이 땅 부모를 통해 인식될 정도이니 부모가 되는 건 실로 어마어마한 일이다.

　건강한 가정이냐 아니냐가 중요한 이유는 자녀 양육 때문인데, 어떤 가정에서 자랐느냐에 따라 평생의 삶이 달라진다. 나는 세 살 때 모친을 잃었다. 다섯 살 때 부친이 떠났다. 물론, 6·25라는 한국 전쟁의 비극이 주원인이기는 하지만 나처럼 결손이라는 비극, 역기능 가정의 피해를 제대로 맛본 사람도 없을 것이다. 회복의 은혜가 아니었다면 나는 다윗보다 더 많이 방황했을 것이다. 가정은 스치듯 지나가는 순례자들의 피난처가 아니어서 어떤 가정은 누구에게 일출이라면 어떤 가정은 누구에게 일몰이 된다. 그렇다.

창조의 원리에서 본다면 가정은 천국의 모델이어야 한다. 가정은 고달픈 인생의 안식처요, 사랑의 보금자리요, 돌봄의 샘이 되고 삶의 보물 상자가 되어야 한다. 발길이 떠날 수는 있어도 마음은 떠날 수 없는 곳. 알다시피 가정은 결혼 제도와 함께 하나님이 직접 만드신 것이다.

창세기는 인간, 결혼, 가정의 창조 현장 기록으로, 인간과 가정의 기원을 보려면 창세기를 보면 된다. 하나님은 남자를 먼저 만드신 후 혼자 사는 것이 좋지 않다 하시고 돕는 배필을 지으셨는데(창2:18) 아담의 갈빗대 하나를 꺼내 여자를 만드신 후 다시 아담에게 데려오시는 장면은 그 자체가 환상이다. 아담이 하와를 보고 "이는 내 뼈 중의 뼈요 살 중의 살이라"(창2:23) 한 것은 낭만도 유머도 아니었다. 진짜 사랑이었다.

하나님의 창조 역사를 보면 가정은 하나님 최고의 걸작품으로, 얼마나 좋으셨으면 가정을 만드신 후 깊은 안식에 들어가셨을까. 가정을 이루고 행복하게 살아가는 아담과 하와의 모습은 하나님께 최고의 기쁨이었다. 그래서 아담과 하와의 가정을 그렇게 아름다운 에덴에 두신 것이다.

에덴은 단순한 장소가 아니었다. 에덴은 하나님이 만드신 가정이 있었기 때문에 더 빛이 났던 것이다. "내가 너희에게 복을 준다. 생육하고 번성해라." 존재 자체가 축복이었던 시절.

그때의 아담처럼 하나님 형상대로 만들어진 우리에게 선물로 주신 가정은 양육의 기쁨과 교제의 즐거움이 넘치는 곳, 하나님의 사랑을 배워 가는 동안 은혜로 창조한 모든 것이 있는 그대로 용납되는 곳, 소명과 사명감이 확인되고 영혼육이 안식할 수 있는 곳이어야 하는데, 우주의 별이 소멸하듯 갈수록 그런 가정이 사라져 가고 있으며, 그 결과 이혼율과 자살률이 높아지고 있다는 통계는 우리 모두를 슬프게도 하고 불안하게도 한다.[1]

상처와 욕망에 사로잡힌 인간의 광기로 인해 창조의 영광은 희미해지고 대신 이름도 모를 유령이 폐가廢家 같은 곳에 떠돌아다니고 있는, 슬픈 계절이다.

역기능 가정이란, 우리가 만든 용어이지 절대 하나님의 용어가 아니다. 자충성과 항상성이라는 비뚤어진 성품에, 선한 능력을 구하지 않고 섭리의 박자마저 놓쳐 구원의 하모니가 깨지게 한 우리의 책임이다. 그래도 빌립보서 1장 6절의 언약이 살아 있어서 참 다행이다.

너희 안에서 착한 일을 시작하신 이가 그리스도 예수의 날까지 이루실 줄을 우리는 확신하노라(빌립보서 1:6).

낮은울타리 사역하면서 가슴 아픈 건 나보다 더 큰 죄책감, 나보다 더 큰 좌절감을 갖고 회개와 함께 답답함의 눈물을 흘리면서 제발 자식에게 부정적 영향력이 흘러가지 않도록, 그러면서 자식 잘 키우게 해 달라고 요청하는 부모들이 늘어나고 있는데 몇 가지 방해 요인으로 효과 있게 도울 수 있는 기회를 놓치고 있다는 현실 때문이다.

가정과 교회에 동시적으로 위기가 오는 시기에, 광야보다 더 광야 같은 곳에서 가정의 회복, 문화의 회복, 다음 세대 부흥이라는 소명을 받아 삼십 년 이상을 견디고 마침내 이 책을 쓰게 된 게 우연이었을까. 아니다. 언약 때문이다.

주님은 창조보다 언약을 먼저 주셨다.

언약의 핵심은 사랑이다. 우리를 너무 사랑하여 십자가에서 죽으셨다. 십자가 사건은 인류 최대의 사랑 사건이다. 그분이 죽기 전 이런 말씀을 남기셨다. "예수께서 돌이켜 그들을 향하여 이르시되 예루살렘의 딸들아 나를 위하여 울지 말고 너희와 너희 자녀를 위해 울라" (눅23:28) 예레미야는 울면서 이렇게 외쳤다. "내가 저 깃발을 보며 나팔 소리 듣기를 어느 때까지 할꼬, 내 백성은 나를 알지 못하는 어리석은 자요 지각이 없는 미련한 자식이라 악을 행하기에는 지각이 있으나 선을 행하기에는 무지하도다"(렘4:21-22)

무지가 슬픔으로 바뀌지 않았으면 좋으련만, 하나님의 사랑으로 창조된 인간이 자식을 제대로 키울 능력을 잃어버린 이유를 예레미야는 오래전부터 우리에게 알려 주고 있다. 무지無智 때문이라는 것이다. 미련하기 때문이라는 것이다.

위로는 헤아림이라는 땅에서 피어나는 꽃이라지만 다시 태어난다는 말이 성경에 없는 건 분명히 해 두고 싶다. 다음 생이란 말은 성경에 나오지 않는다. 단 한 번이다. 이 땅에서 가족으로 만나 함께 살아야 하는 기회는 한 번 뿐이다. 그래서 하나님의 섬세한 은혜가 필요하다.

흙으로 인간을 만들고 흙으로 만들어진 남자의 뼈로 여자를 만들어 가정을 이루게 하신 것처럼 하나님의 개입이 필요한 때, 우리가 어떤 자들인가를 잊어 먹지 말자는 뜻에서 베드로전서 2장 9절을 여기에 인용한다.

그러나 너희는 택하신 족속이요 왕 같은 제사장들이요 거룩한 나라요 그의 소유가 된 백성이니 이는 너희를 어두운 데서 불러 내어 그의 기이한 빛에 들어가게 하신 이의 아름다운 덕을 선포하게 하려 하심이라(베드로전서 2:9).

본래 아담과 하와는 왕으로 선택을 받았다. 하나님은 아담과 하와에게 하나님이 지은 모든 생물과 땅을 정복하고 다스리라고 말씀하셨다. 이처럼 아담과 하와는 세상을 다스리려고 태어났지 세상에 의해 다스림 받으려고 태어난 것이 아니다.

오직 아담이 복종할 것은 하나님의 말씀뿐이요, 얻을 것은 하나님의 지혜였다. 그런데 아담과 하와가 뱀의 유혹을 받아 하나님 말씀에 불순종하는 바람에 어둠의 종으로 전락해 버리고 말았다. 영적으로는 불의와 죄의 종이 되었고, 심적으로 염려, 근심, 불안, 초조, 절망, 미움, 분노, 시기, 질투 등 온갖 더러운 것의 종이 되었다. 또한 환경에 끊임없는 저주와 불행이 다가오게 만들었다.

배반으로 인해 멸망으로 끝나야 하는 역사 속에서 반전反轉이 일어난 것은, 사랑의 하나님이 독생자 예수 그리스도를 세상에 보내어 십자가에 달리게 하시는 순간이었다. 언약은 이미 창세전에 있었지만, 십자가 사건을 통해 예수 그리스도께서 우리의 대속물이 됨으로 죄의 저주로부터 해방되게 하신 것이다.

예수님은 우리와 하나님과의 관계를 회복시킨 화해자일 뿐 아니라 온 세상을 다스리는 진정한 왕이시며, 예배의 모범이자 주체로서의 제사장이시며, 복음이 무엇인지 알려 주시고 자신이 복음임을 알게 하신 진정한 선지자셨다.

그런데, 베드로를 통해 우리가 예수님과 똑같은 왕이요, 제사장이요, 선지자가 되었다고 선포하시는 게 아닌가. 세상에. 다른 종교에서는 어림도 없는 이야기가 성경에는 수두룩한데 그중 하나가 바로 왕됨, 선지자 됨, 제사장 됨이라는 정체성이다.

예수 그리스도와 연합됨으로 죄의 종이었던 우리는 왕과 선지자와 제사장으로 부활한 자들이 되었다. 이제 우리는 아담과 하와의 처음 지위를 회복한 것이다. 이전에는 사망이 우리에게 왕 노릇 했지만, 이제는 사망의 세력이 저주를 받게 되고 예수 그리스도의 생명 안에서 성령의 기름 부음을 받아(요일2:27) 왕과 선지자와 제사장 자격을 얻게 된 것이다.

왕이 왕 되려면 다스릴 영토, 주권, 백성이 있어야 하는데 우리가 다스려야 할 첫 번째 영토는 바로 우리의 마음과 몸이라는 사실을 잊고 사는 경우가 얼마나 많은가(벧전2:11). 특히 마음을 다스릴 수 있어야 하는데 그렇지 못하는 게 문제라는 것이다. 오죽하면 잠언에도 "자기의 마음을 다스리는 자는 성을 빼앗는 자보다 나으니라"(잠16:32)라고 했을까.

　문제는, 그리스도의 생명으로 거듭난 부모들이 정복하고 다스리는 왕 역할은커녕, 지성소에 들어가는 예배 인도자도 못 되고, 자신이 먹은 복음을 자녀에게 먹이지도 못하니 어떻게 그들이 올바른 정체성을 확보할 수 있겠느냐는 것이다. 그러므로, 낮은울타리 사역은 가정의 회복, 문화의 회복, 다음 세대 양육에 소명을 받아 에베소서 1:17~19에 근거해 5 JESUS POWER, 즉 생명력, 통찰력, 분별력, 창의력, 변증력을 충만하게 하는 데 초점을 두고 베드로전서 2:9에 근거해 왕 됨, 선지자 됨, 제사장 됨의 능력을 기르기 위해 복음사역·회복사역·문화사역을 융합(이 세 사역은 항상 같이 가야 한다)하여 부모에게 먼저 전수한다.

　문화사역 통해서는 왕 됨을, 회복사역 통해서는 제사장 됨을, 복음사역 통해서는 선지자 됨의 능력 기르는 일을 가정에서 부모가 감당하도록 모든 과정을 체계화하여 부모가 먼저 전수받는 데 목적을 두고 있다. 그래야 자녀를 제대로 양육할 수 있다고 믿기 때문이다.

> 왕이 되는 훈련 - 문화사역
> 제사장이 되는 훈련 - 회복사역
> 선지자가 되는 훈련 - 복음사역

하나님이 우리를 왕과 제사장과 선지자로 기름 부어 주셨다는 것은 말로 다 할 수 없는 영광이다. 개를 국무총리로 세우는 것보다 놀라운 은혜다.

수많은 신자가 기독교 진리를 단순히 죄 용서 정도로 생각하면서 무기력한 일상을 살아가지만 그건 진짜 기독교가 아니다. 우리는 단지 용서받기 위해 태어난 존재가 아니다. 성령으로 기름 부음받았다는 것은 이미 용납받은 존재임을 명시하신 것이다. 용납 없이는 사역도 없다.

우리에게 사역이란 초점을 예수 그리스도에게 맞추고, 기독교 세계관이란 관점으로 세상을 보며, 하나님 나라라는 지향점을 향해 천직을 수행함으로, 어두워져 가는 세상에 생명의 역동성을 일으키는 일이다. 사역 없는 신앙생활은 없다. 예수님도 사역이 있었다. 오늘 우리에게 주신 세 개의 사역, 복음사역과 회복사역과 문화사역을 융합한 뒤 예배 훈련과 변증 훈련을 더해 자녀를 온전하게 양육하자고 권하는 이유가 있다. 세상은 점점 어두워지고 주의 자녀들은 방황하여 주님 세우신 가정마저 흔들리기 때문이다.

이 책은 역기능적 삶을 반복해 살거나 그런 삶을 살 가능성이 높은 사람, 특히 결혼해서 아이는 낳았으나 복음을 양식으로 먹는 법, 성품의 교체로 회복되는 법은 물론, 세상과 세상 정신의 차이를 몰라 양육을 두려워하는 젊은 부모들에게 해결책이 있음을 알리고 싶어 쓴 것이니 일독한 후, 함께 자녀를 양육하는 일에 동참해 주시면 좋겠다.

Contents

제1장

복음사역
회복사역
문화사역이
필요한 이유

복음사역 회복사역 문화사역이
필요한 이유

당신은 자녀의 문제가 뭐라고 생각하는가?

성에 관한 것? 성 정체성 혼란? 성 인지도 약화나 성적 욕망의 증대? 포르노 중독?

학업에 관한 것? 성적 저하로 인한 스트레스, 시험 불안, 학업에 대한 거부감 등.

천직 찾기에 관한 것? 진로에 대한 두려움, 욕망에 따른 직업관 왜곡, 자신의 장래에 대한 무관심이나 무계획성 등.

이성 문제에 관한 것? 이성에 대한 지나친 관심과 개입, 짝사랑,

삼각관계, 질투, 실연의 상처, 이성에 대한 혐오감, 데이트 불안, 분리 불안, 이성 교제로 인한 부모와의 갈등, 건전한 교제 미숙함 등.

부모와의 관계? 부모와의 거리감, 무관심, 반감, 무시, 지나친 의존, 편애와 시기심, 소외감, 과잉 집착 등.

신앙 문제? 정체성과 세계관 혼돈, 구원의 확신 없음에서 오는 우울증, 불안 장애, 신앙생활에 대한 불신, 예배를 귀찮아 함, 예수의 유일성이라든가 성경에 대해 회의를 나타냄.

다 만만치 않은 문제들이다. 이런 문제에 휘말리면 불안 장애, 강박 장애, 우울증을 앓기도 하고 가출, 중독, 사이버 일탈, 집단 괴롭힘의 가해자, 학업 중단, 자살 충동까지 겪게 된다. 심지어 언론에 대서특필되는 일까지 벌어지곤 하는데, 평범한 것 같으면서도 가장 마음 아픈 문제는 어느 날 갑자기 신앙생활을 중단하겠다고 선언하는 경우다.[2]

성性적이든 영靈적이든 자식이 일으키는 사건들은 하나같이 부모 가슴을 아리게 하는데, 이 모든 문제의 원인을 살펴보면 사랑으로 창조된 지정의가 오작동, 한마디로 하나님의 능력을 충분히 받지 못해 생긴 것임을 알 수 있다. 바울은 "내게 능력 주시는 자 안에서 내가 모든 것을 할 수 있느니라"(빌 4:13)고 했는데 바로 그 능력이 없기 때문에 처절하게 방황하고 반항하는 것, 능력 대신 사랑이나 생명력이란 단어를 넣어도 마찬가지.

구원이 가져다주는 영원한 생명, 그 생명을 얻은 다음에는 생명 있는 자로 살아갈 능력이 필요해지는데, 그 능력이 부족한 경우 지정의에 오작동이 발생, 거듭난 삶이 비루해지려는 그때가 주님의 능력(생명력)을 간절히 구할 시점으로, 만약 그러지 못할 경우 심각한 문제를 일으킨다는 것이다. 거듭났으면 생명력을 구하기만 하면 되는데 왜 구하지 않을까? 생명력이 약하면 광야를 살아갈 수 없는데 왜 관심이 없을까? 어느 날 갑자기 믿음 좋아 보이던 자녀가 세상으로 돌아서고, 튼튼해 보이던 아이가 쓰러져 일어나려 하질 않는 것일까? 그리고 그럴 때 어떻게 해야 하나?

어떤 이는 기도하면 된다고 하지만, 기도할 힘조차 없다며 항변하는 자녀 앞에 속수무책인 부모. 어떤 이는 믿으면 된다고 하지만, 믿음이 사라져 버린 것 같다는 자녀 앞에 유구무언인 부모. 어떤 이는 성경을 읽으면 된다고 하지만, 읽고 싶은 마음이 눈곱만큼도 없다고 해 넋이 빠지는 부모. 어떤 이는 가정 예배 안 드려서 그렇다지만, 지성소에 들어가는 예배를 배워 본 적이 없어 황망하기만 한 부모.

힘들다. 이 세상에서 거듭난 부모가 자녀를 양육하여 왕과 제사장과 선지자로 살아가게 하는 것만큼 힘든 일은 없는 것 같다. 갈수록 지성, 인성, 영성의 문제가 심각해져 간다. 경계성 비만은 문제도 아니다.

혹, 내 자식은 안 그렇더라도 내 자식에게 영향을 주는 친구, 직장 상사, 배우자까지 돌아보면 그들로부터 받을 영향 때문에 조금도 안심할 수가 없다. 하악하악 자식 키우는 부모들마다 잠 못 이루는 시절이 오고 있다. 제발 합병증이나 없었으면 좋겠다. "나의 생명이 항상 위기에 있사오나 나는 주의 법을 잊지 아니하나이다"(시119:109)

눈에 넣어도 아프지 않을 것 같은 자식이 정체성과 세계관 혼돈으로 괴로워하고, 소명과 사명에의 확신은 물론, 구원의 확신 없음에서 오는 우울증으로 힘들어하다 중독에라도 빠지면 부모는 애타는 심정이 되어 어찌할 바를 몰라, 엎친 데 덮친 격으로 정신적 방황, 성적인 문제, 자살 충동 증세라도 보이면 절망의 바닥에 드러누워. 그러다가, 문득. 왜 이런 일이 생기는지 곰곰 생각해 보면 결국, 복음이다. 거듭났지만 복음을 제대로 못 먹어 그런 것이다. 한마디로 영양실조로 인한 후유증이다. 아니, 영혼에 해로운 것을 지나치게 먹어 생긴 과체중의 후유증이다. 자식들이 복음을 못 먹었거나 잘못 먹으니 회복의 은혜는커녕 바울이 말한 능력이 나타나지 않는 것이다. 영적 지각력 없이 자기 힘만으로 살려니 뜬금없는 고통에도 휘청거리거나, 바람 같은 유혹에도 쉽게 말려들고 마는 것이다. 사도 바울이 위대한 이유. 그의 삶은 얼마나 신산辛酸했던가. 하루도 편할 날이 없던 나날들. 그런 바울이 로마서 1장 16절에서 복음이 곧 능력이라고 선언했으니, "내가 복음을 부끄러워하지 아니하노니 이 복음은 모든 믿는 자에게 구원을 주시는 하나님의 능력이 됨이라" 이처럼 위대한 선언을 본 적이 있는가. 영원의 바다에서 올라오는 거대한 포말처럼, 신성神性의 충만. 바울의 말대로라면 구원받은 이후 생기는 모든 문제는 복음을 못 먹어 능력 부족인 상태에서 역동성을 잃어버린 결과라고 보아야 할 것이다.

그러면, 복음을 먹는다는 것은 무슨 뜻인가?

요한복음 5장 39절에 "너희가 성경에서 영생을 얻는 줄 생각하고 성경을 연구하거니와 이 성경이 곧 내게 대하여 증언하는 것이니라"라는 말씀이 나오고, 로마서 1장 2~4절에 "복음은 예수 그리스도"라고 했으며, 요한복음 6장 48~51절에 예수님이 "나는 생명의 떡이다. 나는 하늘에서 내려온 살아 있는 떡이니 이 떡을 먹으면 산다. 그러니 살려면 나를 먹어라" 요한복음 6장 57절에서는 "살아 계신 아버지께서 나를 보내시매 내가 아버지로 말미암아 사는 것 같이 나를 먹는 그 사람도 나로 말미암아 살리라" 하셨다.

그러므로 이 말씀들을 합치면 <성경의 계시 = 예수 그리스도 = 복음 = 생명의 떡 = 먹으면 산다>가 되는 것이다.

복음(생명의 떡)을 먹어야(들어야) 산다는 건 복음이신 예수님을 '야다'(히브리어, 헬:기노스코)로 알아 생명력으로 충만하게 되고 그 예수님과 하나 된다는 뜻이다(호6:3, 요일5:13). 예수님과 연합되지 않으면 죽어도 곱게 죽지 않고 지나가는 사람들의 발에 밟혀 마른 포도나무처럼 바스라져 버린다고 요한복음 15장에 분명히 쓰여 있다(요15:5-6). 예수님을 앎이 연합이고 연합이 앎이라는 말, 결혼한 사람은 이게 무슨 말인지 금방 이해가 된다. 연합되었다는 것은 안다는 것과 같은 뜻이기 때문이다(요17:26). 알기 위해서는 복음을 들어야 하고(시78:3), 들으면 믿음이 생기며(롬10:17), 믿음은 행함을 가져온다(약2:17). 그러니까 행함이 없다는 건 믿음이 없다는 것이고 믿음이 없다는 건 듣지 못했다는 것이고 듣지 못했다는 것은 누군가 진리의 복음을 먹여 주지 않았다는 뜻이된다. 아, 진한 풀의 냄새.

또 하나, '복음 먹는다'를 요한계시록 10장 10절, "내가 천사의 손에서 작은 두루마리를 갖다 먹어 버리니 내 입에는 꿀 같이 다나 먹은 후에 내 배에서는 쓰게 되더라"라는 말씀에 근거해 좀 더 깊이 들어가 보자.

밧모 섬에 갇혀 있던 요한은 하늘에서 "네가 가서 바다와 땅을 밟고 서 있는 천사의 손에 펴 놓은 책을 가지라"는 소리를 들었다. 요한이 천사에게 작은 책을 달라고 하자 천사가, "갖다 먹어 버리라. 네 배에는 쓰나 네 입에는 꿀 같이 달리라"고 하였다. 이것은 하나님 구원과 심판 계획에 대한 선포가 천사에게서 요한에게 위임되는 아주 중요한 장면으로, 여기서 '먹는다'라는 말은 그 내용을 완전히 소화해서 아름다운 순종의 열매를 맺는다는 뜻이다. "내 입에는 꿀 같이 달지만 먹은 후에 내 배에서는 쓰게 되더라"는 말은 에스겔 3장 1~6절의 말씀을 연상시키는 구절이다. 계시의 말씀을 받을 때는 기쁨으로 받지만, 그 말씀대로 살 때 고난과 시련이 오게 될 것을 가리킨 것이다. 우리 자녀가 이 수준까지 갈 수 있을까? 있다. 복음사역을 통해 예수 그리스도를 인격적으로 만나고(알고) 한 몸처럼 친밀해져 먹고 먹히는 관계가 되면 된다. 먹고 먹히기만 하면 모든 유혹에서 이길 수 있는 생명력을 얻을 수 있다. 그러면 끝이다. 이게 기독교다. 기독교는 종교가 아니다. 먹고 먹힘으로 얻는 능력이다. 생명이다. 생명력이다. 그러니 능력이 곧 존재라는 걸 경험할 수 있으면 끝이다.

복음을 먹기만 하면 산다는 걸 이 세상 어떤 종교가 알려 주겠는 가? 어떤 인문학, 어떤 고전이 알려 주겠는가? 안타까운 건 복음을 먹 여야 할 부모가 입시 같은 것에 마음 팔리거나 고전 100권 읽기 같은 것에 혹해서 자녀에게 복음 먹일 기회를 상실하는 경우가 생각보다 많이 있다는 것이다. 인본주의가 별것 아니다. 하나님을 모르는 게 아 니라 하나님을 대적하는 게 인본주의다. 문제는 교회 안에 살아 있는 영이 아니라 혼적 신앙생활을 사는 사람이 너무 많아 보인다. 거듭난 자에게 복음은 생명의 양식이고 양식은 매일 먹어야 하는데 복음 먹 일 시간에 학원에 보내고 고전이나 읽힌다니 말이 되는가.

예수 생명을 가진 부모에게 복음사역은 선택 사항이 아니다. 복음 을 먹이면 자녀가 살지만 그렇지 못하면 죽는다. 진짜 죽는 게 아니 라 죽은 것처럼 된다. 심하게 표현하면 영적 좀비Zombie가 된다. 그러 므로 자녀를 사랑하는 그리스도인 부모라면 복음 먹이는 복음사역에 목숨을 걸 수밖에 없다. 목숨을 걸어야 한다. 바울이 말한 대로 영적 전쟁에는 승리와 패배만 있을 뿐이다. 만약 복음 아닌 것에 자녀를 뺏 기면 반드시 후회하게 될 것이다. *"예루살렘의 딸들아 나를 위하여 울 지 말고 너희와 너희 자녀를 위하여 울라"*(눅23:28) 십자가를 지고 가는 자신을 따라오는 여인들을 향하여 주님이 그렇게 말씀하셨다. 제발 나를 위해 울지 말고 너희 자녀를 위해 울어라. 갈수록 어두워져 가는 시대를 살면서 어리석은 부모 때문에 죽어 갈 아이들 생각하면 나도 눈물이 앞을 가릴 때가 많다. 지금처럼 자녀의 영혼을 흔들고 마음을 빼앗는 문화가 제국의 이름으로 세력을 과시하던 시대가 있었을까.

돈과 관심이 최고의 종교인 엔터테인먼트 플랫폼에서 고깃덩이처럼 썰리고 뽑히며 전시되는 문화가 감수성 예민한 우리 아이들의 시각과 촉각을 자극하여 창조주가 준 생명 감각을 희미하게 만들던 시기가 또 있었던가. 메타버스 안에서 뉴럴링크를 통해 극단의 쾌감을 맛볼 수 있는 세상이 왔는데 복음사역, 회복사역에 이어 문화사역을 하지 않는다면 어떻게 통찰력과 분별력으로 승리하길 바라겠는가?

입시는 또 어떤가? 일류 대학을 나와야 하나님께 영광 돌린다는 말을 예수님이 들으셨다면 뭐라고 하실까? 어부 대학 근처도 못 간 베드로에게 천국의 열쇠를 맡긴 예수님은 학벌의 중요성을 몰라서 그랬을까. 왜 엘리트 가문에 태어난 바울은 그 모든 것을 배설물이라고 일갈했을까. "지금 잠을 자면 꿈을 꾸지만 지금 공부하면 꿈을 이룬다"는 말이 미션 스쿨이라 불리우는 곳에서까지 유령처럼 돌아다니는 걸 보며 주님은 뭐라고 하실까. 꿈과 비전, 놀이와 노름, 현실과 판타지, 선과 악이 미묘하게 배합된 미디어 제국의 돈 많은 설계자가 디자인한 현란한 세트 속에서 피 튀기는 영혼의 매스 게임을 보는 우리 아이들의 영혼이[3] 복음이 아니라 욕망의 향연으로 범벅이 된 채 성스러움이란 단어조차 낯설게 여겨질 거라는 예언에 귀를 기울이지 않는 부모의 정체는 과연 무엇일까.

하나님을 우리 삶의 첫 번째로 두고 싶다는 말은 그럴듯하게 들리지만 사실은 연합이란 뜻도 모르는 사람의 어리석음이라고 몇 번이나 말해야 알아들을까. 누가 자신의 장기를 가리키며 간이 첫 번째고 심장이 두 번째라고 말할 수 있을까. 대학을 못 가면 미래가 없다는 말을 서슴없이 하다니 도대체 얼마나 더 추락해야 날개가 살아날까. 대학 입시보다 더 시급한 건 복음사역으로 영혼의 양식을 먹이는 일과, 회복사역으로 성품을 교체하는 일과, 문화사역으로 세상 정신을 이기도록 생명력과 통찰력을 채워 놓는 일이다. 그렇지 않으면 혼돈과 공허 속에서 길을 잃고 헤맬 자녀가 기하급수적으로 늘어나게 될 것이라는 경고를 우습게 여기는 세상에서 일말의 희망을 갖는 건 오래전 나에게 주신 주님의 언약 때문이다.

네게서 날 자들이 오래 황폐된 곳들을 다시 세울 것이며 너는 역대의 파괴된 기초를 쌓으리니 너를 일컬어 무너진 데를 보수하는 자라 할 것이며 길을 수축하여 거할 곳이 되게 하는 자라 하리라(이사야 58:12)

밴쿠버에서 FMS[4] 시작할 때 리더인 박윤호 형제가 나에게 전해 준 확언의 말씀이다.

지금은 치앙마이에서 사역하는 윤호 형제는 당시 내가 하도 속을 썩여 나를 싫어할지 모르지만 나는 그 형제를 사랑한다. 그때 나는 낮은울타리 사역하다 어려워진 재정 문제로 마음이 상해 닥치는 대로 싸우고 싶을 때였다. 그런 나에게 바나바 같은 윤호 형제는 기도하면서 받은 말씀이라고 쪽지 하나를 주었는데 그것이 앞에 소개한 이사야 58장 12절 말씀이었다.

내가 쌓은 벽이 무너지고 인격이 완전 폭로당했을 때 윤호 형제를 통해 받은 그 말씀은 지금 와서 보니 하나님이 주신 축복의 선물,

약속 같은 예언이었다. 하여 나는 그에게 큰 빚을 졌다. 요즘도 상황이 어려워져 사역 열정이 식어지려 할 때마다 이 말씀을 꺼내 읽는다.

네게서 날 자들이 오래 황폐된 곳들을 다시 세울 것이며 너는 역대의 파괴된 기초를 쌓으리니 너를 일컬어 무너진 데를 보수하는 자라 할 것이며 길을 수축하여 거할 곳이 되게 하는 자라 하리라(이사야 58:12).

그렇다, 나는 황폐된 곳을 복음사역으로 다시 세우는 자이며 파괴된 기초를 회복사역으로 다시 쌓는 자이며 문화사역으로 자식이 나아갈 길을 수축하는 자로 부름받았다. 확실하다. 나는 언제나 나와 함께하는 이들에게도 이 말씀을 축언으로 들려준다. 틀림없는 주님의 언약이기 때문이다.

말이 좀 길어졌지만, 우리의 복음사역은 신명기에서 요한복음으로 시간을 가로지르는 데서 시작이 된다는 걸 이 책을 통해 선언하고 싶다.

성경 말씀은 다 그게 그거라고 생각하겠지만, 아니다. 올바로 해석된 말씀만이 진리에 들어간다. 계시를 올바로 해석하려면 교리가 있어야 한다. 그런데 오늘날 교리가 사라지고 신학이 실종되고 있으니 이게 웬일인가. 예수님은 요한복음 5장 39절에서 "너희가 성경에서 영생을 얻는 줄 생각하고 성경을 연구하거니와 이 성경이 곧 내게 대하여 증언하는 것이니라"라고 하셨는데 유대인들은 그렇게 열심히 쉐마를 이마와 손목에 매달아 가르치고도 예수가 메시아라는 걸 알아보지 못했으니 이게 웬 변고인가. 그들은 쉐마를 자랑하고 탈무드를 자랑하고 하브루타를 자랑했지만 예수가 복음이라는 것과 예수를 먹는 것이 복음을 먹는 것이라는 것을 전혀 몰랐다. 구약의 복이 신약의 복을 예표하는 것도 몰랐다. 구약의 복이 물질로 대표되는 거라면 신약의 복은 예수 그리스도와 한 몸 되는 신령한 복이라고 에베소서에 분명히 나와 있는데[5] 아직도 유대인은 바울이 말한 은혜의 복음 (행20:24) 대신 모세의 유언을 외우게 하는 쉐마 교육을 자랑스러워하고 있다. "우리 주 예수 그리스도의 아버지이신 하나님을 찬양합시다. 하나님께서는 그리스도 안에서, 하늘에 속한 온갖 신령한 복을 우리에게 주셨습니다"(엡1:3 새번역)

정말 대단한 아이러니다. 예수를 모르는데 모세 오경 전체를 외우고 예수와 하나 되지 않는데 구약을 벽지로 도배해 바른들 무슨 소용이 있는가. 말씀이 육신이 되어 이 땅에 오셨고, 이 땅에 오신 말씀이 나를 먹어야 산다고 하셨는데 아침 기도, 저녁 기도, 아침 암송, 저녁 암송에 열을 올린들 복음이 양식으로 먹히지 않는다면 쉐마와 탈무드와 하브루타 교육이 무슨 소용이 있단 말인가.

구약의 하나님은 "계명을 지켜야 한다"라고 강조하셨지만 신약의 예수님은 "나를 먹어라"라고 하시지 않았던가. 구약의 하나님은 "앞으로 나아가라"라고 하셨지만 신약의 예수님은 "내게 붙어 있으라"라고 하시지 않았던가. 그게 그거 아니냐고 따지려는 이들이 있겠지만, 말씀이 법과 계명으로 이해되어지면 인간은 그걸 어떻게든 행위로 내놓으려고 하려는 속성에 대해 바울 사도가 한 말씀을 기억나게 하고 싶다.

한 가지만 물어보겠습니다. 여러분은 율법을 지켜서 성령을 받았습니까? 복음을 듣고 믿어서 성령을 받았습니까?(갈라디아서 3:2 공동번역)

표피적으로 이해하거나 잘못 이해한 말씀이 심판의 근거가 된다는 것에 대해 바울이 하신 말씀.

사실 다른 복음이란 있을 수 없습니다. 다만 어떤 사람들이 여러분의 마음을 뒤흔들고 그리스도의 복음을 변질시키려 하고 있을 따름입니다(갈라디아서 1:7 공동번역).

그러므로 우리의 복음사역은 "마음을 다하고 성품을 다하고 힘을 다하여 여호와를 사랑하라"는 신명기의 말씀이 십자가 보혈을 통해 "내가 생명의 떡이니 나를 먹으면 살리라"는 요한복음의 말씀으로 육화肉化되었다는 것을 이해시키는 것으로 시작이 된다.

복음을 제대로 아는 부모라면, "하나님은 우리에게 아무것도 바라시지 않는다. 우리가 어떤 존재인지 잘 알고 계시기 때문이다. 다만 우리가 예수 그리스도 안에 들어와 주기를 바란다. 예수라는 나무에 붙어 있기만 하면 살게 된다."는 것을 정확히 알려 주리라고 믿는다. "너희는 술람미처럼 나와 결혼한 신부로 살아가는 자들이다."라는 확언을 우리 복음변증학교 영상을 통해 매일 먹이는 부모도 있다. 축하한다. 그뿐인가. "예수님은 우리를 데려가시려고 이 땅에 오신 게 아니라 우리 안에 살아 계시러 오셨다. 우리의 삶을 그리스도에게 드려야 구원받는다는 말은 거짓일 뿐 아니라 하나님에 대한 모욕이다. 구원은 우리가 먼저 시작한 게 아니다. 하나님이 시작하셨다. 마치 우리의 행동이 우리의 구원을 이끌어 낸 것처럼 말한다면 하나님을 폄하하고 우리를 높이는 셈이 된단다."[6]

외워라가 아니라 먹어라, 율법이 아니라 은혜, 하인이 아니라 자녀, 자충성이 아니라 역동성, 논쟁이 아니라 변증으로 인도하는 복음사역은 자녀 양육에서의 초점에 관한 문제다. 그렇다. 초점이다. 초점이 틀리면 관점도 틀리고 관점이 틀리면 지향점마저 틀린다는 걸 분명하게 밝힌다. 초점은 양육에 관한 모든 것을 결정하는 힘이 있다. 초점이 다르면 삶의 방향도 달라진다. 예를 들어 예수님의 초점과 유대인의 초점은 얼마나 달랐는가. 유대인들은 율법 자랑, 할례 자랑, 조상 자랑을 하며 예수님을 나사렛 촌사람이라고 비웃었는데 우리는 이게 얼마나 웃기는 일이었는지를 잘 알고 있다. 예수님 자신이 율법의 완성이요 할례의 원천 아닌가. 더구나 안식일의 주인이 예수님인데 안식일에 예수님이 밀밭 사이로 가는 동안 제자들이 시장하여 이삭을 잘라 먹었다고 예수님 앞에서 호통을 치고 있으니 이런 황당한 일이 어디 있느냐 말이다. 그런데도 그런 유대인 자녀 교육을 따라야 한다고 외치는 분들이 있으니 뭐라고 할 말이 없는 것이다.

자녀 양육이란 사명을 받은 나는 종종 사막 같은 곳에서 범선의 출발을 알리는 종소리를 듣는다.

때로 외딴 섬의 등대지기 같다는 생각도 한다. 다음 세대가 무너져가는 모습을 보면서 함께할 동역자를 보내 달라고 정말 많이 기도

했다. 지금도 나는 자녀 살리는 복음사역·회복사역·문화사역을 같이
해 나갈 부모 동역자들을 설레는 마음으로 기다리며 이 책을 쓰고 있
다. 부모는 태어나는 게 아니라 만들어진다는 말을 믿으며, 이 책을
읽는 부모라면 내 말은 믿지 않아도 주님의 약속은 믿으리라 기대한
다. 주님은 부를 자를 부르신다. 주의 부르심에 응답하기만 하면 전혀
다른 인생이 기다리고 있을 것이다. 자녀를 그리스도 안에서 온전한
자로 살게 해 주면 당신 가정은 천국이 될 것이다. 하나님은 우리 생
각만큼 작은 분이 아니다. 살고 싶다는 생각만 잃지 않으면 제대로 살
아갈 수 있게 주님이 다 해 놓으셨다. 기독교는 관찰하고 사유하는 종
교가 아니다. 주님이 주신 것을 찾아 누리기만 하면 된다. 보물찾기와
비슷하다. 어릴 적 소풍 가서 선생님이 숨겨 놓은 보물을 찾는 게 얼
마나 재미있고 흥분되었던가. 보물찾기는 간단하다. 보물이 적힌 종
이쪽지를 찾아내기만 하면 된다. 다행히도 선생님이 쪽지를 찾기 쉬
운 곳에 감춰 놓았다. 조금 튀는 돌멩이, 나뭇가지 사이, 심지어 길에
다가 떨어뜨려 놓는 경우도 있었다. 눈을 두리번거리다 하얀 물체를
발견하면 얼른 뛰어가서 접혀진 쪽지를 펼 때 전해져 오던 스릴감. 부
모들이 복음사역에 관심 없는 건 보물찾기의 재미를 모르기 때문이
다. 그 안에 담긴 보물이 얼마나 귀중한지 모르기 때문이다.

자식에게 복음을 먹이는 건 너무 중요하다.

복음을 먹이겠다는 마음만 먹으면 이미 성공한 것이나 다름없다.
이제 한 번도 경험하지 못한 세계로 들어가게 될 것이다. 복음을 먹
으려면 복음의 맛을 알아야 한다. 맛을 알려면 맛있어야 한다. 복음의

맛은 해석에서 나온다. 해석하는 건 신학이다. 신학이 분명하지 않은 교재가 있다면 창문 밖으로 던져 버려도 좋다. 교리가 분명하지 않는 큐티 책은 아무리 그럴듯해도 사 주지 말기를 바란다. 영상 조회 수가 아무리 높아도 교리가 분명하지 않은 설교나 성경 공부는 삼가라고 말해 주고 싶다. 또한 복음사역의 핵심을 놓치고 헤매는 교사에게 자녀 맡기는 걸 신중히 생각하라고 조언하고 싶다. 문화사역은 물론, 회복사역을 제대로 하지 않으면서 외국 대학에 입학하는 걸 자랑하는 미션 스쿨에 자녀 보내는 건 정말 추천하고 싶지 않다.

오늘 우리에게 복음을 감각하는 영적 혀가 살아 있고(미각) 하나님 음성을 듣는 귀가 열려 있다는 건(청각) 대단한 축복이다. 주님이 그러셨다. "내가 곧 생명의 떡이니라"(요6:48) 그렇게 복음을 먹어 영적 지각력을 얻고 지혜와 계시의 영, 5 JESUS POWER로 충만해지면 게임은 끝난다. 분명히 말하지만 복음사역을 필두로 회복사역과 문화사역이 가능한 부모 밑에 있는 자녀는 절대로 망하지 않는다(신28:1-6). 주님이 그러셨다. "나를 먹으라"고. 복음은 그렇게 먹기만 하면 된다. 먹으면 산다. 요한을 보라. 요한이 천사의 손에서 작은 책을 갖다 먹어 버리자(계10:10), 하나님을 '야다'로 깊이 알게 되었다고 성경은 증거하고 있다. 드디어 온 세상을 향하여 하나님의 구원 계획을 선포해야 하는 사명을 받은 것이다. 의사들은 그냥 두라지만 귀지를 파내지 않으면 답답할 때가 있다. 우리도 마찬가지. 귀를 열고 눈을 뜨기만 하면 주님 나라가 보이고 주님 복음이 들린다. 그때 운명처럼 위대한 소명이 다가오는 것이다.

계시에 대하여

복음이 성경 안에 보석처럼 숨겨져 있는데 우리는 그것을 계시啓示라고 한다. 그 감추어진 계시(계1:1, 벧전1:12)가 무엇인지 모르는 것도 문제지만, 혹여 잘못 풀어 주면 먹어도 탈이 나버려, 지성과 감정이 만나는 정신 어디쯤에 작은 여우7 같은 바이러스가 침투, 급기야 사랑 결핍으로 부정적인 성격은 견고한 진(고후10:4)이 되어가고, 약속된 신의 형상(성품, 속성)은커녕 더러운 육에 속한 자로 살게 되는 비극. 그러니까 복음을 안 먹여 주는 것도 문제지만 잘못 해석한 복음 먹이는 일도 갈라디아 교인 같은 참상을 연출하고 마는 것이다. 사도 바울도 당시 갈라디아 교회 내에 이 문제가 얼마나 심각했는지 잘못 해석한 복음을 다른 복음이라 불렀고(갈1:7), 다른 복음을 전하면 "저주를 받을지어다"라고까지 했다(갈1:8).

결국, 자녀를 살리는 복음사역 영역에서 문제는 넷으로 요약이 된다. 복음을 못 먹음. 다른 복음을 먹음. 복음을 안 먹여 줌. 복음을 못 먹임.

지금쯤이면, 왜 우리의 4기 사역을 복음사역으로 시작했는지 눈치챘을 것이다. 한마디로 복음사역은 자녀에게 복음을 양식으로 먹이자는 것이다. 먹여도 제대로 먹이자는 것이다. 복음을 제대로 먹지 못하면 역기능 가정에서 비롯된 부정적 패턴의 공격은 물론, 앞에 말한 온갖 육의 문제 앞에서 비겁하거나 연약한 자가 될 테니 무슨 일이 있어도 복음 먹이는 일은 게을리하지 말자는 것이다. 부모 입장에서 자식에게 복음을 먹이기 위해 필요한 것은 성경을 올바로 해석하는 일이다. 만약 부모가 성경을 올바로 해석하지 못하거나 해석된 말씀이 맞는지 틀리는지 분별하지 못한다면 자식에게 복음 먹이는 일은 불가능해진다. 복음은 계시로 된 성경을 올바로 해석하는 데서 나오는 생명의 양식이기 때문이다. 성경 속 계시를 해석하려면 교리(신학)를 갖고 있어야 한다. 신학(교리)은 계시를 해석하는 기준이자 자기 신앙을 설명하는 틀인데 이 틀을 가지지 못할 경우 혼합주의나 인본주의, 심지어 신비주의나 기복주의에 빠져 하나님의 계시를 완전히 혼동해 다른 복음이나 틀린 복음을 자녀에게 음식이라고 갖다 먹이는 것이다.

그동안 다음 세대 사역하면서 왜 이렇게 많은 기독교 가정의 자녀들이 방황하는가 봤더니 부모로부터 복음을 제대로 먹지 못한 이유가 제일 컸다.

더구나 역기능 부모로부터 사랑을 제대로 받지 못했거나 빼앗겼을 경우 그 상처의 아픔을 대체물로 해결하려는 욕망 때문에 중독에 빠져가는 아이들을 너무 많이 보게 되었다.

교회에 다니면서도 반쪽짜리 은혜, 반쪽짜리 진리로 만족하고 사는 부모들은 은혜와 진리가 다른 것으로 착각하거나 우리 행동에 따라 하나님의 반응이 달라진다는 등 틀린 복음을 갖다 주는 부모가 부지기수라는 걸 발견하게 되었다. 심지어는 자녀에게 생명의 양식을 먹인다며 독을 먹이는 부모도 봤다. 내가 만난 부모 중에 어떤 신학으로 성경을 해석해야 하는지 제대로 아는 부모는 거의 없었다. 오히려 평신도에게 신학이 뭐하러 필요하냐고 힐난하는 사람도 있었다.

이미 기독교가 종교라는 그릇된 사상에 물들어 버린 부모에게 부흥보다 계시가 중요하다고 알려 줘도 그게 그거 아니냐고 반문하는 경우는 더 많았다. 심지어 자기가 나가는 교회 목사가 어떤 신학, 어떤 교리로 성경을 해석해 설교하는지 관심이 전혀 없을 뿐더러 이사 때문에 교회를 여러 번 옮긴 경우 아예 언약을 바라보는 관점이 뒤죽박죽. 도대체 뭐를 복음이라고 하는지 알 수 없는 신자가 비일비재했다. 그러니 어떻게 자식에게 올바른 복음을 먹여 양육할 수 있겠는가. 그런 상태에서 성경 암송을 강요당하고 큐티를 강요당하니 어떻게 건강한 다음 세대가 나오길 기대할 수 있겠는가.

부모가 먹여 주는 복음이 없으면 부모는 유모가 되고 식모가 되어 버리는데도 그게 얼마나 심각한지 자각을 못하는 건 교회에서 잘못 배운 탓이 크다. 교회 전부를 비판하려는 건 아니지만, 병든 권위자로부터 상처를 받고 신학 실종이 얼마나 위험한지도 배우지 못한 부모에게 성경의 계시를 가지고 복음 한 끼를 요리해 먹이라는 부탁이 이토록 힘겹고 고통스러운 일이 될 줄 누가 알았겠는가. 육체를 위한 음식도 가려 먹으라고 난리를 치는 세상에 영을 위한 음식을 가려 먹도록 훈련시키지 못한 결과는 정말 끔찍한 후유증으로 남게 될 것이다.

후유증 앓는 부모가 가진 병명 몇 개만 들어 보자.

먼저, 율법주의라는 병. 바울은 아예 "율법 안에서 의롭다 함을 얻으려 하는 너희는 그리스도에게서 끊어지고 은혜에서 떨어진 자로다"(갈5:4)라고 단언했다. 율법주의자는 그리스도에게서 끊어지고 은혜에서 떨어진 자들이라니 바울의 말이 아니라면 너무 심하지 않나 싶을 정도다.[8] 그들은 자신뿐 아니라 자식을 율법에 묶어 두는 기술을 가지고 있어 자식으로 하여금 계속하여 율법을 지키지 못했다는 죄책감에 시달리게 한다. 그들은 은혜의 복음이 없기 때문에 자신뿐 아니라 자식을 자충성의 달인으로 만드는 데 기여한다. 신념과 의지를 믿음으로 포장하여 성공형의 인간으로 자식을 키운다. 거기서 건강하지 못한 세계관이 만들어지니 어떻게 평생 자유와 행복을 누리며 살 수 있겠는가.

형식주의라는 병을 보자. 그들은 세례도 받고 성찬에도 참여한다. 삼 대째 믿는다고 자랑도 한다. 은근히 기독교 진골 집안 티를 낸다. 이 형식주의자들은 사람들에게 호감을 준다. 자선과 위로에도 능하다. 그러나 참된 믿음이 없다. 복음 먹는 것에는 관심 없고 선교나 구제 같은 고상한 단어를 자주 내뱉지만 이상하게 생명력이 느껴지지 않는다. 복음주의자들의 종류가 수십 개나 된다는 사실도 모른 채 누가 "우리는 복음주의 교회입니다."라고 하면 덜컥 믿는다. 그들 중 상당수가 자유주의나 은사주의, 부흥주의, 결단주의를 지지하고 있다고 알려 줘도 그게 무슨 뜻인지 알려고 하지 않는다. 오히려 하나님의 일꾼들을 비판하지 말라고 화를 낸다. 형식주의자들은 형식만 있으면 내용은 뭐라도 상관없다고 생각한다. 이런 사람은 교리란 중요하지 않으며 하나님만 잘 믿으면 된다고 주장한다. 문제는, 형식주의자들 대부분이 예배마저 형식으로 드릴 위험이 크다는 것이다. 예배가 경직되어 있다 보니 영과 진리로 드리는 예배가 뭔지 모른다. 마음의 지성소에 들어가는 경험이 없다 보니 물두멍에서 회개와 자백

정도가 최고 수준의 종교 경험이 된다. 형식주의는 형식과 겉치레 이상으로 깊이 들어가지 않는다. 그러므로 신앙의 깊이는 물론 구원의 확신조차 불확실하다. 번제단에서 죽는 경험도 없고 물두멍에서 거룩해지는 경험도 없다. 그들은 새로운 피조물이라는 말은 듣지만 진리가 너희를 자유케 하리라는 경험을 할 리가 없다. 당연히 가짜 겸손, 거짓 겸손, 위선적 겸손에 물들어 있다. 이걸 자녀들이 모를 리 없다. 결국 언젠가 탄로 나고 폭로되어 망신을 자초한다.

성공주의라는 병에 걸린 사람은 머리가 될지언정 꼬리가 되면 가문의 수치라고 가르친다. 시험 성적이 오르면 하나님 은덕이라며 호들갑을 떨지만 시험 성적이 떨어지면 국물도 없다. 노골적으로 성공한 사람과만 관계를 맺으려 한다. 심지어 의사나 변호사 같은 직업에 가문 좋은 사위를 구하러 대형 교회 주변을 서성거리는 부모도 있다. 믿기 어려운 얘기지만 일류 사윗감 구하러 보스턴 온누리 같은 데 원정을 떠나는 권사를 본 적도 있다. 그들에게 가난은 저주라는 말과 같다. 샬롬이 없다.

신비주의라는 병을 보자. 그들은 자신의 감정과 느낌을 신뢰한다. 구원의 확신을 사실이나 진리가 아니라 느낌에 근거를 둔다. 꿈과 환상, 방언, 뜨거움 등을 좋아한다. 특히 꿈 얘기를 많이 한다. 방언 기도를 자랑하며 자기가 무슨 기도하는지도 모르면서 기도를 깊이 한다고 자부심을 가진다. 그에 비해 복음을 체계적으로 공부하는 데는 관심이 없다. 당연히 복음이 우선되지 않는 기도, 복음으로 증명되지 않는 환상, 자기도 모르는 방언에 중독되어 있다. 신령한 사람이라고 떠들지만 정작 자식에게 복음을 먹이는 일은 서투를 수밖에 없다. 지정의에 질서가 없고 품위는 더더욱 없고 조화와 균형은 기대할 수 없다. 언제 어디로 튈지 모르니 자식이 불안해한다. 감정이 앞서는 신비주의자들은 자기 확신과 거짓 환상에 속아 사실보다 느낌을 따라가다가 이단 사이비에 피해를 입기도 한다. 문화에 대한 분별력은 물론 복음을 변증하는 일에는 도무지 관심이 없다. 신비주의자에게 가장 문제가 되는 건 복음과 비복음이 구별되지 않는다는 것이다. 계시를 전체적으로 보는 안목이 없어 특정 말씀만 되풀이한다. 신비주의자들이 좋아하는 건 직통 계시다. 직통 계시를 받기 위해 울부짖는 일은 밤을 새워서라도 한다. 기도를 오래 하면 할수록 하나님이 복 주신다고 생각하여 일상생활에 장애를 일으키기도 한다. 상식을 무시하고 일반 은총과 특별 은총의 구별도 못한다. 심한 경우 아픈 아이를 의사한테 데려가지도 않는다. 이런 부모에게 복음사역·회복사역·문화사역을 하라는 건 포메라니안에게 소요리를 가르치는 것만큼 무모한 일일 수 있다. 기도는 잘한다고 자랑하면서 복음을 체계적으로 먹이는 일은 못하는 부모가 일으키는 후유증은 정말 무섭다. 감정이 앞서다 보니까 지성의 발달이 늦다. 지성의 발달이 늦으니까 더욱 감정에 매달리게 된다. 통찰력과 분별력에 문제가 생길 수밖에 없다.

지성주의는 또 어떤가? 이런 사람은 이해된 것만 믿으려 하고 기독교 세계관조차 이성적 부분에서만 고찰하려고 한다. 자녀의 문제가 감정에서 비롯된 것임을 모르거나 무시함으로 회복사역과 문화사역의 필요성에 눈을 감게 된다. 대개 여성보다 남성이 이 병에 걸리기 쉽다. 본인은 틀림없다고 자부하지만 감정의 미묘한 부분을 놓치기 때문에 드라이한 인생을 살기 쉽다.

초점이 틀린 말들

우리에게 새로운 기름 부음이 필요하다는 말, 죄의 본성 때문에 신분상으로만 의롭게 되었다는 말, 계속해서 영적인 능력을 추구해야 한다는 말, 응답될 때까지 기도를 쉬면 안 된다는 말이 얼마나 혼동을 일으키는지 안다면 복음이 무엇인지 아는 부모지만, 그렇지 않다면 위험한 부모다.

교리에 대하여

성경을 해석한다는 것은 성경에 담긴 하나님의 계시를 푼다는 뜻으로, 교리教理를 필요로 한다.[9] 정확한 농도로 위급 환자를 살리는 주사액처럼 교리가 있어야 계시가 올바로 해석되고 사람 살리는 양식이 되는 것이다.

교리는 하나님의 섭리 속에서 하나님의 부름받은 탁월한 제자들이 오랜 기간 성경을 성찰하여 형성해 놓은 체계이며 틀이며 신학이며 신앙 고백이다.[10]

교리의 필요성을 반대하는 사람 중, 교리는 신앙에 아무런 유익을 주지 못한다는 무용론자. 교리는 딱딱하고 지루해서 이해하기 어려워 신학을 연구하는 학자들 몫이라는 기피론자. 교리는 성도의 삶에 연결되지 않는다고 실망하는 실망론자. 교리는 지적인 부분만 강조해 영성을 흐리게 한다는 불균형론자. 지금 알고 있는 것을 지키지도 못하는데 뭐하러 교리까지 공부해야 하느냐는 열등론자. 교리를 몰라도 성령의 열매만 있으면 된다는 자족론자 등이 있지만 우리는 마틴 로이드 존스 목사[11]의 주장대로, 교리를 기독교 세계관의 안경이며, 교회 공동체의 신분증이며, 삶의 지도이며, 성경을 바르게 해석하고 이해하는 열쇠와 같다고 생각한다. 따라서 성경을 바르게 읽고 해석하여 양식으로 먹기 위해서는 교리가 있어야 한다는 그의 주장에 동의한다. 알다시피 마틴 로이드 존스가 전 세계적으로 존경받는 목회자가 된 것은 웨스트민스터에서 교리를 가르치면서였다.

마틴 로이드 존스는 2차 세계 대전 이후 매주 금요일마다 런던 웨스트민스터 채플의 한 방에서 토론 모임을 열었다고 한다. 이 토론 모임에서 다룬 주제들은 그리스도인이 살아가면서 겪는 실제적 문제들이었는데 점점 많은 사람이 참석해 열기가 뜨거워지기 시작했다.

여기서 제기되는 질문들은 주로 삶의 문제에 해답을 요하는 것들이었는데 종종 교리 문제가 제기되어, 로이드 존스가 토론 말미에 요약 형태로 다루어 주자 반응이 뜨거워 본격적으로 교리를 가르치기 시작했다는 것이다. 그것이 유명한 웨스트민스터 교리 공부라 불리는 것이었고, 마침내 로이드 존스의 교리 강좌는 역사 속에 한 획을 긋는 위대한 작업이 되었다고 한다. 당시 교리를 공부한 회중들은 하나같이 그리스도인으로 살아가는 데 큰 힘을 얻게 되었다고 간증하기 시작, 영국 부흥의 단초가 되기도 했다.

교리를 이야기할 때 팀 켈러의 사례도 빼놓을 수 없다. 맨해튼을 비롯 뉴욕 여러 지역에서 리디머교회를 설립해 방황하는 엘리트 젊은이들 사이에서 엄청난 부흥의 기적을 일구었고, 전 세계 100개 이상 도시에 430개 교회의 개척을 도왔으며, 뉴스위크에서 21세기 C.S. 루이스라는 찬사를 받을 만큼 변증가로서의 영향력이 막대, 철저히 예수 복음 중심이며 따뜻하면서도 예리한 지성으로 이 시대 수많은 청년을 생명으로 인도하고 통찰력을 길러 준 것으로 유명해진 팀 켈러 역시 신학교 졸업 무렵, 영국에서 온 신학자의 조언을 듣고 평생 따라야 할 교리를 선택하는 장면은 많은 것을 생각하게 해 준다.[12] 팀 켈러의 고백에 의하면 자신이 교리를 찾는 과정은 놀라운 하나님의 섭리였다는 것이다.

마틴 로이드 존스와 팀 켈러의 사례만으로도 교리의 중요성은 증명이 되고도 남는다.

그런데 오늘날 많은 교회에서 그 중요한 교리가 사라지거나 무시당하는 이유가 뭘까. 교리를 시대적 산물로만 이해하려는 태도? 그렇지 않다. 시대적으로 약간 보완할 수는 있어도 오래되었다는 이유만으로 교리를 버릴 순 없다. 교리는 성경이 아니기에 없어도 된다는 오해? 그러나 교리가 없는데 어떻게 성경을 올바로 해석할 수 있나. 교회를 성장시키는 데 방해가 된다는 생각? 이것이 문제다. 어떤 특정한 교리를 주장할 경우 배타적이라는 소문이 날까 두려워 교리를 버렸는데 안타깝게도 혼합주의나 세속주의, 심한 경우 이단의 덫에 걸리고 마는 일이 자주 벌어지고 있기 때문이다.

"설교자는 신학적으로 교인들을 가르칠 것이 아니라 성경대로 가르쳐야 합니다. 설교는 어떤 사상이나 주의가 있는 것이 아닙니다. 설교 현장에서는 오로지 하나님의 말씀을 믿고 체험하고 전하는 것만이 최상의 방법이요, 지침입니다."

이름만 대면 알 수 있는 유명 교회 설교자가 공개적으로 한 말이다. 기가 막히다는 말로는 부족한데 이 설교를 들은 교인들은 아멘, 아멘 하고 외쳤단다. 그의 말대로라면 신학을 가르치는 신학교는 필요 없는 조직이 되며 교회 강단에서 교리로 성경을 해석하는 것은 매우 위험한 행동이 된다. 세상에….

루터는, "이 세상 사람들은 모두 신을 가지고 있다. 그 많은 신 중 어느 신을 믿는가가 관심사일 뿐이다."라고 한 뒤 "아무리 무신론자라 할지라도 자기만의 신관, 즉 교리를 갖게 된다."라고 외쳤다. 루터의 말이 맞다면 교리는 어마어마하게 종류가 많아진다. 인간 스스로 만든 신관, 교리는 쉽게 왜곡될 수밖에 없어 인본주의는 물론 이단 사설로 변질될 가능성이 매우 높아진다. 이런 이유로 객관적 진리를 올바로 해석할 신학을 구별하는 안목이 필요한데, 오히려 신학이 필요 없다니, 이게 무슨 말인가.

영국이 낳은 세계적인 거목 로이드 존스는 "오늘날 그리스도인의 가장 큰 문제점은 교리에 대한 이해와 지식이 부족한 점입니다. 기독교 교리는 삶과 상관없다, 라는 것만큼 미련한 말은 없습니다. 저는 그리스도인들에게 교리를 공부하라고 말하는 데 반평생을 보냈습니다."[13]

우리는 로이드 존스를 지지한다. 그의 말이 맞다고 믿는다.

그래서 자녀 양육에 필요한 게 무엇이냐 물으면 제일 먼저 복음사역 통해 하나님을 알고 알게 하는 것, 즉 올바른 교리로 해석된 복음을 먹고 변증하게 돕는 일, 이라고 주장하는 것이다.

성경은 단순한 사건이나 우화를 적어 놓은 책이 아니라, 창조라는 역사적인 사건을 근원으로 하여 재창조의 완성에 도달하기까지 그리스도를 중심으로 하나님의 구원 행위를 기록한 구원사인데 묵시默示와 계시啓示로 되어 있기 때문에 영혼을 구원하는 능력을 얻으려면 정확히 해석해 먹고 먹여야 한다는 것이다.

예수 그리스도의 계시라 이는 하나님이 그에게 주사 반드시 속히 일어날 일들을 그 종들에게 보이시려고 그의 천사를 그 종 요한에게 보내어 알게 하신 것이라(요한계시록 1:1).

우리 주 예수 그리스도의 하나님, 영광의 아버지께서 지혜와 계시의 영을 너희에게 주사 하나님을 알게 하시고(에베소서 1:17).

이는 내가 사람에게서 받은 것도 아니요 배운 것도 아니요 오직 예수 그리스도의 계시로 말미암은 것이라(갈라디아서 1:12).

계시를 해석하려면 당연히 신학이 필요한데[14] 신학은 교리이며 신앙 고백이라고 데이비드 웰스가 말했다. 그런데 안타깝게도 은밀히 사라져 버린 교리 때문에 하나님의 계시가 잘못 해석되는 사례가 얼마나 많은지 모른다. 올바른 해석 기준을 놓치면 객관적 진리가 아니라 주관적 진리로 변질, 신비주의나 기복주의, 뉴에이지마저 아무렇지 않게 받아들이고 만다는 걸 숱한 사례가 보여 주었다. 사람이 시력을 잃는다면 삶의 형태가 변할 수밖에 없다는 건 당연한 이치. 결국, 성장에 방해가 된다 하여 교리를 내다 버린 교회나 기독 학교에 자식 보낸 부모들은 복음이 아니라 오물을 먹이는 실수를 저지르게 되는 것이다. 잘못된 해석 기준을 가지고, 진리를 인지할 영적 지각마저 잃어버린다면, 그 후에 나타날 결과는 오롯이 부모의 책임이다. 자기가 뿌린 씨는 자기가 거둘 수밖에 없다. 계시를 해석할 능력이 없는 사람에게 기독교 세계관을 요구하고 복음의 능력이 없는데 주의 뜻대로 살라는 말은 완전 사기다.

다시 영국으로 돌아가 보자. 마틴 로이드 존스는 "어떤 이가 나에게 와 이렇게 말했습니다. '아무리 그렇지만 그것은 오늘날 사람들에겐 먹혀들지 않습니다. 그들은 신학에 관심이 없습니다. 어떻게 할까요.' 거기에 대해 나는 '만일 그들이 그리스도인이 되려 한다면 신학에 관심을 가져야 하며, 진리를 듣고 그것을 믿어야 한다는 걸 전해 주십시오. 성령께서 처리하시기까지 그들은 절대로 신학에 관심을 가지지도 않으며 또한 그렇게 되지도 않겠지만, 내 태도는 단호하다는 걸 알아주십시오.'라고 말했습니다."[15]

마틴 로이드 존스는, 평생 진리가 사람들이 이해할 수 있는 말로 표현되기를 원했는데, 그것은 성경 속 계시를 교리로 요리해 복음을 먹인다는 말로 재해석할 수 있을 것이다. 요리라는 단어만큼 요즘 젊은이들의 마음을 움직이는 단어가 또 있을까. 『스무살 요리법』이란 책이 나올 만큼 저들은 요리에 관심이 많다. 줄기세포를 연구하는 생물

학자처럼 애호박 새우찌개 하나도 허투루 만드는 법 없이 매일 요리를 연구하며 시간을 보낸다. 엄마의 레시피를 추억하며 멸치 다시마 육수를 끓여 놓고 냉동실에 얼려 둔 대파와 고추를 꺼내 국이나 찌개 한 대접을 만들어 눈물로 밥을 해 먹는 스무 살 자취생의 요리 일기는 습기가 많아 잠 못 이루는 젊은이들의 마음을 온기로 채워 주고 있다. 요즘엔 나이 어린 초등생들까지 유명 셰프가 되고 싶어 하니 말 다했다.

아무튼 성경 해석하는 과정을 요리에 비유한다면, 복음 한 끼는 가장 기본적인 양식, 교리는 레시피의 정석이 되는데, 이 교리로 해석된 복음이 변증 형태로 전달되어야 한다는 말이 생소하기는 하지만 하나님이 우리를 통해 주시는 선물로 받아 주시기를 바란다. 결코 후회하지 않을 사랑의 선물. 그렇다. 정말 중요한 건 변증이다.

변증은 어려운 말이 아니다

변증이란 말이 보통의 부모들에게는 낯선 단어처럼 들리겠지만, 그 후에 태어난 다른 세대[16]에게 복음을 효과적으로 먹이기 위해 변증은 정말 중요하다.

변증은 말하자면, 잘 만들어진 요리를 멋진 그릇에 담는 일이다. 어느 시인의 말처럼 콩나물의 해탈을 돕는 마음으로 겨우 모자나 벗겨 주는 게 아니다. 정성껏 다듬은 재료로 멋지고 맛진 요리를 만들어 자식에게 대접하는 일처럼 따뜻한 일은 없을 것이다. 복음을 변증이라는 그릇에 담지 않는다면 먹는다는 행위가 품위를 잃고 말뿐 아니라 먹인다와 먹는다가 별개가 되어 버려, 그렇게 되면 안 먹는 게 아니라 못 먹는 결과가 되고 만다는 걸 어떻게 설명할까. 혹 변증을 논쟁으로 잘못 이해하여 자녀와 언쟁을 높이며 싸우려는 부모들이 있는데 변증은 논쟁이 아니라는 걸 명심하기 바란다. 논쟁이 다투는 형태라면 변증은 설득하고 대화하는 형태다. 논쟁이 벽을 만드는 행위라면 변증은 창을 만드는 행위다. 논쟁이 상처를 내서라도 반드시 이기려는 자세를 필요로 한다면 변증은 안아 주고 품어 주려는 자세를 필요로 한다. 논쟁이 자기 의견을 정확히 밝히는 데 주력한다면 변증은 상대 의견을 받아 주고 공감하는 데서 시작하는 길고 지난한 과정, 그러니 논쟁이 스피디하게 전개되어야 효과적이라면 변증은 슬로 템포로 가도 좋다.

사실 자녀 양육은 끝없는 항해와 같아 초반에 서두르다가는 큰 바다에 나갔을 때 삼각파도와 싸워 이길 힘을 잃게 될 것이다. 논쟁에는 상황화가 필요 없지만 변증에는 상황화가 반드시 필요하다. 그러므로 변증하려는 부모는 반드시 상대방의 핵심 감정을 파악하여야 할 뿐 아니라, 상대의 언어와 문화로 대화해야 하는데(행17장), 여기가 바로 복음사역에 이어 회복사역과 문화사역이 왜 필요한지 알게 해 주는 지점이기도 하다.

복음사역은 복음 잘 먹이는 것이 핵심이라면, 회복사역은 복음을 못 먹게 방해하는 육(자아)의 문제를 해결하도록 돕는 사역, 문화사역은 복음을 못 먹게 방해하는 자아를 부추겨 육의 습성(욕망)을 강화하려는 세상 정신의 실체를 알게 할 뿐 아니라 문화를 도구 삼아 변증에 능하도록 돕는 사역으로, 이 셋이 융합되어 나타나지 않으면 양육의 효과는 현저히 떨어질 것이라고 나는 확신한다.

예배 없는 사역은 의미가 없다

세 개의 사역 중 우선순위를 꼽으라면 복음사역이다. 복음사역이 먼저고 회복사역과 문화사역은 그 다음이다. 그러나 이 셋은 지성소 예배와 함께 가는 형국이 되어야 한다. 예배를 통해 지성소에 들어가는 거룩한 경험 없이는 세 사역도 아무 의미가 없다. 지성소에서 하나님을 만나지 못하는데 하나님을 알게 해 주려는 노력이 무슨 소용 있나? 우리는 진정한 은혜란 예배로부터 시작하여 복음사역·회복사역·문화사역을 통해 생수처럼 부어지는 것이라고 믿고 있다. 그래서 부모를 대상으로 한 사역이나 자녀를 대상으로 한 사역을 하기 전 먼저 예배를 가르친다. 지성소에 들어가는 예배를 가르친다. 이론도 가르치고 실습도 하게 한다. 우리는 건강한 부모가 되려면 반드시 예배를 알아야 한다고 생각한다. 자녀 앞에서 예배 인도자가 될 때 예배를 깊이 경험하게 할 뿐 아니라 예배가 무엇인지 가르치는 자가 되는 것이다.

우리는 가정에서 자녀에게 예배를 인도할 부모를 위해 하나님의 임재를 상징하는 성막의 의미를 정확히 알도록 돕는 일에 최선을 다한다. 그런 다음 바울을 통해 말씀하신 신령과 진정에 의한 예배, 시편 기자를 통해 알려 주신 직면 기도가 포함된 예배를 실습하게 한다. 그러니까 우리가 할 일은 부모에게 가장 먼저 예배를 배우게 하고 예배를 실습하게 한 다음 세 사역 통해 양육 전문가가 되도록 돕는 것이다. 예배는 물론, 복음사역에도 하나님의 은혜가 따르고 문화사역에도 하나님의 은혜가 따르고 회복사역에도 하나님의 은혜가 따른다는 것을 부모가 경험한다면 그의 자녀 역시 그런 은혜 속에 살게 될 것을 믿기 때문이다. 그동안의 경험으로 말하자면, 지성소에 들어가 직면하는 은혜와 함께, 세 사역이 동시에 이루어질 때 하나님의 은혜가 얼마나 풍성하게 나타나는지 말로 표현할 수 없다. 그러므로 복음사역 후 한참 있다 회복사역을 하고, 또 한참 있다 문화사역 하는 게 아니다. 종합 병원처럼 내과, 외과, 소아과 의사가 함께 모여 환자를 집중 치료하는 경우와 비슷하다. 알다시피 사역은 병들었음을 전제로 해야 의미 있는 단어 아니던가. 온전하지 않음. 변질될 가능성이 매우 높음. 심한 경우 혼절 끝 사망 직전. 사역으로 다가감. 사역으로 살려 냄. 사역으로 일으킴.

당신은 간호사형 부모인가

병원 얘기가 나왔으니 낮은울타리 복음사역 통해 변증가가 되게 하는 게 중요하다면, 회복사역 통해서는 간호사형 부모를 양성하는 일이 얼마나 시급한가를 좀 더 설명하고 싶다.

학교에 교사가 필요하다면 병원에는 간호사가 필요하지 않나. 그동안 가정과 교회를 학교로 만드는 데는 성공했으나 병원으로 만드는 데는 성공하지 못했다고 보는 이유는 훈련된 간호사가 없었기 때문이다. 모든 부모가 지금까지 자식에게 교사 역할만 했지 수습 간호사, 인턴 간호사, 정 간호사 되는 사역을 한 경우는 없었다. 그 많은 제자 훈련에 교사 개념은 있어도 간호사 개념은 없었다. 그래서 자식에게 병이 생겨도 속수무책, 환자 입장으로 환자를 대하려니 대략 난감. 오히려 간호사도 못 되는 주제에 의사라도 된 양, 혼자 문제를 진단하고 처방하고 수술까지 하려다 병을 악화시킨 경우가 얼마나 많았나.

잘 훈련된 간호사는 자녀의 어디가 아픈지 잘 알아, 숙련된 친절처럼 따뜻이 어루만지고 안아 주는 동안에 닫혀 있는 자녀의 마음을 열게 해 준다. 자녀의 마음이 열리면 예배를 통해 마음의 지성소[17]에 들어갈 것을 부탁한다. 하나님을 만나는 곳, 그곳이 영이신 예수가 내주하시는 마음의 지성소다. 마음의 지성소에 들어가 의사이신 하나님을 만나면 산다고 알려 준다. 눈과 눈, 마음과 마음이 만날 때 더욱 빛나던 사랑.

자녀가 그렇게 해 달라고 요청하면 고맙다는 말과 함께 예배를 인도한다. 지성소에 들어가는 예배다.[18] 우리와 함께 이 예배를 터득한 부모라면 정말 훌륭한 예배 인도자가 될 수 있다. 됐다. 많이 아플수록 성령의 은혜를 깊이 맛볼 것이다. 하나님 앞에만 가면 자신이 왜 아픈지 어디가 아픈지를 토설할 수가 있다 (시102; 38:5). 토설이 되어야 제대로 생수를 들이마실 수 있다. 그렇게 부모가 인도하는 예배를 통해 거룩하고 거룩한 지성소에 들어가 영혼의 호흡 같은 직면直面 기도로 자신의 문제를 하나님께서 다루시도록 내어 드린다. 그런 다음 완전히 새로워진 마음으로 '구약 시대에는 언약궤가 있는 곳이 지성소였습니다. 그러나 예수 그리스도가 죽으시고 부활하신 이후에는 성령이 계신 곳이 지성소가 됩니다. 이제 내 마음이 예수 그리스도의 영으로 충만하게 되었으니 내 마음이 지성소 된 것을 예수님 이름으로 선포합니다.' 와우! 정말 와우다.

부모와 함께 드리는 예배만으로도 회복된 자녀의 사례를 대라면 얼마든지 댈 수가 있다. 사실, 지성소 예배를 제대로만 인도하면 성막 문 들어설 때부터 하나님의 은혜를 맛볼 수 있다. 그다음 번제단에서의 은혜, 물두멍에서의 은혜, 성소에서 대제사장이신 예수 그리스도와 연합을 인식할 때 부어지는 은혜, 거기다 휘장을 지나면서 받은 은혜가 지성소에 이르렀을 때 얼마나 감동적일까 생각만 해도 가슴이 설레지 않는가.

이렇게 우리의 세 사역은 예배의 감격과 은혜를 맛보는 데서 시작이 된다. 예배 실습이 우선이란 얘기다.

예배를 인도하라면 어려워 쩔쩔매던 부모가 낮은울타리에 와 예배자로 세워져가는 걸 볼 때마다 얼마나 감격스러운지 모른다.

"너, 오늘 마음이 허전하구나. 엄마가 예배드려 줄까?"

"엄마, 나 지금 예배가 필요해요."

"여보, 나를 위해 예배를 드려 줄 수 있소?"

예배드려 주는 엄마. 예배드려 주는 아빠. 예배드려 주는 자녀. 얼마나 아름다운 가정의 모습인가. 형식적인 예배가 아니라 살아 있는 예배를 하루에 몇 번이고 드릴 수 있다면 무엇이 문제겠는가.

예배는 배우는 것이다. 예배는 맛보는 것이다. 예배는 실습하는 것이다. 예배는 흘러가는 것이다. 예배는 인간을 신의 자리로 안내한다.

그뿐인가, 예배는 연합에 대한 인식을 보장한다. 자녀의 마음이 조금만 흔들려도 예배를 통해 지성소에 데려갈 수 있는 부모와 그렇지 못한 부모의 차이가 얼마나 클지 상상해 보라. 예배 후에는 허깅이 따른다. 그냥 허깅이 아니라 심장과 심장이 만나는 홈스 허깅이다. "너 때문에 내 심장이 얼마나 뛰는지 알아봐 줄래?" 그리고 이어지는 말씀의 확언, 축복의 찬양, 그렇게 자녀의 마음이 지성소로 바뀐 것을 알아챈 부모는 감동의 분위기 속에서 얼른 앞치마 두른 요리사 되어 복음을 맛나게 요리해 먹인다. 양육이 시작된 지 얼마 되지도 않았는데 자녀에게 소요리문답을 중심으로 아가서까지 요리해 먹이는 부모가 될 수 있다면 믿을 수 있겠는가? 이 풍성한 식탁에 디저트가 빠질 수 없다. "눈이 녹아 따뜻함을 잃기 전 한 가지 더 너를 위해 해 줄 게 있어." 아이가 눈을 뜨고 바라본다. "오늘 디저트는 문화에 대한 거야. 문화 속에 들어 있는 세상 정신에 대한 거야. 우선 트로이 목마 작전이 뭔지 살펴보자."

눈이 내리면 눈이 따뜻해지는 이유가 단지 눈 때문이었을까.

그렇게 문화를 통찰하고 분별하는 눈이 뜨여 문화를 통해 쏟아져 오는 세상 정신을 파악하게 한다면 복음을 먹어 생긴 능력(생명력, 통찰력, 분별력, 창의력, 변증력)으로 거절, 보완, 수용 단계를 거쳐 정복과 다스림의 원리 아래 하나님 나라를 완성해 갈 수 있을 것이다. 축하한다. 오늘 저녁 만찬은 대성공.

정리하자면, 복음사역으로 능력을 얻게 한 다음 그것을 탈취해 가려는 육의 교활함을 회복사역으로 해결하고, 문화사역 통해서는 미디어가 목마름의 해결책이 될 수 없는 이유, 그러나 문화가 상황화의 수단이며 천직 수행에 필요한 도구임을 알게 해 주면 끝이다. 영어로 퍼펙트라는 말은 이럴 때 쓰는 말 아닐까.

복음사역 회복사역 문화사역은 주님이 주신 선물이다

맞다. 거듭난 자녀에게만 주신 선물로 세 개가 다 필요하다.

분명히 말하지만, '복음만 있으면 된다.'라는 말은 반은 맞고 반은 틀리다.

복음사역을 좁은 의미로 이해해 성경 읽기나 성경 암송, 성경 큐티를 강요하다시피 하는 부모가 많은데 그것만 가지고 안 된다는 걸 수십 년 동안 경험하지 않았나.

사실, 한국 교회만큼 성경을 열심히 가르친 교회가 어디 있는가.

한국 교회의 태동 자체가 성경 공부로 시작하지 않았나.

나는 그 현장에 있던 사람이다. 1974년 CCC[19]가 주최한 <엑스플로 74>는 말 그대로 폭발exploration이었고 혁명이었다. 전도의 혁명이었고 제자 훈련의 혁명이었다. 전도는 사영리로, 제자 훈련은 열 단계를 중심으로 한 순筍모임이 혁명의 도구였다. 그걸 배우려고 전국 각지에서 신자들이 몰려들었다. 내가 CCC에 들어간 게 1974년이었으니 우연이 아니라고 생각이 된다. 그때 나는 영적 혁명의 한가운데 있었다. 나는 순장이 되었고 중순장이 되었고 마침내 1980년에는 경서중학교를 책임지는 대순장이 되었다. 지방에서 올라온 수천 명을 먹이고 재우고 훈련시키는 역할을 하면서 사영리 전도, 열 단계 성서 교재, 엘티씨, 엘티아이를 통해 각 교회에서 손쉽게 제자 훈련하는 법을 가르쳤다. 그 후 지금까지 평생 순장으로 살아왔다.

내가 대학에 들어가고 CCC 활동을 시작하던 1974년은 우리나라 GNP가 겨우 500달러였을 때였다. 농촌엔 보릿고개가 있었고 도시엔 집단 화장실이 있었다. 얼마나 위생 상황이 심각했는지 걸어가는 여인의 머리에 허연 서캐가 보일 정도였다. 결핵으로 죽는 사람이 암으로 죽는 사람보다 많았고 어느 동네에나 거지가 드나들었다. 그때는 교회에 대한 이미지가 결코 나쁘지 않았다.

그러나 그로부터 60여 년이 흐른 지금 대한민국은 완전 다른 나라가 되었다. 교회에 대한 이미지가 최하위로 떨어진 채 개인 GNP가 3만 불 가까이 되는, 초고속 경제 성장을 이루고 세계 무역 등수 12위, 외화 보유 9위, 디지털 문화 인프라 구축은 엄청나 이제 곧 지구가 아닌 메타버스metaverse라는 새로운 세상이 생겨 우리 자식들은 거기 가서 살 거라고 한다. 당연히 젊을수록 의문도 많아지고 공부 많이 할수록 사고가 복잡해져 과거처럼, 교회 오면 산다, 거지 오쟁이 짊어지듯 무조건 믿으라는 말로는 설득도 양육도 어려운 시대가 되었다. 격세지감.

극한 가난 속에서 빚을 내서라도 무궁화호 열차 타고 서울까지 상경해 뙤약볕에서 속성 전도법과 속성 성경 공부법을 배우던 시절이 지나, 인터넷만 열면 세계 유수의 설교 자료가 넘쳐 나는 시대가 왔는데도 칠십 년대 사고를 고수, 복음사역에 이어 회복사역과 문화사역 없는 제자 훈련을 고집한다면 새 술을 새 부대에 넣으라는 권고를 무시하는 결과가 될 것이다.

　물론, 당시에는 그렇게라도 절실했다. 굶어 죽지 않으려고 얻어 온 밥에 맹물 말아 후루룩 마시듯, 그때는 그렇게라도 신앙을 점검하고 훈련시킬 초간단 키트가 필요했다. 전도를 위해서는 사영리뿐 아니라 네비게이토의 브릿지처럼 각 선교 단체에서 만든(수입한) 간편한 도구가 필요했고, 제자 훈련도 CCC나 JOY가 만든 훈련 교재가 있어야 가능했다. 결과는 폭발적이었다. 1974년의 엑스플로 때와 1980년의 복음화 대성회 때는 사영리 전도와 순장 기초 훈련 배우려고 전국 사방에서 구름같이 몰려들었다. 내가 맡은 경서중학교에만 수천 명이 몰려 교실 바닥에서 잠을 자고 여의도로 교육받으러 다녔다. 밥은 거의 주먹밥 수준이었다. 그러나 지금은 그때와 비교도 안 될 만큼 상황이 바뀌었기 때문에 똑같은 방법으로 사람을 모아 훈련시키려 한다면 전혀 다른 결과가 나고 말 것이다. 딱딱한 교실 바닥에 스티로폼 깔고 잠자는 걸 은혜로 여길 사람도 없거니와 여의도에 이백 명만 모여 찬송해도 소음죄 숙면 방해죄로 당장 고발당할지 모른다. 당시 조선일보에 보도된 바로는 무려 백만 명이 모였었다. 백만 명이 여의도에 모여 큰 소리로 찬양하고 큰 소리로 통성 기도를 했다. 매일 밤 확성기로 설교나 찬송가를 틀어 대도 누구 하나 불평하는 사람이 없었다. 지금 그런다면 청와대 민원 게시판은 불이 나고 경찰 특공대가 십 분 만에 출동할 것이다. 코는 우리에게 숨을 쉴 수 있게 해 주지만 코로 밥을 먹을 수 없듯이, 황막한 시대의 야성과 열정은 존중되어야 하지만 마스크가 넘쳐 나는 시대의 숨 막힘을 해결해야 하는 건 또 다른 과제가 되었다. 이제는 너무 단순해 쓰기 편한 것보다 격이 다른 무엇인가가 필요하다. 그동안의 역사는 존중되어야 하지만 과거에 얽매이는 것은 결코 바람직한 자세가 아니다. 자녀를 양육할 때 복음사역과 회복사역과 문화사역이 함께 가야 하는 이유는 주사 한 방으로 나을 수 없도록 병이 깊어졌기 때문이다. 변이 바이러스가 등장해 치료 과정이 복잡해졌기 때문이다. 무엇보다 성경을 공부한 다는 말보다 복음을 먹는다는 개념 정리가 필요한 이유는 공부가 기계적이 되기 쉬운 데 비해 먹음은 유기적이고 역동적인 개념이기 때문이다. '가르친다'가 살갗 아래 용어라면 먹인다는 말은 감각의 차원까지 확대되는, 전혀 다른 개념이라고 생각되기 때문이다. 생각해 보자. 복음을 먹지 않는데 관절이 살아나고 근육에 힘이 붙고 심장에 불이 붙을 수 있나? 허약해 비틀거리는 자식에게는 더더욱, 생명의 양식을 먹여야지 가르친다고 다리에 힘이 생기는 건 아니잖은가? 회복사역과 문화사역은 어떤가?

복음이란 무엇인가

복음만 있으면 된다? 맞는 말이다.

그런데 복음이 뭔가?

혹시 성경을 복음이라고 생각하는가?

성경책이 복음이라고 생각하는가?

반은 맞고 반은 틀리다.

성경책은 복음을 담고 있는 그릇이지 복음이 아니다.

복음은 성경에 계시된 예수 그리스도다(롬1:2~4).

그 예수 그리스도가 "나는 생명의 떡이니 나를 먹어라"(요6:48)고 하셨다. "나는 너희가 모르는 양식이 있으니 걱정 말라"(요4:32)고도 하셨고, "나의 양식은 나를 보내신 이의 뜻을 행하며 그의 일을 온전히 이루는 이것이니라"(요4:34)고도 하셨으며, 요한복음 6장 39절에서는 "나를 보내신 이의 뜻은 내게 주신 자 중에 내가 하나도 잃어버리지 아니하고 마지막 날에 다시 살리는 이것이니라" 하셨다. 그걸 증명이라도 하듯 제자들을 부르사 열둘을 택하여 사도 삼으시고(눅6:13) 양육에 전념하셨다. 그러므로 주님의 일은 택한 자를 불러 제자로 양육하여 믿음으로 살게 하는 일이었다. 그러니까, 주님의 양식은 제자 삼는 일과 밀접한 연관이 있고, 주님의 제자가 된다는 것은 주님에게 먹힌다는 뜻임을 알 수 있다. 그것을 요한은 요한복음 15장에서 연합한다고 알려 준 것이다. 연합이 되어야 산다고 주님이 요한을 시켜 강조하고 또 강조하셨다. 우리 폐에 자극을 주려는 듯 숨을 크게 쉬지 않으면 안 될 만큼 연합을 강조하셨다. 오죽하면 나무에 붙어 있지 않아 열매 맺지 못하면 가지를 잘라 불에 태워 버릴 거라고, 엄마가 말 안 듣는 아들에게, 너 그렇게 하다간 죽을 줄 알아, 하듯이… 가난한 아이들이 노는 장소는 얼마나 열악했던가. 가지 말라는 곳에 갔다가 가시철망에 걸려 무릎이 찢어졌던 기억. 너덜너덜해진 피부 사이로 분홍색 피가 쏟아져 나올 때 같이 울어 주던 엄마의 한마디, 또 가면 죽을 줄 알아… 그렇게 주님은 엄마처럼 힘을 주어 거듭 말씀하신다. 연합을 모르거나 연합이 안 되면 죽을 거라고, 죽어서 발에 밟힐 거라고, 그러니 꼭 붙어 있으라고… 복음을 먹는 것과 연합됨. 이것은 요한복음에 있어 요한의 말이 아니라 분명한 주님의 말씀이다. 설교나 훈계가 아니라 진리다. 계명이다. 복음이다.

나는 참포도나무요 내 아버지는 농부라. 무릇 내게 붙어 있어 열매를 맺지 아니하는 가지는 아버지께서 그것을 제거해 버리시고 무릇 열매를 맺는 가지는 더 열매를 맺게 하려 하여 그것을 깨끗하게 하시느니라(요한복음 15:1-2).

연합이 안 되어 열매 맺지 못한 가지를 농부이신 하나님이 제거해 버리겠다고 하신 말씀을, 아무리 경고성 발언이라도 흘려들으면 안 된다. 의학계에 떠도는, 흔적 기관은 병에 걸리기 쉽다는 말 때문에 쓸모없는 맹장이라 비난해선 안 되듯이, "전적 타락한 존재라면서 뭘 그러십니까." 비웃는 건 결코 예의가 아니다. 그렇다면, 왜 6절에서 열매 맺지 못하고 마른 가지는 사람들이 모아다가 불에 던져 사른다고 거듭 강조하셨을까. 추억이라는 양념과 계명이라는 레시피가 단지 스무 살 만의 요리법이었을까.

물론, 잘라 내지 않으신다는 건 맞다. 이미 "내가 결코 너희를 버리지 아니하고 너희를 떠나지 아니하리라"(히13:5) 하셨고 "하나님의 은사와 부르심에는 후회하심이 없다"(롬11:29)라고 선포하셨으니까. 그런데 "니들이 나를 버리고 떠난 게 한두 번이니? 너는 어렸을 때에 벌거벗은 몸이었으며 피투성이가 되어서 발짓하던 것을 기억하지 아니하고 모든 가증한 일과 음란을 행하였지만(겔16:22) 나는 너를 결코 버리지 않았다(시94:14)"

우리가 어떤 존재였으며 하나님이 우리를 데려다 어떻게 씻기고 입히고 왕비까지 되게 하셨는지는 에스겔서에 분명히 나와 있다.

네가 나던 날에 네 몸이 천하게 여겨져 네가 들에 버려졌느니라 내가 네 곁으로 지나갈 때에 네가 피투성이가 되어 발짓하는 것을 보고 네게 이르기를 너는 피투성이라도 살아 있으라 다시 이르기를 너는 피투성이라도 살아 있으라 하고 내가 너를 들의 풀 같이 많게 하였더니 네가 크게 자라고 심히 아름다우며 유방이 뚜렷하고 네 머리털이 자랐으나 네가 여전히 벌거벗은 알몸이더라 내가 네 곁으로 지나며 보니 네 때가 사랑을 할 만한 때라 내 옷으로 너를 덮어 벌거벗은 것을 가리고 네게 맹세하고 언약하여 너를 내게 속하게 하였느니라 나 주 여호와의 말이니라 내가 물로 네 피를 씻어 없애고 네게 기름을 바르고 수 놓은 옷을 입히고 물돼지 가죽신을 신기고 가는 베로 두르고 모시로 덧입히고 패물을 채우고 팔고리를 손목에 끼우고 목걸이를 목에 걸고 코고리를 코에 달고 귀고리를 귀에 달고 화려한 왕관을 머리에 씌웠나니 이와 같이 네가 금, 은으로 장식하고 가는 베와 모시와 수 놓은 것을 입으며 또 고운 밀가루와 꿀과 기름을 먹음으로 극히 곱고 형통하여 왕후의 지위에 올랐느니라 네 화려함으로 말미암아 네 명성이 이방인 중에 퍼졌음은 내가 네게 입힌 영화로 네 화려함이 온전함이라나 주 여호와의 말이니라 그러나 네가 네 화려함을 믿고 네 명성을 가지고 행음하되 지나가는 모든 자와 더불어 음란을 많이 행하므로 네 몸이 그들의 것이 되도다(에스겔 16:5-15).

하나님은 오늘도 계속해서 "니들이 우상에게 절하고 행음까지 한 게 한두 번이니?" 하면서 "그래도 나는 너를 버린 적이 없다. 아주 버린 적이 한 번도 없다. 너희에게 바라는 것 없으니 그냥 붙어만 있어 다오. 아무것도 안 해도 되니 그저 붙어만 있어 다오." 감동 아닌가. 이쯤 되면 감격해서 울어야 되는 것 아닌가. 붙어 있기만 하면 되는 존재. 붙어 있기만 하면 그 자체가 축복이라, 거기서 저절로 열매가 맺혀지는 존재. 와우!

연합 인식을 방해하는 요인 두 가지

자, 그러니 구원받은 자라면 무슨 일이 있어도 나무인 예수님에게 꼭 붙어 있어야 하는데, 문제는 먹은 게 없어 붙어 있을 힘이 없거나 붙어 있으려 해도 붙어 있지 못하게 하려는 방해 요인이 있어 그것을 제거하지 않고는 열매를 맺을 수 없다는 것이다.

그 방해 요인은 두 가지 - 자아(육) 문제와 세상 정신의 문제 - 라는 것은 앞에서 말했다. 그것을 해결해야 신랑이신 주님과 연합 인식이 원활해지고 연합 인식이 되어야 신부의 삶을 제대로 살 수 있다는 것을 분명히 말했다. 연합 인식이 안 되고 신부가 못 되면 사랑하는 자식들이 평생 예루살렘 여자들이나 시온의 딸처럼 신랑 곁을 맴돌게만

될 테니 그것처럼 어이없는 일이 어디 있을까(아8:4).[20]

복음을 제대로 먹지 못하게 방해하는 요인, 연합 인식을 방해하거나 나무에 붙어 있지 못하게 방해하는 요인을 상처와 세상 정신이라고 하자. 상처는 내면의 문제, 세상 정신은 외부의 문제라고 했을 때, 당신은 이것을 해결할 방법이 있다고 믿는가? 아니면 저절로 없어질 거라고 믿는가? 믿음만 있으면 된다고? 그렇다면 시편 기자들은 왜 자기 아픔을 가지고 가서 기도했을까? 왜 처절하리만치 울부짖는 기도를 했을까?

주여 내 소리를 들으시며 나의 부르짖는 소리에 귀를 기울이소서(시편 130:2).

나의 괴로운 날에 주의 얼굴을 내게서 숨기지 마소서 주의 귀를 내게 기울이사 내가 부르짖는 날에 속히 내게 응답하소서(시편 102:2).

다윗을 비롯한 시편 기자들은 부르짖지 않으면 남아 있는 상처가 자신을 죽일 거라는 걸 알고 있었다. 그들은 하나님을 믿는 자에게도 예배와 기도를 통해 해결해야 할 문제가 있음을 알고 있었다. 그래서 아플 때마다 지체하지 않고 지성소에 들어가 울부짖었다. 소리를 질렀다. 통곡을 했다. 토하고 들이마셨다. 그리고 마침내 심장이 환희로 뛰는 기쁨을 맛보았다. 시편에 나온다. 한두 번도 아니고 여러 번 나온다. 그렇다면 오늘날도 마찬가지 아닌가. 주님이 한센병 환자에게 깨끗해져라, 라고 말씀하실 때의 그 감격, 순수함을 앗아 가려는 불순한 의도를 무시하지 말 것. 사랑하는 자식으로 하여금 복음을 못 먹게 하는 그 방해 요인을 못 본 척하지 말 것. 바이러스가 세포를 갉아먹듯 자녀의 상처가 악화되어 치료와 회복의 시기를 놓치면 땅을 치며 후회하게 될 텐데 이렇게 토닥이듯 알려 주는 친절을 무시한다면 정말 바보다. 혹시 생명력이 암에 걸린 건 아니겠지요. 자식이 망가지는데 장로 직분 받지 못해 애를 태우고 자식이 죽어 가는데 사업에 목숨 걸다니 제정신입니까. 이 정도로 감각이 없다면 혹시 폐암? 폐는 완전히 망가질 때까지 통증이 없다는데 잘 살펴보십시오. 통증이 없다는 건 누가 알려 주기 전까지 죽어도 모른다는 얘기 아닙니까. 아, 죽는 것은 좋은데 고생은 시키지 맙시다. 자식이 무너지면 가정이 무너지고 가정이 무너지면 교회가 무너지니 제발 그쪽으로는 가지 말기로 합시다.

우리를 사역으로 초대하시는 하나님

사역에 대해 친절하게 말해 주는 일이 잔소리처럼 느껴질 때가 있다. 이 책에 수십 번 사역이란 말을 반복하면서 울음처럼 여겨질 때가 있다. 옛날 선지자들이 그랬을까. 하고 싶은 말보다 해야 할 말을 하면서 울고 싶었던 때가 얼마나 많았을까. 다행히 나는 울음보다는 숨이 터져 나오고 있다. 숨이다. 호흡이다. 호흡 같은 사역이고 사역 같은 호흡이다.

사역은 구원 이후 생기는 문제를 해결하는 거룩한 과정을 일컫는 말이니(봉사와 다르다), 가능한 예의를 차려 다시 말한다면 부디 자식을 살리는 세 개의 사역을 잊지 말라 부탁하고 싶다.

복음을 제대로 먹지 못해 생기는 문제(생명력 약화)는 복음사역으로, 내면에서 치밀어 오르는 문제(통찰력 약화)를 해결하도록 돕기 위해서는 회복사역으로, 외부에서 도둑처럼 다가와 생명력을 훔쳐 가는 세상 정신(분별력 약화)에 대비하기 위해서는 문화사역으로, 이 셋을 융합하여 자녀를 잘 양육해 달라고 부탁하고 싶다.

이 세 사역을 그림으로 그리면 다음과 같은 삼각형으로 그릴 수 있다.

복음사역과 요리 비교하기

어렸을 적 친구와 놀다 허기져 돌아온 뒤 부모가 정성 다해 만든 사랑의 오믈렛을 먹어 본 자라면 요리의 향긋함에 매력을 느꼈을 것이다. 좋은 요리가 좋은 재료에서 나오는 건 당연지사. 복음 사역을 위한 최고의 재료는 물론 성경이다. 성경 속 계시의 말씀들을 해석하는 과정은 음식 재료를 다듬고 씻어 끓이고 볶고 삶는 과정에 비유할 수 있다. 구원의 은혜가 어디서 오는지 오해하면 하나님 아버지가 계획하신 삶을 충실히 살아가기가 힘들기 때문에 계시라는 재료로 오늘의 양식을 만드는 과정은 힘들지만 보람이 있다. 그렇게 정성껏 만들어진 음식(양식)은 먹어야 하고 먹어 줘야 한다. 요리자 자신은 맛있다 하지만 자식이나 제자가 안 먹고 외면한다면 그것처럼 씁쓸한 일은 없을 것이다. 요리사인 부모는 실컷 먹었는데 자식은 한 숟갈도 안 먹었다? 그럼 어떻게 되나. 귀한 자식이 밥을 못 먹어 쫄쫄 굶은 채로 학교에 가거나 허기진 배를 안고 잠을 자야 하는 비극이 발생하는 것이다. 만약, 어쩌다 생기는 일이면 괜찮은데 자주 그런다면 문제는 커진다. 아예 요리를 안 해 주는 가정도 문제지만, 부모가 해 준 요리를 안 먹겠다고 손사래 치는 가정은 심각한 상황에 직면하게 될 것이다. 자녀가 영양 부족으로 삐쩍 말라 죽거나 패스트푸드 같은 걸 먹어 살만 찌거나, 둘 다 바람직한 건 아니다. 분명히 말하지만, 부모가 만든 음식을 자식이 즐겁게 먹어 주지 않으면 안 먹인 결과가 된다. 억지로 욱여넣다간 반항, 가출, 자살하는 일까지 벌어질지 모른다. 이게 가정이나 교회에서 복음을 못 먹는 결과가 나올 수 있다는 논리다. 자기는 먹었다고 우기는데 자식 입장에서는 먹은 일이 없는 것이다. 복음을 먹지 못하는데 하나님을 어찌 알 것이며, 하나님을 모르는데 자신을 어떻게 알겠는가. 하나님 모르고 자신도 모르는 아이가 세상 정신에 빠져간다? 그렇다면 가장 최악의 시나리오가 현실이 되는 것이다. 대표적 사례가 누가복음에 나오는 둘째 아들, 탕자다. 이름은 모르는 아들이지만 그 아들 기다리다 아버지 눈이 짓물러 버렸다.[21]

인자의 살을 먹지 아니하고 인자의 피를 마시지 아니하면 너희 속에 생명이 없느니라(요한복음 6:53).
내가 복음을 전할지라도 자랑할 것이 없음은 내가 부득불 할 일임이라 만일 복음을 전하지 아니하면 내게 화가 있을 것이로다(고린도전서 9:16).
복음에는 하나님의 의가 나타나서 믿음으로 믿음에 이르게 하나니 기록된 바 오직 의인은 믿음으로 말미암아 살리라 함과 같으니라(로마서 1:17).

잘 만들어진 요리는 예술이며, 매일 아침에 일어나 요리하러 가는 발걸음이 그렇게도 신선하다는 걸 나는 CCC에 들어가서 알았다. 1974년의 일이다. 물론, 처음부터 그랬던 건 아니다. 중력이 없는 공간에서 춤을 추는 것처럼 가슴에 쏟아져 들어오는 사랑의 햇살은 얼마나 따뜻했던가. 그러나 벌써 이별의 시간이 다가온 것일까.

1974년은 내게 인생의 터닝 포인트였고 사랑할 연인을 만난 시점이었는데 벌써 이별의 시간이 다가온 것일까. 사랑의 감정이 끝나지 않았는데 이별 연습이라면 너무 슬픈 이야기 아닌가. 나는 CCC에서 사랑의 음성을 들었고 나는 CCC에서 결혼을 했고 나는 CCC에서 아프리카로 떠날 준비를 했다. 그런데 여기가 아프리카라는 음성에 막상 세렝게티나 킬리만자로는 상상 속에 머물라 하고, 아프리카보다 더 황량한 이 땅에서 후원 이사회조차 없는 낮은울타리 사역하느라 젊음을 다 바쳤는데 내가 사랑해야 하는 한국 교회는 급격히 병이 들어가고 있는 게 아닌가. 몇몇 교회 빼놓고는 가정 같던 교회에서 웃음소리가 사라지고 요리 냄새도 사라지는 게 아닌가. 만약, 이 상황으로 계속 간다면 한국 교회는 곧 위험한 상황에 직면하게 될 것이라는 생각을 30년 전에 했다면 믿어 주시겠는가. 자녀 없는 가정, 다음 세대 없는 교회라니 생각만 해도 끔찍한 일 아닌가. 교회를 떠나는 젊은 아이들이 급증하고 영적 돌연변이 좀비가 되어 허공을 떠돌게 만드는 바이러스가 기승을 부리는데, 아이들 살릴 부모는 양육의 전문성이 눈곱만큼도 없고 부모 살릴 목회자들은 장년 설교 위주로 교회를 성장시키는 데 에너지를 다 쓴다면 머잖아 아이들 떠난 빈자리 보며 회한의 눈물을 흘려야 할 것이다.

다행인 건 복음을 먹어야 살겠다고 손 벌리는 자식들이 아직은 있다는 것이다. 천만다행으로 모두 떠나가지는 않고 좁은 식당에서나마 부모 세대와 밥 같이 먹겠다는 젊은이들이 그루터기처럼 남아 있다는 것이다. 얼마 전 종로구 익선동에 가봤더니 50년, 100년

묵어 낡을 대로 낡고 허름해질 대로 허름한 건물에서 웃으며 밥 먹는 청년들이 바글거리는 걸 보고 복음 먹는 것도 저렇게 된다면 얼마나 좋을까. 가정에서 부모에게 밥 달라고, 요리 달라고, 밥 같은 복음, 요리 같은 복음 달라고… 그런데, 그렇게 손 벌리는 자식들이 생명의 씨앗처럼 아직 남아 있다는 것이다. 급격히 줄어들어서 문제지 아직 자식에게 먹일 복음 달라고 소리치는 부모들도 있다는 것이다. 그러니 바울의 말처럼 우리가 소망으로 구원을 얻었으매 보이는 소망이 소망이 아니니 보는 것을 누가 바라리요. 만일 우리가 보지 못하는 것을 바라면 참음으로 기다릴지니라(롬8:24~25).

그렇다. 교회가 살려면 가정이 먼저 살아야 한다는 걸 의식 있는 부모들에게 한 번 더 호소한다. 우리가 먼저 복음을 먹자. 해석할 능력이 없으면 해석된 복음이라도 먹자. 그런 다음 사랑하는 자녀들이 복음 먹는 걸 방해하는 요인들은 회복사역과 문화사역으로 말끔히 처리하자. 하나님이 말씀하시기를, 말세에 내가 내 영을 모든 육체에 부어 주리니 너희의 자녀들은 예언할 것이요 너희의 젊은이들은 환상을 보고 너희의 늙은이들은 꿈을 꾸게 될 것이다(행2:17). 아멘.

교리를 소홀히 하고 회복사역과 문화사역을 외면한 결과

안타까운 것은 이 책을 쓰고 있는 동안에도 교회 교육의 역동성이 떨어지고 가정의 위기는 악화 일로가 되어, 문제는 이 땅 어린아이들의 방황이 심상치 않아 보인다는 것. 세상은 엄청나게 변화하는데 이에 대비하지 못한 부모들, 숨을 쉬지 못해 헐떡이는 자녀를 보면서도 응급 처치조차 못하는 부모들, 면역력 약화로 자신부터 회복이 시급해 보이는 부모들. 그런 부모와 아이들이 비명을 지르는데도 하나님의 새 일 하심을 못 보는 교회, 특히 고급 인테리어와 온갖 프로그램으로 현란하기만 했지 제대로 양육도 못하면서 울타리 밖에 나가지 말라고 협박했던 대형 교회는 머잖아 모두를 위태롭게 만들었다는 비판에서 자유롭지 못할 것이다.

한때 세상을 향해 포효하던 호랑이가 지치고 힘들어 먼 곳으로 떠날 준비를 하는 것 같다. 고령화 때문만이 아니다. 코로나 때문만도 아니다. 교회가 다음 세대를 놓치고 신학을 잃어버린 게 이렇게 엄청난 후유증을 몰고 올 줄은 정말 몰랐다.[22] 엉성한 교사 양성, 엉성한 부모 교육을 방치한 채 복음사역·회복사역·문화사역을 외면한 결과가 이렇게 빨리 나타날 줄은 몰랐다. 교회가 흔들리자 가정이 받은 타격이 이만저만 큰 게 아니다. 그동안은 역기능 가정 후유증을 대형 교회 직분자라는 성장 목표, 산업 발전에 따른 물질 축적으로 겨우겨우 견뎌 왔는데 코로나 팬데믹과 경제 불황, 스마트폰 같은 미디어가 전 국민의 일상을 덮어 버리자 은밀히 숨어 있던 절망 바이러스가 쇠약해진 면역력을 뚫고 무서운 암세포로 자라기 시작했다. 그 암세포는 가장 먼저 다음 세대를 겨냥했는데, 가정에서는 자식들이, 교회에서는 차세대들이 마음을 뺏는 총공격에 맥없이 스러지기 시작한 것이다. 이렇게 말하면 너무 부정적으로 보는 게 아니냐고 반문하는 이들이 있겠지만 이미 통계가 심각한 수준을 넘었다고 알려 주고 있으니 아무 말도 못할 것이다.[23]

여러 가지 통계 중 어려서부터 중고등부 교회 학교를 잘 다닌 자녀가 대학에 들어갔을 때 교회를 떠나는 비율이 육십 퍼센트를 넘었다는 통계는 정말 믿을 수가 없다. 교회에 출석하지 않겠다고 다짐한 가나안 교인이 이백만을 넘었다는 통계도 마찬가지다.[24] 더 심각한 건 아직 교회에 남아 있는 젊은이들도 언제 교회를 떠날지 모르며 전처럼 활발한 활동을 안 하고 있다는 것이다. 그뿐인가, 교회 청년들을 조사했더니 우울증 환자의 비율이 교회 밖 청년과 다를 바 없다는 것이다. 하나님이 일부러 이렇게 만드신 게 아니라면 엉성한 교사 양성, 엉성한 부모 교육의 후유증이라고밖에 할 수 없다는 것이다.

복음을 먹지 못하면 하나님이 어떤 분인지 알 수가 없다. 하나님을 알지 못하면 아모스가 경고한 내용처럼 무서운 결과를 맞이하게 된다.

내가 이스라엘의 모든 죄를 보응하는 날에 벧엘의 제단들을 벌하여 그 제단의 뿔들을 꺾어 땅에 떨어뜨리고 겨울 궁과 여름 궁을 치리니 상아 궁들이 파괴되며 큰 궁들이 무너지리라 여호와의 말씀이니라 (아모스 3:14~15).

심한 역경조차 사랑의 표시라는 걸 강조하시는 하나님이 심판을 경고하기 전에 얼마나 우리를 사랑하시는지 아모스 통해 분명히 말씀하신다. 독특한 하나님만의 화법이다.

내가 땅의 모든 족속 가운데 너희만을 알았나니 그러므로 내가 너희 모든 죄악을 너희에게 보응하리라 하셨나니(아모스 3:2).

정말 엄청난 고백이다. 다른 종교에서는 있을 수 없는 일이다.

모든 족속 가운데 우리만 알았다는 창조주의 고백이, 진실로 믿어질 경우 인생의 모든 문제가 풀릴 거라고 나는 생각한다. 이 고백 하나로 자신이 얼마나 존귀한 존재인지 알게 될 거라고 나는 확신한다.

여기 '알았나니'의 알다는 히브리어 야다(ידע), 헬라어로는 기노스코(γινώσκω)다. 이 단어는 부부 관계를 표현할 때 사용하는 것처럼 깊고 친근한 관계를 표현하는 말이다. 실제로 창세기 4장 1절의 "아담이 그 아내 하와와 동침하매"에 사용된 '동침'이란 단어가 바로 이 '알다'인 것이다. 그러니까 하나님이 우리만 아셨다고 표현하신 것은 우리와 결혼한 관계라는 뜻이니, 보통 일이 아니다.

우리는 주님의 아내다. 정혼한 아내다. 그러므로 한 방에 산다. 한 이불 덮고 산다. 종이나 청지기나 제자는 따로 자지만 아내는 남편과 한 방에서 잔다. 이게 연합이고 한 몸 됨이다. 우린 그런 관계다. 주님이 먼저 요구해서 이루어진 관계다. 이것도 복음을 제대로 먹어야만 이해되고 인식되지, 복음을 못 먹으면 웃기는 코미디가 될 뿐이다. 하나님이 나를 야다로 안다는 것은 나를 죽을 만큼 사랑하신다는 뜻이다.

아버지께서 창세전부터 나를 사랑하시므로…(요한복음 17:24).

이 우주에서 나만이 유일한 사랑의 대상인 것처럼 택하신 사랑으로 나를 사랑하시지 않은 적이 단 한순간도 없었음을 알 때 어떤 불평과 원망이 흘러나오겠는가?

하나님이 미리 아신 자들로…(로마서 8:29).
내가 이 세상의 모든 민족들 가운데 오직 너희만 알았나니(아모스 3:2).
이는 그가 사랑하시는 자 안에서 우리에게 거저 주시는 바(에베소서 1:6).

사도 요한이 그랬던 것처럼 하나님의 사랑을 깨달을 때 가슴 깊은 곳에서 이런 말이 터져 나오지 않겠는가?

보라 하나님 아버지께서 얼마나 큰 사랑을 우리에게 베풀어 주셨는가(요한1서 3:1).

복음사역은 이렇게, 자식으로 하여금 성경을 통해 예수님이 누구신지, 하나님과 성령님이 누구신지 알게 하는 사역이며 회복사역과 연계, 자신이 어떤 존재인지 알게 하는 사역이다. 머리로 아는 게 아니라 전인격으로, 경험으로 알게 하는 것이다(창4:1).
"그러므로 우리가 여호와를 알자. 힘써 여호와를 알자. 그의 나타나심은 새벽 빛 같이 어김없나니 비와 같이, 땅을 적시는 늦은 비와 같이 우리에게 임하시리라" 호세아 6장 3절 말씀이다.

이 본문에서 우리는 대부분 '알다'에만 집중하겠지만, '힘써'라는 단어도 매우 중요하다. 히브리어로 '라다프'라는 이 말은 영어로 'to pursue, chase, persecute'로 아브람이 조카 롯을 잡아간 적들을 다마스쿠스 북쪽 끝까지 쫓아가 롯을 구해 내었다는 데 쓰여진 단어다. 그만큼 주님을 죽을 듯이 사랑하여 쫓아가듯 알아 간다는 이야기다. 그런데, 문제는 사랑한다는 고백 다음에 이어지는 하나님 심판에 대해 대부분의 성도가 눈을 감고 있다는 것이다. "사랑한다. 무지무지 사랑한다. 그러니 나를 알고 내 말에 따라다오. 만약 내가 누군지 알려고 하지 않고 네 멋대로 산다면 그 죄악이 너와 네 자녀에게 보응하게 될 것이다." 그래서일까. 한국 교회가 제일 힘쓴 게 성경 공부이고, 표어조차 "하나님을 알자, 힘써 하나님을 알자"로 정했는데, 문제는 그 성경 공부를 통해 하나님을 신학 부재나 지식 위주로만 알게 되었다는 것이다. 물론, 일부러 그러려고 했겠냐마는, 지성과 감정이 유리될 때 의지는 갈 곳이 없어진다는 걸 새겨듣지 않았던 게 화근이었다. 지성과 감정이 복음 안에 같이 녹아져야 비로소 하나님의 성품이 발휘되는데 지성만 건드림으로 감정이 소외, 거기에 역기능 가정에서 받는 상처(내적 요인), 세상으로부터 오는 세상 정신이 융단 폭격처럼 덮치자(외적 요인), 태어날 때부터 감정 세대[25]라 이름 붙여진 잘난 자식들이 자신의 인생을 자신이 주관하려는 욕망 덩어리[26]인 순응형, 할 수 없어형, 경쟁형, 비판형 성격이라는 파편에 정통으로 맞아 도피와 반항의 벽으로 굴러떨어지고 말았다는 것이다.

감정이 무엇인가. 노승수 목사는, 조너선 에드워즈의 '대체로 참된 신앙은 거룩한 감정 안에 있다'라는 말을 예로 들었는데, 이때 에드워즈가 사용한 affection이란 단어가 마치 사랑에 빠진 남자가 여자에게 맹목적으로 이끌리는 것 같은 상태를 표현한 단어라고 하면서,[27] 인간 영혼의 두 가지, 즉 <지성mind>과 <의지will>라는 영혼의 두 기능이 하나님에 대해서는 이끌림을 보이고, 죄에 대해서는 혐오의 반응이 나타나는, 이것을 <감정emotion>이라고 정의한 것이다. 믿음은 체계화된 성경 지식 위에 서 있어야 하지만, 동시에 주님 십자가 사역에 대한 깊은 공감(감정)으로 나아가야 정상인데 우리는 이 공감 영역, 감정 영역을 무시해 온 경향이 있다는 것이다. 성경은 우리가 서로 사랑하면 이로써 우리가 그리스도의 제자인 줄 세상이 알게 될 거라고 분명히 선언하고 있다. 또한, 기독교의 핵심 진리는 누가 뭐래도 사랑임에 틀림이 없다. 그런데 사랑이란 게 뭔가. 공감(감정) 능력 없이는 불가능한 게 사랑 아닌가. 지성이나 의지의 문제로만 설명할 수 없기에 사랑은 신비하다고 말하는 것 아닌가. 이 신비한 사랑의 영역, 감정의 영역을 성경 공부라는 테두리에 가두어 놓다 보니까 본의 아니게 믿음이 차가운 지성에 갇혀 버린 형국이 되었다는 것이다.

사랑하는 자들아 우리가 서로 사랑하자 사랑은 하나님께 속한 것이니 사랑하는 자마다 하나님으로부터 나서 하나님을 알고 사랑하지 아니하는 자는 하나님을 알지 못하나니 이는 하나님은 사랑이심이라. 하나님의 사랑이 우리에게 이렇게 나타난 바 되었으니 하나님이 자기의 독생자를 세상에 보내심은 그로 말미암아 우리를 살리려 하심이라.

사랑은 여기 있으니 우리가 하나님을 사랑한 것이 아니요 하나님이 우리를 사랑하사 우리 죄를 속하기 위하여 화목 제물로 그 아들을 보내셨음이라. 사랑하는 자들아 하나님이 이같이 우리를 사랑하셨은즉 우리도 서로 사랑하는 것이 마땅하도다. 어느 때나 하나님을 본 사람이 없으되 만일 우리가 서로 사랑하면 하나님이 우리 안에 거하시고 그의 사랑이 우리 안에 온전히 이루어지느니라. 그의 성령을 우리에게 주시므로 우리가 그 안에 거하고 그가 우리 안에 거하시는 줄을 아느니라(요한1서 4:7-13).

우리가 아직 죄인 되었을 때에 그리스도께서 우리를 위하여 죽으심으로 하나님께서 우리에 대한 자기의 사랑을 확증하셨느니라(로마서 5:8).

공감 능력은 회복사역과 문화사역을 통해 얼마든지 배가시킬 수 있다. 복음사역이 교리에 기반하여 지성적 변화를 이끌어 낸다면 회복사역과 문화사역은 감정과 의지를 이끌어 EQ[28]와 SQ[29]라는 공감 능력과 영적 능력을 증대시킬 수 있다는 건 이미 증명이 되었다.

하나님의 사랑을 공감하지 못하는 사람은 감정에 문제가 있는 사람이라는 말은 꽤 믿을 만한 사실이다. 감정에 문제가 있는 사람은 아무리 지성을 갈고닦아도 정체성과 세계관 정립을 제대로 하기가 힘들게 마련. 언제부터인가 세계관이란 단어가 지성의 상징처럼 되어 버렸을까. 안타까운 건 어느 세계관 책을 뒤져도 세계관과 상처의 연관성을 확실하게 설명해 주는 저자는 보질 못했다는 것이다. 넷플릭스 영화만 봐도 상처가 얼마나 세계관을 왜곡시키는지 알 텐데 왜 그

잘난 학자들이 감정, 특히 상한 감정 부분을 다루지 않는 것일까. 그저 상처를 이해하는 수준이 아니라 상처로 인해 왜곡된 성격을 하나님의 성품으로 바꿀 수 있는 회복사역 없이 세계관을 바꿀 수 있다는 건 거짓말이다. 회복사역 없이 감정 세대의 마음 뺨을 토닥일 수 있는 부모가 된다는 건 어림도 없는 일이다.

오늘 여기서 감정의 문제를 길게 이야기하는 이유는 자녀의 문제가 거의 감정의 문제이기 때문이다. 정상적인 부모라면 상처와 욕망이란 단어에서도 감정 요소를 감지할 거라고 나는 생각한다. 감정에 문제가 생기면 행복감은 사라지고 우울감과 반항심이 지배를 하게 된다. 아이들은 툭하면 감정을 태워 부모의 의지를 시험하지 않나. 우리 주변에서 감정으로 인해 생기는 문제는 수를 헤아리기 어렵다.

성경을 잘 가르친다는 부모의 경우, 예수 그리스도를 성경 공부와 큐티라는 형식으로 교육에만 전념하다 보니 감정 문제가 생길 경우, 당황한 나머지 억압이나 조종으로 일관, 복음을 먹였으나 먹이지 못한 것 같은 상황이 벌어지는 게 아닌가 싶다.

혹 지성적으로 성경 말씀을 이해했다 하더라도 감정에 문제가 생기면 너무 쉽게 반항이나 도피로 가 버리는 이유를 과소평가하기 때문에 상황이 심각해지는 게 아닌가 싶다.

아침마다 성경 읽고 큐티 잘 하던 아이가 갑자기 중단하겠다고 말하면 아, 감정에 문제가 생겼구나, 혹은 벌써 사춘기에 들어섰구나 하고 대비를 해야 하는데 그게 무슨 태도냐고 나무라기 시작, 그때부터 각종 돌발 사태가 발생, 화목해야 할 가족 서로 피부가 벗겨지는 듯한 고통에 시달리게 되는 것 아닌가 싶다. 사춘기가 무엇인가? 생리적 불균형으로 감정이 요동치는 시기 아닌가. 사춘기에 겪는 일반 감정의 문제만이 아니라 역기능 가정에서 받은 상처로 인해 생긴 핵심 감정이 용암처럼 끓어오르는 시기 아닌가. 이 핵심 감정은 그냥 두면 자폐아처럼 벽을 쌓게 하고 미숙아처럼 모든 관계를 깨뜨리게 하는데, 부모는 고집부리듯 역기능 부모와 역기능 리더에게 배운 대로만 교육하려 드니 문제 해결이 점점 어려워지는 게 아닌가. 물론, 성령이 역사하시면 한 줄기 바람에도 인격의 변화가 일어날 수 있지만, 부모의 양육을 통해 하나님의 능력이 흘러가게 하신 원리를 생각해 본다면 세 사역의 융합 없이 건강한 자녀 양육하기는 사막에서 고래를 잡는 것만큼 어려운 일임을 알게 될 것이다. 부모나 교사 등 모든 권위자가 상처 대신 사랑을 넘치도록 흘려 보내 주어도 세상이라는 강적에 대항하는 게 만만치 않은데 부모, 교사 자신이 병들어 있거나 능력 부족이라면 터진 혈관처럼 앞날이 막막해질 거라고 나는 주장한다.

한 번 더 말한다. 당신 자녀는 복음을 먹어야 산다

그런데 복음을 못 먹고 있다. 못 먹는 이유가 뭔가? 복음을 못 먹는 이유는 두 가지, 복음을 제대로 먹여 주는 사람이 없거나, 복음 먹는 것을 방해하는 요인이 있거나인데 복음 먹는 것을 방해하는 요인은 또 두 가지, 자기 내면의 문제(성격)와 외부로부터 오는 문제(세상 정신)가 방해하는데 그것을 방치하거나 무시하기 때문이다. 우리가 주님의 복음을 먹을 경우 복음의 능력이 모든 문제로부터 승리하게 해 줄 거라는 믿음은 중요하다. 그러나 그 믿음이 이런 문제를 해결하기 위한 사역에 기쁜 마음으로 참여하는 걸 격려하고 도와준다는 것도 잊지 않았으면 좋겠다.

이 책에서 의미하는 내면의 문제는 상처로 인한 욕망, 그로부터 형성된 부정적 성격(속성, 형상)이다. 거듭난 이후에도 하나님의 성품으로 살지 못하면 육에 속한 삶을 살게 되는 건 불문가지. 육에 속한 사람은 두 종류가 있는데 하나는 거듭나지 못한 사람이고, 다른 하나는 거듭난 사람이다. 거듭나지 못한 채 육에 속한 사람은 영적인 세계를 알 수도 없고 받아들일 수도 없다. 바울이 고린도전서 2장 14절에 "육에 속한 사람은 하나님의 성령의 일들을 받지 아니하나니 이는 그것들이 그에게는 어리석게 보임이요, 또 그는 그것들을 알 수도 없나니 그러한 일은 영적으로 분별되기 때문이라"라고 말한 그 사람이다. 그런 사람은 영이 죽어 있으므로 생명이신 예수를 그리스도로 받아들여야 한다. 새 생명체로 거듭나기 전에는 육의 노예가 되어 자녀에게 축복의 통로로 살 수 없게 되니 비극도 이런 비극이 없다.

문제는 두 번째 사람, 거듭나기는 했으나 내부, 외부의 문제에 눌려 영적으로 자라지 못해 어린아이처럼 된 사람이다.

형제들아 내가 신령한 자들을 대함과 같이 너희에게 말할 수 없어서 육신에 속한 자 곧 그리스도 안에서 어린 아이들을 대함과 같이 하노라(고린도전서 3:1).

이들은 교회에 오래 다녔으면서도 위가 자라지 않고 치아가 튼튼하지 않아, 아가서의 술람미 신부와 달리 단단한 음식을 못 먹고 젖이나 먹기 때문에 영적 성장이 어렵다.

때가 오래 되었으므로 너희가 마땅히 선생이 되었을 터인데 너희가 다시 하나님의 말씀의 초보에 대하여 누구에게서 가르침을 받아야 할 처지이니 단단한 음식은 못 먹고 젖이나 먹어야 할 자가 되었도다 (히브리서 5:12).

비어 있는 반짇고리같이 허당탕탕 육에 속한 사람 중 거듭나지 못한 사람은 예수를 그리스도로 믿어 중생하도록 도와야 하고, 거듭난 후에도 육신에 속한 삶을 사는 경우는 복음의 능력, 회복의 은혜와 문화적 역동성으로 거룩한 신부 되어 살도록 도와야 한다는 것이다. 앞의 경우는 전도와 선교로, 뒤의 경우는 세 사역을 융합한 양육으로 도와주어야 한다는 것이 이 책의 결론이다. 세 사역 중 복음사역이 최우선이나, 내면의 문제를 해결하도록 돕는 회복사역과 외부의 문제를 해결하도록 돕는 문화사역이 함께 가지 않으면 자녀들이 겪고 있는 문제를 종합적으로 해결할 수 없다고 나는 확신한다. 복음이 없으면 영이 굶주리게 되고 회복이 없으면 성격의 문제가 발목을 잡고 문화사역이 없으면 세상 정신이라는 산성비에 머리카락이 다 빠져나갈 것이기 때문이다.

이 책을 쓰면서 감사한 것은 이 세 사역이 뜻있는 부모들에 의해 하나씩 구체화되어 간다는 것이다. 이론만이 아니라 삶의 현장에서 열매로 나타나고 있다는 것이다. 언제나 그렇듯이 주님의 일은 군중을 동원하거나 언론의 주목을 받지 않고 준비된 사람, 갈망하는 사람 중심으로 조용히 이루어져 간다. 주님의 사역에 초대 받는 사람은 그 자체가 축복이라고 생각한다. 주님은 아무나 초대하지 않기 때문이다. 더구나 복음사역·회복사역·문화사역의 융합이라는 것이 말처럼 쉬운 것이 아니기에 나는 그저 이 책을 통해 그 초대장을 보낼 뿐이다. 어딘가 이 사역을 필요로 하는 사람에게 이 책이 전해져 읽는 동안 마음이 확정되어지기를 바랄 뿐이다(시57:7).

만약, 어떤 이유로든 거듭난 부모들이 자녀 양육에 소홀할 경우, 그 후유증은 말할 수 없이 커질 것이기 때문에 이 책을 읽는 것만으로도 양육자로서의 소명감과 전문성이 저절로 자라오르기를 바란다. 부디 당신의 사랑하는 자식이 깊어져 가는 영적 허기를 세상의 온갖 잡것으로 때우려는 유혹에 말려들어 위대한 부르심의 시간을 놓치지 않기를… 역기능 가정에서 받은 상처를 욕망으로 해결하려는 생각은 물론이고 스마트폰이나 인공지능, 메타버스, 진화론이나 젠더이론 같은 데 속아 대적의 무덤파기 전략에 속아 넘어가지 않기를 간절히 바란다. 이 책을 읽는 부모들마다 주님의 은혜로 가득하기를 간절히 기도한다.

교회의 경우도 마찬가지다. 가정에서는 부모가 중요하지만 교회에서는 교사가 중요하여 무능력한 부모 대신 교사라도 복음을 제대로 먹여 주면 좋으련만 돌아가는 상황 보면 그렇지 않아, 뒤의 어린 학생들이 쓴 것처럼 방황하고 떠도는 것은 물론 분반 공부 시간에 하품만 하다가 머지않아 교회 출석을 그만두게 될 것을 생각하면 마음이 무거워진다. 한 번 교회를 떠나면 다시 돌아오기는 정말 어려워진다는 것은 이미 통계로 입증이 되고 있다. 가정은 준비가 안 되고 교회마저 어린 것들을 잃으면 결국 우리의 미래는 얼마나 암담해지겠는가. 다른 민족 살리겠다고 선교사들이 대거 나온 나라에서 막상 다음 세대가 무너져 간다면 이런 아이러니가 어디 있는가. 가정과 교회를 떠나면 결국, 갈 데까지 가는 아이들. 그런 아이들이 가는 그곳을 나는 누가복음에 빗대 돼지우리라고 부른다(눅15:16). 주님이 선택한 백성이라면 언젠가 돌아올 테지만 그동안의 후유증은 누가 책임져야 하나. 자녀를 사랑한다면 지금이라도 세 사역을 준비하는 시간 내기를 촉구한다. 정말 급하다. 아이들은 금방 큰다. 금방 커서 어떤 도움도 받지 않으려 한다. 부모가 아니라 아이돌 스타가 자기를 행복하게 해 주고 인강 강사나 박사 학위 가진 교수가 성공에 대한 문제의 답을 준다고 믿으면 정말 큰일이다.

전문가들에 의하면 아이들의 세계관이 굳어지는 시기가 빨라진다고 한다. 옛날엔 중2병이 있었는데 이젠 초4병이 유행이다. 중요한 건 마음이다. 마음 뺏기면 생명 뺏긴다고 했다(잠4:23). 정확히는 생명력이고 그 생명력 뺏기면 영적 좀비가 될 위험이 크다. 주님이 맡겨 주신 자녀를 좀비로 만들면 뭐가 좋겠나. 아이가 마음 뺏기기 전에 마음을 지성소로 만들어 유지하는 법을 부모가 먼저 배우자, 익히자, 준비하자.

부디 사사기 2장의 사례처럼 하나님의 사랑을 알지 못한 다음 세대에서 신앙의 맥이 끊어지는 일이 없었으면 좋겠다.

그러나 너희는 택하신 족속이요 왕 같은 제사장들이요 거룩한 나라요 그의 소유가 된 백성이니 이는 너희를 어두운 데서 불러 내어 그의 기이한 빛에 들어가게 하신 이의 아름다운 덕을 선포하게 하려 하심이라(베드로전서 2:9).

너희 안에서 착한 일을 시작하신 이가 그리스도 예수의 날까지 이루실 줄을 우리는 확신하노라(빌립보서 1:6).

제2장

역기능
가정에서
순기능
가정으로

역기능 가정에서
순기능 가정으로

회복사역의 시급성에 대하여

역기능 가정의 문제는 생각보다 심각하다.

예를 들어, 악성樂聖으로 불리는 베토벤만 하더라도 알코올 중독인 아버지와 우울증 환자인 어머니로 인해 일생을 극한 고통 속에 보내야 했다.

음악가로는 성공했지만 인간관계에서는 말할 수 없이 비극적이었던 사람. 그가 역기능 가정의 희생자라는 증거는 극도로 모순된 성격만 봐도 알 수 있다. 때로 온화하고 친절한 면도 보여 줬지만 너무 자주 냉정하고 적대적이었던 사람. 그에 관한 증언을 모아 보면 베토벤은 예민하면서도 거칠고 공격적인 사람이 틀림없었던 것 같다.[30] 부모로부터 받은 게 분명한 참을성 없음, 분노가 치밀 때마다 난폭해지는 경향은 그를 깊은 고독으로 몰아갔는데 특히 형이 죽으면서 형수와 조카 양육권 문제로 다툰 이야기는 그가 얼마나 어두운 성격을 가지고 있었는가를 여실히 증명하고 있다. 결혼해 가정을 꾸린 적이 한 번도 없는 베토벤에게 형의 죽음은 혼란 그 자체였다. 그렇다고 해도 이해하기 어려운 점은 조카 칼의 양육권을 독차지하기 위해 형의 부인과 엄청난 법정 다툼을 벌였다는 것이다. 그 다툼은 수년 동안 이어져, 음악가로서의 기력을 상실하게 만들고 마음의 평화마저 무너지게 하는 결과를 가져오고 말았으니 결국, 형수와의 재판에 이겨 조카인 칼과 한 집에 살게 되었지만, 베토벤의 역기능적 소유욕 때문에 둘의 관계가 오래가지 못하는 비극이 발생, 칼이 19세 때 시계를 전당포에 맡기고 두 자루의 총을 사 자살을 시도할 정도였다니 칼도 칼이지만 베토벤의 부정적 패턴 문제가 얼마나 심각한지 알 수 있을 것이다. 형수와 조카뿐 아니라 그와 사귀던 수많은 여인 중 단 한 명도 그의 청혼을 받아들인 사례가 없었다는 점은 그의 무시무시한 절망감을 짐작케 한다. 인류 역사에 빛나는 음악을 작곡했지만 말할 수 없이 슬프고 우울한 인생을 살다간 악성 베토벤. 그가 유명 작곡가라 해서 그의 상처까지 본받게 할 부모가 이 세상에 있을까?

역기능 가정 후유증으로 소위, 성인 아이[31]로 살다 간 사람은 베토벤만이 아니다. 팝의 황제라 불리던 마이클 잭슨도 대표적인 역기능 가정의 희생자였고 비틀스의 존 레논,[32] 데미안의 저자 헤르만 헤세, 시편 기자로 유명한 다윗, 그의 아들 압살롬도 역기능 가정 희생자라 할 수 있다.[33]

역기능 가정이 위험한 이유는 역기능 가정에서 역기능 자녀가 나오기 때문이다. 성경적 의미에서 역기능 자녀란 역기능 패턴을 가지고 사는 육적 그리스도인, 밥 대신 젖이나 먹는 영적 어린아이를 의미한다(고전3:1). 바울이 고린도에 보낸 편지에서 밝혔듯이 이 육적 그리스도인은 예수 그리스도의 생명으로 거듭난 이후에도 지옥 같은 생활을 살아가는 사람으로, 그의 삶을 한마디로 표현하면 "오호라 나는 곤고한 사람, 누가 나를 이 사망의 몸에서 건져내랴"라고 탄식하는 사람이다(롬7:24). 알다시피 '곤고한'은 새번역 성경의 '비참한'이고, '사망의 몸'이란 '자기가 죽인 시체에 묶여 있는 상태'를 표현한 말이라고 바울 시대를 연구한 학자들이 밝혔다. 당시 로마 최악의 형벌 중 하나가 '사망의 몸'이란 형벌로, 그것은 이미 죽어 역겨운 냄새와 벌레 가득 부패한 시체를 살인자 몸에 꽁꽁 묶어 두는 것이었다. 상상만 해도 끔찍한 형벌이 아닐 수 없다. 자기가 죽인 희생자와 한 몸이 되어 살아가야 하는 이 살인범은 차라리 죽여 달라고 울부짖었을 것이다. 그러니까 바울이 로마서 7장에서 언급한 사망의 몸은 당시 로마 형벌을 반영한, 그 정도로 참혹하고 옴짝달싹할 수 없는 자신의 한계 상황을 표현한 것이다. 이 정도 되면 살아 있으나 사망의 끝에 다다른 것이라고 봐도 좋을 것이다. 세상에, 자기가 죽인 사람의 시체에 묶여 그가 썩어 가는 과정을 눈으로 보고 냄새를 맡아야 하는 것만큼 살인자를 신음하게 하는 형벌이 어디 있단 말인가. 너무 끔찍해서 상상하기도 싫은 고통을 바울 같은 위대한 사도가 겪어야 했다면, 연약한 우리 자녀가 육에 속한 삶을 살 때 감당해야 하는 괴로움의 무게는 도대체 얼마나 되는 것일까. 문제는, 이런 고통에 빠지지 않게 할 방법이 있는데도 외면하는 부모가 많아, 그 해결 방안을 알려 주기 위해 이 책을 쓴다.

정말 안타까운 일은 교회 안에 역기능 부모로 살아가는 사람이 많다는 사실인데, 이것은 정말 비극이다. 비극 중의 비극이다. 예수 그리스도의 생명으로 거듭난 이후에도 성聖이 아닌 속俗에 집착하는 위험한 패턴, 하나님의 성품이 아니라 자신의 부정적 성격에 매어 있으려는 항상성, 그것 때문에 자식이 죽음에 이르게 되는 거라면 누군가 책임져야 하는데 아무도 나서지 않는 태만함. 세상에, 부모 잘못 만나 평생을 고생하며 살아야 하는데 원인도 모르고 해법도 모른다면 이처럼 불행한 일이 어디 있을까. 3대째 교회를 다녀도 역기능 가정 문제가 해결되지 않는다면 도대체 말이 되는 이야기인가. 물론, 이 책은 그 책임 소재를 가려내기 위해 쓴 것이 아니다. 오히려 역기능 가정의 부모에서 순기능 가정의 부모로 바뀔 수 있다는 소망을 전하기 위해 쓰기 시작했으니 안심하시기 바란다.

역기능 가정과 역기능 부모가 늘어 간다는 건 이상 기후 문제보다 심각해서, 이대로 가면 우리 앞날이 결코 밝지 않을 거란 판단에 주님이 주신 세 사역을 소개하고 싶다는 생각을 하게 되었다. 여기 소개하는 자녀 양육의 해결책은 하나님을 알고 나를 알고 세상을 알게 하자는 것이다. 동시에 복음을 먹어야 살고 복음을 먹여야 살릴 수 있다는 것과, 복음 먹는 걸 방해하는 내적 요인, 외적 요인을 세 개의 사역 통해 해결하자는 것이다. 코로나 팬데믹 같은 재앙의 시대만이 아니라, 수입이 늘어나고 문화가 융성해 사랑의 노래가 사방에 울려 퍼진다 해도 생명력으로 회복되지 않으면 행복한 삶은 없어, 부모가 회복의 은혜로 가득해져야 자녀가 역동적으로 살 텐데 그렇지 못해 일생을 방황하게 만드는 죄는 짓지 말자는 것이다.

여러 전문 기관의 조사 자료를 보면 우리나라 가정의 앞날은 물론 교회의 앞날마저 밝지가 않다. 앞으로 더 많이 무너지고 더 많이 부서지고 더 많이 떠나갈 거라는 예측만 난무할 뿐 이렇다 할 해결책 없이 하루하루를 버티고 있다. 지금 같은 상황이 계속되면 결혼을 기피하고 자녀를 낳지 않겠다는 젊은이들은 급격히 늘어날 것이고, 노령화된 교회는 역동성을 잃어버려 유럽처럼 되어 버릴 거라는… 가정과 교회가 환자로 가득한 곳이 되어 버린 후, 그곳에서 터져 나오는 어린 것들의 신음에 반응하지 않는다면 심장을 혹사하는 것보다 비겁하지 않다고 누가 말할 수 있을까. 역기능 가정이 각종 환자의 산실이 되어 가는데도 전도와 선교만을 외친다면 서제막급噬臍莫及.[1]

그중 역기능 가정에서 자라는 아이들은 늘 우울증을 달고 다닌다니 그냥 두면 그들 가슴에 생긴 멍울이 타인 향한 복수심으로 변질되기가 쉬워, 그런 아이가 자라 대통령도 되고 영화감독도 되고 교장 선생님이 되면 나라 전체가 곡성으로 덮일 수밖에. 한숨과 신음과 울음으로 뒤덮인 통곡의 벽. 문제는 교회는 그러지 말아야 하는데 예상 외로 역기능 교회가 많고 가정 역시 순기능보다 역기능 가정이 훨씬 많아 거기서 자란 아이들은 상한 갈대와 꺼져 가는 등불처럼,

---

[1] 서제막급 - 배꼽을 물려고 해도 입이 미치지 못한다는 뜻으로, 일이 지난 후에는 후회해도 아무 소용이 없다는 뜻.

"아, 내 날이 연기 같이 소멸하며 내 뼈가 숯 같이 탔음이니이다"(시 102:3) 만일 회복에 대한 약속이 없었다면(시80:7) 이 시인처럼 절망의 한 숨밖에 나올 수 없겠지만, 다행히 하나님의 약속은 허기진 우리 영혼을 생수로 채워 주시겠다 확언해 주시니(요7:38) 그저 감사할 밖에.

역기능 가정이란

창조 원리에 따르면 가정은 천국의 모델이어야 한다. 가정은 고달픈 인생의 안식처요 사랑의 보금자리요 돌봄의 샘이 되고 삶의 보물 상자가 되어야 한다. 발길이 떠날 수는 있어도 마음은 떠날 수 없는 곳. 가정은 학교나 군대와 달리 하나님이 직접 만드셨기 때문에 소중히 취급되어야 한다. 하나님은 창조 사역의 완성으로 가정을, 구원 사역의 절정으로 교회를 만드셨다. 따라서 가정과 교회는 하나님의 섭리 아래 같이 가는 운명이 될 수밖에 없다. 가정이 무너지면 교회도 무너지고 교회가 사라지면 가정도 존재 의미가 없어지게 된다. 그러니 안식처가 되는 가정과 그렇지 못한 가정의 차이는 말해 무엇하랴. 가정에서 안식하지 못하는 자녀가 교회마저 떠나 유령처럼 떠돌아 다니게 될 것은 불 보듯 뻔한 일이다.

창세기에 하나님이 사람을 창조하시고 축복하신 기록이 나온다. 그 후 사람이 혼자 사는 것이 좋지 않다 하시고 돕는 배필을 지으셨는데(창2:18) 아담의 갈빗대 하나를 꺼내 여자를 만드신 후 다시 아담에게 데려오신 것이다. 아담이 하와를 보고 "이는 내 뼈 중의 뼈요 살 중의 살"(창2:23)이라 한 것은 정말 기가 막힌 고백이었다. 오늘 많은 부부가 서로를 보며 "내 실수 중의 실수다" 하는데 자녀에게는 상처를 주는 말이다. 복음을 모르거나 알아도 회복되지 않은 부부에게 일어나는 일은 이 정도가 아니어서, 정말 비참한 건 자녀를 병들게 하는 부모다. 하나님은 가정이 안식처다, 그러셨는데 부모에게 상처받아 가정을 박차고 떠나는 자녀가 늘어나는 건 수상한 일이지 싶다. 회복이 없다면 역기능 가정이 무덤 되는 건 시간 문제.

역기능 가정이란 간단히 말해 역기능 부모가 있는 가정을 말한다.

역기능 부모란 복음을 제대로 먹지 못하는 데다 회복이 안 되어 코로나보다 심각한 마음의 병 걸린 부모를 말하는데 역기능 부모라는 존재 자체가 자녀에겐 장애가 아닐 수 없다.

부모가 회복되지 않으면 그 안에서 자라는 자녀는 평생을 울음 속에 살아가야 한다. 음악의 성자로 알려진 베토벤이 대표적 사례다. 베토벤 아버지 요한은 음악가로 성공하지 못했다는 열등감에 젖어 알코올 중독자로 살았고 베토벤의 어머니 마리아는 자상하긴 했지만 평생 우울증에 젖어 살다 결핵으로 죽어 어린 베토벤에게 큰 슬픔을 안겨 주었다. 역기능 부모 사이에서 힘들게 자란 베토벤은 결혼이 너무 하고 싶어 여러 여자에게 청혼했지만 번번이 거절당해 수모와 모멸감에 떨어야 했다. 결혼식은 단 한 번도 못 치루었지만 베토벤의 여성 편력은 화려했다. 베토벤과 관계를 맺은 여인이 몇 명인지는 정확히 모르지만 베토벤 사후 사생아와 관련된 소송만 열네 건이 있었다고 하니 그 정황을 짐작할 뿐이다. <불멸의 연인>이란 영화에 보면 술주정뱅이 시절의 베토벤이 적나라하게 나온다. 역기능 가정에서 자란 사람에게 상실감은 물론 거절감까지 겹쳤을 때의 고통이란 상상을 초월하게 된다는 걸 베토벤 사례에서 발견하게 된다. 역사상 유례를 찾아볼 수 없을 정도로 위대하다 평가받는 베토벤 음악이 대부분 그런 슬픔에서 탄생되었다니 별 생각이 다 난다. 그의 음악은 연인과 헤어지지 않으려고 창작된 것들이 많았다. 피아노 소나타 51번은 엘레오노레라는 여인에게, 월광으로 알려진 소나타 14번은 줄리에타라는 여인에게, 안단테 파보리라는 곡은 요제피네라는 여인에게, 피아노 소나타 24번은 테레제라는 여인에게, 엘리제를 위하여라는 불멸의 피아노곡은 23살이나 차이 나는 테레제 말파티에게, 디아벨리 변주곡은 안토니 브렌타노라는 여인에게 헌정한 곡들이라 하니 그의 여성 편력과 작곡가로서의 삶이 어떻게 묶여 있었는지 잘 알게 해 준다. 거절과 상실, 실연과 이별이 그의 생애에서 수도 없이 일어났다. 그때마다 그의 동반 의존성은 강도를 더해 갔다니 생각만으로도 그의 슬픔이 느껴져 온다. 굴곡진 그의 인생이 전부 부모 때문이라고 단정할 순 없지만, 청혼받은 여인들에게 거절당한 이유가 가난이나 신분 차이보다 성격 때문이었다는 조사 결과는 많은 것을 생각하게 해 준다. 한 인간을 규정짓는 성격은 대부분 어렸을 적 가정에서 형성이 되기 때문이다. 물론, 아무리 원가정에 문제가 있었더라도 우리처럼 복음사역과 회복사역의 혜택을 받았다면 '운명'이나 '영웅' 같은 음악은 안 나왔을지 몰라도 베토벤 자신은 훨씬 행복하게 살다 갔을 것이다. 인간의 위대함이란 그렇게 극심한 아픔을 먹고 나오는 것이구나를 베토벤 통해 또 한 번 확인하게 된다. 『사랑하였으

므로 행복하였네라』의 주인공 청마 유치환도 그중 한 사례고, 『섀도
우랜드』를 쓴 C.S. 루이스, 시편 23편의 저자 다윗도 그중 한 사례다.
루이스나 다윗의 경우는 다르지만, 이 세상에는 일부러라도 슬픔을
자초, 그 슬픔을 도구 삼아 불멸의 업적을 남기고 싶은 사람들로 가득
차 있다. 그들은 역기능 부모에게 받은 상처를 예술이나 업적으로 포
장해 내고 자녀에게 대물림해 주는 걸 예사롭게 생각한다. 그들이 고
독을 이겨 내는 방법은 일중독, 성공 중독, 사람 중독 등이다.

역기능 가정으로부터의 해방

역기능 가정과 관련하여 비참한 이야기만 있는 건 아니다. 병든 권
위자의 거짓말에 속아 역기능 가정의 슬픔을 운명처럼 안고 사는 자
가 아니라, 하늘에 속한 자 되어 회복에의 갈망을 갖게 됨이 진정한
축복임을 알게 해 준 사람이 많은데 그중 하나가 사마리아 여인이다.
그녀에게는 남편이 다섯이나 거쳐 갈 정도로 고달픔이 있었다. 베토
벤은 작곡가라는 명성이라도 있었지 이름도 알려져 있지 않은 이 여
인은 찌는 듯한 대낮에 몰래 우물까지 가서 물을 길어 와야 할 정도
로 억압되고 소외된 인생을 살고 있었다. 예수님이 위험하다고 말리
는 제자들을 무시하고 그 마을에 들어간 것은 생수에 대한 목마름으
로 하루하루를 살던 이 여인 때문이었다. 베토벤이 사랑의 목마름을
이 여자, 저 여자와의 관계로 해소하고자 했듯이 이 여인도 처음에는
이 남자, 저 남자를 끌어들이는 것으로 문제를 덮으려 했었다. 그러나
무슨 이유인지 어느 날부터 이 여인은 사람이 아니라 메시아를 기다

리게 되었다. 메시아가 와서 자기에게 생수로 채워 줘야만 갈증이 해소될 것을 믿고 있었다. 그것을 주님이 아신 것이다. 그리고는 당시의 풍습을 어겨 가며 사마리아 우물가에서 이 여인을 만나 주신 것이다. 드디어 그녀는 생수이신 예수를 만나게 되고 알아보게 되고 요청하게 되고 거듭나게 되어 자기를 무시하던 동네 사람들까지 불러내어 생명을 얻게 해 주었다는 이야기. 예수 그리스도를 만나면 아무리 역기능 가정에서 자란 사람이라도 인생의 억한 슬픔으로부터 해방된다는 이야기가 요한복음 4장에 동화같이 펼쳐지고 있다. 이 여인처럼 생수에의 갈증 회복에의 갈망이 복음에서 온다는 걸 안다면 복음은 사랑이다. 하나님의 사랑이다. 인간에게 배신당해 절망의 끝까지 간 사람도 하나님의 사랑으로 충만해지면 아름답게 회복된다는 걸 이름 없는 그녀가 증명해 주었다. 기적이 따로 없다. 그런데 그 기적은 오늘도 일어날 수 있다는 것이다. 여호와의 인자하심과 인생에게 행하신 기적은 오직 그분의 사랑 때문이라고 시편 기자가 노래했듯이 (시107:8). 오늘 당신이 이 사마리아 여인처럼 복음에의 갈망, 회복에의 갈망을 구한다면 이 작은 책은 아마도 놀라운 선물이 될 것이다. 이 책을 읽고 하나님 사랑으로 충만하기 위해 복음사역을, 육의 공격으로부터 자유롭기 위해 회복사역을, 세상 정신에 속아 넘어가지 않기 위해 문화사역에 참여한다면 위대한 음악을 작곡하거나 대변을 이식받는 것보다 훨씬 근원적인 해결책을 발견하게 될 것이다.

오늘 우리에게 주신 세 개의 사역, 복음사역과 회복사역과 문화사역을 융합하여 자녀를 양육하는 일에 쓰라고 권하는 이유가 있다. 많은 가정이 무너지고 자녀가 죽어 가기 때문이다. 얼마나 기독교 가정이 위험해졌나 하면 팔 개월짜리 정인이를 죽인 부부가 목회자 자녀였다는 게 놀랍지 않게 된 사실이다.[34]

거듭나지 않은 사람은 영이 죽은 상태니까 그렇다 처도 거듭난·이후에도 건강한 부모가 되지 못한 이유는 한 가지, 어떻게 해야 건강한 부모가 되는지 모르거나 알아도 무시하기 때문이다. 내면에 쐬기풀 같은 비늘이 가득한데도 그냥 방치하기 때문이다. 우리는 이런 사람을 바보라 부른다. 그동안 여러 부모 학교나 결혼 예비 학교를 다녀도 나눔만 배웠지 다룸은 배우지 못한 이들. 예배 없는 상담, 사역 없는 예배로 회복의 겉 맛만 본 사람들.

예수를 그리스도로 영접하여 새 생명을 가진 자가 되었음에도, 너무 자주 감정의 선로를 따라 움직이는 주름살처럼 절망의 골짝에서 헤매는 이들이 많아, 그들의 고통을 외면한다는 건 부름받은 자의 도리가 아니라는 생각에 이 글을 쓰게 되었다.

부디, 이 책을 읽기로 작정한 당신에게 복음사역·회복사역·문화사역이 은혜로 다가오고 사랑으로 충만하기를 빈다.

제3장

복음사역

복음사역

복음사역 1

복음사역은 복음을 먹이는 사역이다.

계시를 신학(교리)으로 해석해서 능력 있는 복음, 진리의 복음, 생명력 있는 복음을 자신이 먼저 먹고 자녀에게 먹이는 사역이다. 신학 실종, 교리 실종 상태에서는 올바른 복음을 먹거나 먹일 수 없어, 자칫 바울이 말한 다른 복음, 틀린 복음을 먹일 경우 자녀의 영은 혼탁해지고 생명력과 통찰력이 길을 잃게 됨은 물론, 세계관과 정체성이 혼란에 빠질 것은 명약관화明若觀火다. 이렇게 될 경우 자녀로 하여금 진리를 변증하며 살게 한다는 건 말 그대로 언감생심焉敢生心이다. 해석과 변증이란 신학자나 할 일이라고 생각하는 사람들은 성령의 능력을 제한하고 있거나 교회를 잘못 선택하여 양육을 제대로 받지 못한 사람일 가능성이 크다.

개혁주의 신앙에서 중요한 교리가 압축된 소요리문답에 대한 책 『그대 신앙은 안녕하십니까?』의 저자인 최금남 목사는 책에서 "장대한 성경을 가장 간단히 요약한 게 사도신경이고, 사도신경을 풀어놓은 게 요리문답"이라면서 기독교인 부모가 사도신경의 정확한 뜻도 모르고 소요리문답조차 소화를 못 시킨 상태에서 어떻게 자녀에게 신앙 교육을 제대로 시키겠냐"고 반문한다. 또, "오늘 이 땅의 교회와 우리 각각의 문제의 근본은 하나님의 영광과 맞닿아 있다. 그런데 오늘날 기독교인 대부분의 관심이 하나님의 관심을 대체해 버린 것을 통탄한다. 우리가 우리 방식으로 하나님의 일을 하고 있는 것은 위험한 현상이다."라고 지적한 것에 전적으로 동의한다. 오늘날 성령으로 거듭난 부모와 자녀가 현실 속에서 정체성을 잃고 허우적대는 것은 하나님 중심성을 상실했다는 뚜렷한 증표라는 말에도 동의한다. "사람은 누구나 하나님을 참으로 아는 만큼 살게 된다. 사람의 삶이란 그가 아는 하나님에 대한 지식에서 나온다. 기복 설교, 신비, 체험, 성공, 은사, 능력, 문제 해결, 적극적 사고, 사회 복음, 내세 편향, 정치 선동 등으로 교란된 기독교 신앙의 생태계를 새롭게 복원하기 위해서는 성경의 본질로 돌아가야 한다."는 말을 복음사역 첫머리에 넣는 이유를 잘 헤아려 주기를 바란다.

복음사역2

웨스트민스터는 영국 런던의 행정 구역 이름이다. 그곳 웨스트민스터 교회에서 소요리문답이 작성됨에 따라 웨스트민스터 소요리문답이라는 이름이 붙여졌다.

웨스트민스터 요리문답에는 대요리문답과 소요리문답이 있다. 요리要理란 중요한 교리를 줄인 말이고, 문답이란 질문과 답변 형식을 말한다. 그런 형식은 종교 개혁 시대에 많이 사용되었던 방식이다. 어린이들을 위한 소요리문답서는 신구약 성경의 중요한 교리들이 체계적으로 잘 요약된 내용을 담고 있다.

기독교 교리는 성경으로부터 나오는 바 기독교 근본 진리를 조직적으로 설명한 것으로, 그 권위는 권위 있는 교회 단체가 심의, 승인, 채택, 공식화의 검증을 거쳐 주어진다. 그리고 그 권위는 성경에 종속된다.

여러 번 말하지만, 교리는 신앙을 갖는 데 기본이 되고 잘못된 신학과 이단을 분별하게 한다.[35] 올바른 기독교 교리는 자녀에게 복음을 먹이는 양육 과정은 물론, 자신의 기독교 신앙을 위해 반드시 필요하다. 복음사역은 복음을 먹이는 사역이기 때문에 먹는 자나 먹이는 자에게나 제대로 된 훈련이 필요하다. 교리 없는 복음, 변증 없는 양육을 강요하는 일은 이제 끝내야 한다.

복음사역3

부모가 성경의 계시를 해석해 양식으로 먹이도록 배워야 한다는 말을 신학교 가라는 말로 오해하지 말기를 바란다. 신학이 실종되게 하지 말자는 이야기는 교리에 대한 바른 이해, 올바른 신앙 고백을 가지자는 이야기다. 본인이 해석을 못하면 해석을 올바로 해 주는 양육자를 만나게 해 달라고 기도하라. 자녀를 위해서라도 신학이 불분명한 교재 중심의 성경 공부, 교리가 불분명한 설교, 지성소에 들어가지 못하는 예배로 살아가는 일은 이제 끝을 내자. 스타 설교자 위주의 집단 양육보다 부모 중심의 일대일 양육이 중요한 시대가 왔다는 걸 명심하자. 양심 없이 자기 자녀를 다른 사람에게 맡기려고 하지 말자. 자신이 낳았으면 자신이 양육하자. 양육할 자신이 없으면 능력을 주시는 주님께 지혜와 계시의 영을 구하자. 부모는 태어나는 게 아니다. 훈련되어지는 것이다.

복음사역4

앞에서도 언급했지만, 낮은울타리 모든 사역은 예배로 시작이 된다. 복음사역은 물론 회복사역과 문화사역도 마찬가지다. 우리는 자녀 양육을 직접 감당하기로 결정한 부모에게 가장 먼저 예배를 배우게 한다. 영과 진리로 드리는 예배, 지성소에 들어가는 예배를 배우고 실습하지 않으면 어떤 사역도 의미가 없다는 게 우리의 원칙이다. 부모의 경우도 마찬가지이고 자녀의 경우도 마찬가지이다. 낮은울타리에 와서 예배자로 세워진 후 복음의 능력과 회복의 은혜를 경험하는 이들이 많다는 걸 분명히 밝힌다. 낮은울타리 사역에 들어와서 지성소 예배가 생활화되고 회복사역 전문가가 되고 문화사역에도 눈을 뜨게 되는 부모들 보면 특별한 게 없어 보이는데 왜 감동적인지 알다가도 모르겠다.

그동안 부모 교육에 문제가 있었다는 건 분명한 것 같다. 물론 세상이 우리 예상보다 빨리 변한 것도 그중 하나다. 스티브 잡스가 만든 스마트폰의 후유증과 코로나 팬데믹으로 인한 공황 상태, 정체도 모를 메타버스 담론이 유행하는 것은 우리 자녀가 살 세상이 만만치 않다는 걸 잘 보여 주었다. 앞으로 인공지능이나 기후 문제나 젠더 이데올로기, 메타버스 문제는 더 당황스러운 현실을 우리 자녀 앞에 몰고 올 것이다.

변화를 두려워할 필요는 없지만 깨어 있어야 한다는 말씀은 영원한 진리다. 자녀 양육이 어렵다고 결혼을 기피하거나 부부끼리 살겠다고 맹세하지 말기를 바란다. 고통 없는 면류관을 바란다면 사탄에게 속고 있는 거라고 알려 주고 싶다.

복음사역5

영적인 이를 튼튼히 해야 한다는 말은 아가서 4장 2절에서 나왔다. "네 이는 목욕장에서 나오는 털 깎인 암양 곧 새끼 없는 것은 하나도 없이 각각 쌍태를 낳은 양 같구나" 신랑은 신부의 이가 그렇게 예뻐서 칭찬을 아끼지 않았다. 이는 히브리서 기자가 한 말과 완전 대비가 되는 말이다. "때가 오래 되었으므로 너희가 마땅히 선생이 되었을 터인데 너희가 다시 하나님의 말씀의 초보에 대하여 누구에게서 가르침을 받아야 할 처지이니 단단한 음식은 못 먹고 젖이나 먹어야 할 자가 되었도다"(히5:12). 그리고 "단단한 음식은 장성한 자의 것이니 그들은 지각을 사용함으로 연단을 받아 선악을 분별하는 자들이니라"(히5:14).

자녀를 기르는 부모를 둘로 구분하면 이가 튼튼한 부모와, 이가 형편없는 부모로 나눠진다는 것이다. 이가 튼튼하지 않아 합죽이가 된 사람에게 계시를 복음으로 해석해 먹으라는 말이 귀에 들어가겠는가? 이가 튼튼한 사람은 복음사역과 회복사역이 무엇인지 금방 알아듣는데 그렇지 않은 사람은 양육에 꼭 필요한 교리조차 이해하지 못해 난해한 양식, 쓰레기 같은 양식을 먹이고 말 것이다.

복음사역6

이를 튼튼하게 하는 방법은 다른 게 없다. 조금씩 단단한 음식을 먹어 가는 것이다. 초보자 때 먹은 젖이나 이유식으로 평생을 살려는 사람을 정상이라 할 수 없듯이 신학 없는 큐티 교재 정도로 자녀를 양육하려는 것만큼 어리석은 일은 없을 것이다.

교회 학교 시절에 들었던 내러티브 설교나 양념을 넣어 희석시킨 혼합주의 설교에 길들여져 있다면 벌써 이가 약해져 있을 것이다. 신학의 중요성을 모르고 교리가 분명하지 않은 채 변증력을 길러 주지 못하는 신앙생활을 강조하면 자식들의 영적 이가 튼튼해질 수가 없다. 술람미 신부와 예루살렘 여인, 시온의 딸들의 차이는 이가 튼튼하냐 안 하냐다(아3:11). 그것을 아가서 4장 2절이 분명히 밝히고 있다. 부모가 되는 과정도 어린아이 양육하는 과정과 비슷한 것 같다. 이유식처럼 말랑말랑한 복음의 기초반에서 점점 단단한 복음을 먹기 시작할 때 점점 부모다워지는 것을 느낄 것이다. 복음이 단단하여(깊어) 먹기 힘들다고 느낄 때, 그것이 복음이 맞다면 제발, 맛이 없다고 도망가지 말자.

복음사역7

복음사역은 복음을 먹고 먹이는 사역인데 <복음을 먹다>가 성립하려면 <복음이 양식이다>가 성립되어야 하고, <복음을 먹이다>가 이해되려면 <해석이 중요하다>가 이해되어야 한다.

복음사역8

복음을 변증 형태로 먹여 변증가로 살게 하는 복음사역은 하나님을 경험(야다)하는 지성소 예배와 같이 갈 수밖에 없다. 사실 예배는 복음사역과도 연관되고 회복사역과도 연관되고 문화사역과도 연관되기 때문에 낮은울타리 예배 실습 훈련은 말할 수 없이 중요하다. 자녀를 낳는 일이 귀하지만 자녀를 양육하는 일 역시 귀하고 귀한 일이기 때문에 우리는 거듭난 부모라면 모두 세 사역의 융합 훈련과 함께 예배 훈련, 변증 훈련받기를 적극 권하고 있다. 분명히 말하지만, 무늬만 기독교인 상태로 건강한 자녀를 양육한다는 건 언감생심일 뿐이다.

복음사역9

성경 공부와 복음 공부가 다른 건 예수 그리스도에 관한 걸 배우는 과정이냐, 예수 그리스도를 먹는 과정이냐가 다르기 때문이다. 주님은 내가 양식이니 나를 먹으라고 외치셨는데(요6:27) 사마리아에서 점심 사 갖고 온 제자들처럼 그게 무슨 뜻인지 몰라 어리둥절해하는 부모가 많아, 그들을 도와 자녀를 살리려는 게 우리의 소명이다. 개념 정리가 안 되는데 기도만 하겠다는 건 양육을 포기하겠다는 말과 같다는 걸 다시 한번 강조한다.

복음사역10

'예수를 배우다'가 아니라 '예수를 먹다'가 맞다. 많은 부모가 설교 듣는 게 복음 먹는 것 아니냐고 오해하기 쉬운데, 설교가 밥이 되기 어려운 이유는 일주일에 한두 번 먹고도 굶어 죽지 않기 때문이다.

왜 영적 허기가 드는지도 모른 채 중보 기도를 부르짖는 부모 때문에 자식이 굶어 죽는다는 건 참으로 아이러니다. 구원 이후에도 영혼이 쉽게 흔들리는 건 마음이란 근육 상태가 허약하기 때문이다. 밥을 먹어야 근육이 발달하는데 밥을 안 먹고 영양가 없는 간식으로 사니 겉은 멀쩡해도 속은 텅 빌 수밖에. 밥이라고 다 같은 밥이 아닌 이유는 밥 담는 그릇도 문제지만 밥을 구성하는 내용 자체에도 문제가 있다. 쌀 대신 곤약 같은 걸 섞어 보라. 그래서 겉보기엔 밥 같아 보이는데 먹고 나면 허기가 지는 것이다. 우리는 복음을 공부하게 하는 부모보다 복음을 먹이는 부모가 더 건강한 부모임을 강조한다. 그게 그거 아니냐고 따진다면 할 말 없음이다.

복음사역11

한국 교회는 노매드랜드Nomadland가 되어 가고 있다고 나는 생각한다. 노매드는 유목민, 유랑자란 뜻이고 랜드는 말 그대로 땅이다. 해석하면 유목민의 땅, 유랑자의 사막이 되었다. 복음을 제대로 먹지 못해 허기진 백성들이 유랑자처럼 이 교회 저 교회 이 설교 저 설교를 구걸하듯 몰려다니는 모습은 이제 하도 봐서 무감각 상태가 되었다. 그런데 코로나 팬데믹 이후 그 현상은 더 심해진 것 같다. 클로이 자오 감독이 만든 영화 <노매드랜드>에 보면 낡은 밴을 타고 광활한 대지를 돌아다니며 연기처럼 살다가 흔적도 없이 사라져 버리는 주인공이 나온다. 중국계 감독인 클로이 자오는 이 영화로 아카데미 작품상과 감독상을 받았고 주인공 프란시스 맥도맨드는 여우주연상을 받았다. 이 영화는 제시카 부르더의 논픽션 책을 각색해 만들었다. 직접 겪은 일을 썼다니 참 대단한 작가다. 미국이란 나라의 환상이 깨지는 모습이기도 하고 백인의 가난이 본격화되는 현상이라고 평할 수 있지만, 문제는 교회다. 교회마저 그러면 안 되는데 교회가 노매드랜드가 되어가고 있다는 것이다. 밥은 한 곳에서 먹는 게 좋은데 철새 같은 노매드들이 낡은 밴에 피곤한 몸을 싣고 여기저기 쓰레기통 뒤지듯 먹거리를 찾아 전전하고 있다. 길 잃은 철새 같다. 이젠 초교파를 자랑하는 큰 교회가 아니라 작더라도 교리가 확실한 교회, 세 사역이 확실치 않는 기독 학교가 아니라 세 사역으로 잘 훈련된 부모가 가정에서 자녀를 양육해야 하는 시대가 되었다. 우리에게 주신 이 세 사역을 관심 있는 부모에게 흘려 보내고 싶은 마음 간절하다.

복음사역12

복음에 사역을 붙이면 복음사역이 된다. 이 책에서 말하는 복음사역·회복사역·문화사역은 개념으로만 존재하는 게 아니라 실제적이다.

이 세 사역은 양육의 기본으로, 생명력, 통찰력, 분별력, 창의력, 변증력이라는 5 JESUS POWER로 측정될 수 있다. 이 다섯 개의 체크 리스트는 너무 중요하여 『죽더라도 자식은 살리고 죽자』 책에 자세히 정리해 놓았으니 참고하기 바란다.

복음사역 13

복음사역의 결과 중 하나가 변증력 강화라 할 수 있는 이유는, 변증을 하려면 복음이 체계화되어 있어야 하기 때문이다.

변증은 베드로전서 3장 15절, "너희 마음에 그리스도를 주로 삼아 거룩하게 하고 너희 속에 있는 소망에 관한 이유를 묻는 자에게는 대답할 것을 항상 준비하되 온유와 두려움으로 하라"는 주님 명령에 근거해 상대의 언어와 문화로 복음을 설명, 소망을 전하는 거룩한 일이다.

복음사역14

거듭난 이후에 복음사역을 제대로 못 받으면 종교인으로 전락하는 건 불문가지不問可知. 실제로 많은 이들이 기독교는 종교가 아닌데도 기독교를 종교로 알고 살아간다. 하나님과 인격적 관계를 맺지 못하고 그저 무언가를 빌어 얻어 내야 하는 존재, 잘못할 때마다 벌주는 신 인식을 가지고 살아가는 비참한 존재가 되면 우린 그런 교인을 육에 속한 신자라고 부른다.

우리는, 사랑하는 자녀가 육에 속한 삶을 살지 않도록 돕는 걸 사명으로 한다. 먼저는 부모를 돕고 다음에 자녀를 돕는다. 물론, 낭만적이지 않다.

복음사역15

복음사역을 더 잘 이해하기 위해 성경 공부와 복음 공부를 비교해 보자. 오해하지 말 것은 이 표는 전적으로 내 개인 의견으로 정리한 것이니 허술한 데가 있더라도 이해해 주기 바란다. 하도 많은 교회에서 성경 공부, 성경 암송, 성경 퀴즈, 성경 고사, 심지어 성경 쓰기까지 강요하면서 그게 복음사역의 전부인 줄 알고 있어서 그게 아니라고 알려 주고 싶어 만든 표니까 참고로만 쓰시기 바란다.

성경 공부	복음 공부
성경을 교재로 인식	성경을 양식으로 인식
성경을 공부하려는 마음	복음을 먹으려는 마음
분석이 기본	해석이 기본
예수를 지식으로 앎	예수를 경험(야다)으로 앎
신학 없이도 가능	신학이 절대 필요
교리 무시 위험	교리, 신앙 고백 중시
지성이 요구됨 - 부분적	영성이 요구됨 - 전인적
독해에 머무름 - 자충성 해결 어려움	인식, 의존으로 감 - 역동성 경험
교육으로 이어짐 - 배우든지 가르치든지	양육으로 이어짐 - 낳아서 기를래
교사가 필요	양육자가 필요
예배를 어려워함 - 연합 인식도 어려움	예배가 쉬워짐 - 연합 인식의 일상화
뜨락 예배에 머물기 쉬움	지성소 예배 숙달 - 역동적
직면이 잘 안 됨 - 감정 억제 능숙	직면이 일상화 - 회복사역으로 연결
지적 탐구 희열 경험	성품의 교체 경험 - 유지 방법 익숙
생명력 없이도 가능 - 일반 은총	생명력에서 출발 - 통찰, 분별, 창의, 변증
개인 혹은 집단 사고	하나님 나라, 공동체적 사고
문화에 관심 없음 - 세상 정신 무관심	문화사역이 자연스러워짐
천직 찾기 무시	천직 찾기 중시
율법주의로 가기 쉬움	은혜를 갈구하게 됨 - 은혜의 복음
미래 변화에 무관심 - 오직 성경 연구	미래에 대한 균형 감각 - 메타버스 등
역사 속에 머물기 쉬움	수시로 묵시에 들어갈 수 있음
누구나 가능 - 김용옥, 이만희 예	누구나 가능하지 않음
변증이 쉽지 않음 - 전수는 가능	변증이 쉬워짐
연구에 몰두하기 쉬움	3사역의 융합 가능
성경대로 살고 싶어 함	신부로 살고 싶어 함
학자로서의 교만 위험	양육자로서의 겸손

좀 더 보충하면

성경 공부	복음 공부
성경을 교재로 인식하기 때문에 예수를 지식으로 알아 성경을 분석하고 연구하려는 태도를 중시하기 쉬움. 그래서 지성(인격의 부분) 중심으로 살려는 욕구가 생기기 쉬움.	성경을 양식으로 인식하기 때문에 성경을 해석하여 복음을 먹고 먹이려는 갈망이 생김. 온전한 복음을 날마다 먹으니 전인격적인 성화를 경험하게 됨.
성경이 좋아 성경대로 살고자 하려는 마음은 갸륵하나 자칫 성경 공부에만 평생을 바치기 쉽고 성경대로 살았다는 자신의 의가 드러나기 쉬움.	예배를 통한 임재, 성경대로 살려는 마음보다 연합을 인식하며 살려는 마음이 강해짐. 신부의 정체성을 가지고 살아가며 복음·회복·문화가 융합된 사역에 관심 갖게 됨.
공부에 전념하다 보면 신학 없이도 성경 해석이 가능하다고 생각하기 쉽고 자신이 받은 영감을 절대시 할 위험이 있음.	자신의 확신보다 검증이 필요하다는 생각에 신학의 중요함을 인식하여 올바른 교리를 찾게 됨.
학자의 특징인 지적 희열을 자주 경험하다 보면 생명력 없이도 교사가 될 수 있다고 생각, 자기만의 주장을 펼치면서도 학자로서의 교만에 빠질 위험이 있음.	은혜의 복음을 먹음으로 지성과 감정의 조화. 헌신과 봉사보다 성품의 교체를 열망하게 되고 유능한 학자보다는 생명력 충만한 양육자가 되고 싶어 함.
텍스트에만 집중하기 쉽기 때문에 감정 부분에 취약, 자신의 감정을 파악하는 것부터 어렵게 되고, 자충성과 항상성이란 단어조차 이해하기 어려워짐 .	텍스트와 컨텍스트를 종합적으로 이해하고 경험. 지성소 예배가 자연스러워지고 하나님 직면의 일상화를 통해 성품이 회복되고 연합 인식을 통해 삶의 역동성을 경험하고 싶어짐.
오직 성경만 연구하기 때문에 문화사역 같은 것에는 관심이 없어 종합적 사고와 관점이 조화를 이루기 어려워짐. 개인 혹은 교회 중심의 삶, 이원론에 머물기 쉬우며 자녀의 천직 찾기 같은 것에 열정을 쏟기 어려워짐.	복음 중심의 세계관을 가지게 됨으로, 복음·회복·문화에 대한 균형 감각이 유지되고 일반 은총과 특별 은총의 구별과 조화, 하나님 나라 관점의 천직 찾기, 상황화를 통한 자녀의 복음 변증을 도와주기 쉬워짐.

복음사역16

성경 속 계시를 해석하기 위해서는 반드시 신학이 필요하다. 그런데 그 신학이 실종되고 있다면?

데이비드 웰스[36]는 『신학 실종』이란 책에서 실용주의와 심리학적 설교가 성행하게 된 것을 매우 염려하며 **"오늘날 복음주의 세계에서 신학이 실종되었다는 것은 분명하다."**고 단정했는데 그 이유는, 현대 문화에 대해 명쾌하게 생각하지 못하는 무능한 사고력에 고민하면서도 목회직을 전문화하고, 목회자의 중심 기능이 진리의 중개자에서 교회라는 기업체의 경영자로 바뀌었기 때문이라고 지적했다.

웰스는 현대성이 낳은 실용주의가 침투해 들어오면서 신학이 교리적인 내용을 상실, 교리에 농축되어진 신앙 고백마저 잃어버리자 교회의 정체성이 흔들리기 시작, 결국 교회는 믿음과 예배와 생명 유지와 선포의 수단마저 잃어버리게 되었다고 통탄하고 있다.

복음사역17

하나님은 우리가 하나님에 대해 알기를 원하신다.
하나님을 모르면 모든 게 꽝이 되기 때문이다.
꽝이라고 하니까 농담하는 줄 알면 오산이다.
$1000000000000 \times 0 = 0$이라는 이야기다.

하나님을 알지 못하는 사람들은 자식에게 하나님 말씀대로 살아라, 하나님을 기쁘시게 하라는 말을 입에 달고 산다. 하나님이 기뻐

하시는 게 뭔지도 모르면서 행위를 강조하려니 무의식적으로 율법주의자가 되기 쉽다. 오동단각梧桐斷角[1] 이라고나 할까. 율법의 의미를 강조하는 것은 좋지만 율법주의자로 행세하는 건 바람직하지 않은데도 다수가 그 길을 가고 있다. 그뿐인가. 계명을 지켜야 한다는 주장이 권위적이 되어 버리니 문제가 심각해졌다. 목사나 장로, 선교사 아들이 아버지를 권위주의자라고 몰아가는 데에는 이유가 있다. 대개 자식이 사춘기를 지날 무렵 아버지는 더 굳어진다. 어머니도 마찬가지다. 자유라는 이름의 방임도 문제지만 보수라는 이름의 억압은 양육에 있어 매우 위험하기 짝이 없는 태도인데 오래 굳어지다 보면 뭘 잘못했는지 알 수가 없게 된다. 그저 자기 교육 방식만이 하나님을 만나게 해 주는 것이라고 굳게 믿을 뿐이다. 아니다. 분명히 말하지만 권위주의적인 부모에게서는 믿음이 아니라 신념이 나올 뿐이다. 복음을 정확히 모르기 때문이기도 하지만 다른 면으로 보면 상처의 후유증이다. 자기도 부모에게 사랑받지 못하고 크다 보니 어떻게 해야 자식을 사랑하는지 알 수 없게 된 것이다. 하나님을 안다는 건 사랑의 복음을 먹어야 가능한 일인데 원가정에서의 결핍이 해결되지 못한 채 부모가 되었으니 복음을 먹지 못하고 먹이지 못하고 먹히지 못하는 삼중고에 갇혀 버리는 것이다. 비극이 따로 없다. 당신은 이 비극의 주인공이 되지 말기를 바란다.

---

① 오동단각 - 무른 오동나무가 견고한 뿔을 자른다는 뜻.

복음사역18

자식에게 복음을 먹이지 못하면 어떤 일이 일어나는지 보자.
사사기 2장 10절 말씀을 인용해 보겠다.

그리고 그 세대 사람들도 모두 죽어 조상들에게로 돌아갔다. 그들이
죽은 뒤에 새로운 세대가 일어났는데, 그들은 주님을 알지 못하고, 주
님께서 이스라엘을 돌보신 일도 알지 못하였다(사사기 2:10 새번역).

사사기는 가나안에 들어가 번영을 누렸던 1세대의 신앙이 다음 세
대로 흘러가지 못해 실패를 겪어야 했던 비참의 역사를 기록한 책이
다. 정말로 믿기 어려운 사실은, 가나안 1세대가 누리던 평화와 안식
은 여호수아 생전 가나안 1세대까지만 유지되었고 그 후 가나안 2세
대부터는 쇠퇴와 멸망의 길을 걷기 시작했다는 것이다.

알다시피 이스라엘 민족은 출애굽 한 이후 여호수아와 함께 가나
안 땅을 착착 정복해 나갔다. 약 7년 동안의 정복 전쟁 후 그들은 여
호수아의 지도 아래 태평성대를 이룩하였지만 곧 심각한 문제에 봉
착하게 되었는데, 가나안 2세대가 하나님을 알지 못하게 되었다는
것이다.

여기서 '알다'는 지식으로만 아는 것이 아니라 인격적 관계를 통
해 체험으로 깊이 아는 것을 의미한다. 만나와 메추라기가 하늘에
서 떨어지고 옷과 신발이 해어지지 않으며 홍해가 갈라지는 것까지
목격한 부모 세대로부터 하나님을 알지 못하는 세대가 나왔다는 건

정말 충격적이다.

어렵게 어렵게 애굽을 나와 사십 년 간 광야를 떠돌다 기적적으로 들어간 가나안 정복 전쟁을 마치고 드디어 평화를 누리게 된 이스라엘에서 여호수아 이후 새로 태어난 세대가 하나님을 알지 못했다는 기록이 사사기에 적혀 있으니 어찌된 일인가.

사사기의 주제는 "누가 왕인가?"다. 구원받은 이후에도 참된 왕이 없을 때 얼마나 비참해지는가를 적나라하게 기술하여 "이스라엘이 이렇게 타락했다고? 말이 안 된다." 할 정도로 기막힌 사건들이 줄지어 나오는 게 사사기다. 그런데 문제는 사사기의 "누가 왕이냐?"는 질문이 구약 시대만이 아니라 오늘 우리 자녀들에게도 물어야 할 질문이 되어 버렸다는 것이다. 그래서일까? 문화사역 부분에서 자세히 설명하겠지만 케이팝을 전설로 만든 아이돌 가수들이 "내가 왕이다"라고 외치는 모습은 우연이 아닌 것 같다. 아이돌 가수뿐 아니라 대부분의 문화 생산자들이 문화를 통해 던지는 메시지를 듣고 있으면 사사기에 가장 많이 나오는 문장 "그때에 왕이 없었더니"를 되풀이하는 것처럼 보인다. 그때와 얼마나 유사한지 문화 속 스타들이 노래와 춤, 영화나 드라마로 "네가 왕이 되라"고 외치는 모습을 볼 때마다 착잡한 기분이 들 정도다. 사사기에 끔찍한 사건이 즐비하게 나오는데 다 '왕이 없었기 때문'이라니 기가 막히지 않는가. 자기를 다스릴 왕이 없으니 자기가 왕이 되는 건 당연지사. 왕이 없으니 왕의 보호를 받아야 할 백성은 작은 유혹에도 쉽게 타락해 어둠에 농락당하는 삶을 살 수밖에 없어지는 것 아닌가.

문제는, 사사 시대가 아니다. 사사 시대보다 지금 우리 시대가 더 걱정되는 건 나라를 구할 사사가 안 보이기 때문이고 문화의 영향으로 자신이 왕 되어 살려는 자가 늘어나기 때문이다. 비그리스도인이 그러는 건 당연하지만 그리스도인이 자기 마음대로 살려는 건 복음을 상실했기 때문으로 본다.

교회와 가정에서 복음이 사라지는 이유는 간단하다.

복음이 뭔지 모르거나 복음을 먹는다는 의미도 모르는 부모들이 너무 많기 때문이다. 성경이 복음 되게 하는 교리에 관심이 없고 복음이 예수 그리스도라는 의미조차 모르는 신자들이 너무 많기 때문이다. 요한복음 6장 48절 "내가 곧 생명의 떡이다"라고 하시면서 "나를 먹지 않고는 너희가 살 수 없다"라고 하신 말씀을 맹탕으로 읽은 결과다. 주님은 분명하게 자신이 복음이요, 떡이요, 빵이요, 밥이라고 하셨다. 밥, 떡, 빵은 매일 먹어야 하는 양식을 의미한다. 빵 굽는 냄새는 사랑의 냄새다. 어린아이일 때는 식욕이 왕성하여 하루에 열두 번도 더 먹어야 하는 양식이다. 그런데 그렇게 중요한 양식을 부모가 먹이지 못한다. 왜? 본인도 복음이 뭔지 모르니까. 본인도 먹어 본 적이 없으니까. 그래도 이것저것 주워다 먹이긴 하는데 영혼에 해로운 걸 먹이니 문제가 될 수밖에. 한 번은 복음주의, 한 번은 인본주의, 한 번은 기복 신앙, 한 번은 무속 신앙… 자신도 모르게 혼합주의 세계관으로 자녀를 양육하면서 스스로는 복음으로 양육한다고 생각하는 기독교인 부모가 얼마나 많은지 놀랄 정도다. 누구는 굶겨 죽이는 것보다 그거라도 먹이는 게 낫다 하겠지만, 병으로 자식을 고생시키면서 낫다는 말을 함부로 하는 건 예의가 아니다. 정말 어이없는 일은 자식을 굶기면서도 선교니 봉사니 하면서 부산을 떠는 부모들이다. 예수 그리스도의 영으로 거듭난 사람들은 그 순간부터 쉬지 않고 복음을 먹어야 살고 먹여야 사는데 복음 대신 비복음을 주면서 믿음으로 살라고 하니 저들이 어떻게 이 험한 세상을 역동적으로 살아갈 수 있겠는가. 사사 시대처럼 부패와 죽음, 하나님 모르는 세대의 종말이 다가왔다는 게 실감나지 않는가. 이 글을 읽는 당신의 자녀는 하나님을 모르는 세대에 포함되지 않기를 간절히 바란다.

복음사역19

복음을 제대로 먹은 사람은 자녀 됨에서 종 됨, 청지기 됨, 제자 됨을 넘어 신부 됨으로 자라갈 수밖에 없다. 이것을 영적 성장이라고도 할 수 있겠다.[37] 먼저, 자녀 됨을 보자. 복음을 듣고 예수를 그리스도로 영접하면 하나님의 자녀로 거듭나게 된다.

영접하는 자 곧 그 이름을 믿는 자들에게는 하나님의 자녀가 되는 권세를 주셨으니(요한복음 1:12).

자녀가 되면 어마어마한 유산을 물려받는 상속자가 된다. 순간에서 영원으로 땅에서 하늘로 엄청난 신분 상승이 일어난다. 그러나 잊지 말아야 할 것은 상속자의 영광에는 고난이 동반하게 되어 있다는 사실이다.

우리로 그의 은혜를 힘입어 의롭다 하심을 얻어 영생의 소망을 따라 상속자가 되게 하려 하심이라(디도서 3:7).

자녀이면 또한 상속자 곧 하나님의 상속자요 그리스도와 함께 한 상속자니 우리가 그와 함께 영광을 받기 위하여 고난도 함께 받아야 할 것이니라(로마서 8:17).

자녀와 자녀 됨은 다르다. 앞의 것은 호칭이고 뒤의 것은 정체성이다. 자녀가 자녀 됨의 단계로 나아가려면 복음을 먹어 하나님 아버지의 사랑을 충분히 경험해야 한다.

원래 히브리어에서 자녀라는 의미는 유교적 개념의 계급 관계가 아니라, 아버지와 본질이 같은 자라는 뜻이 있지만, 아무튼 자녀 단계에서 아버지의 사랑을 흡족할 만큼 경험하지 못하면 종이나 청지기, 제자, 심지어 신부의 단계에 가서도 사랑 결핍으로 인한 후유증으로 비틀거리기 쉽다는 건 분명하다. 모든 비극은 사랑 결핍에서 시작되기 때문이다.

보라 아버지께서 어떠한 사랑을 우리에게 베푸사 하나님의 자녀라 일컬음을 받게 하셨는가(요한1서 3:1).

아버지께서 나를 사랑하신 것 같이 나도 너희를 사랑하였으니 나의 사랑 안에 거하라(요한복음 15:9).

새 생명으로 거듭난 이후 말할 수 없는 아버지 사랑을 충분히 누린 자녀 됨을 지나 종 됨의 단계에 이르면 스스로 세 자유, 즉 시간과 물질과 의지의 자유를 드리게 된다.

바울이 대표적인 사례다.

그는 자기를 소개할 때마다 주의 종이라는 것을 분명하게 밝혔고 종의 신분에 맞는 삶을 살았다.

예수 그리스도의 종 바울은 사도로 부르심을 받아 하나님의 복음을 위하여 택정함을 입었으니(로마서 1:1).

우리는 우리를 전파하는 것이 아니라 오직 그리스도 예수의 주 되신 것과 또 예수를 위하여 우리가 너희의 종 된 것을 전파함이라 (고린도후서 4:5).

종의 단계를 지나면 청지기 단계가 온다.

청지기는 주인의 재산(양식)을 맡아 관리하는 역할이다. 착한 청지기인가 아닌가의 기준은 충성이다.

주께서 이르시되 지혜 있고 진실한 청지기가 되어 주인에게 그 집 종들을 맡아 때를 따라 양식을 나누어 줄 자가 누구냐(누가복음 12:42).

맡은 자들에게 구할 것은 충성이니라(고린도전서 4:2).

주님의 능력으로 했으니 칭찬받을 일이 없건만 주님은 그런 청지기를 극찬하신다.

그 주인이 이르되 잘하였도다 착하고 충성된 종아 네가 적은 일에 충성하였으매 내가 많은 것을 네게 맡기리니 네 주인의 즐거움에 참여할지어다(마태복음 25:21).

다음은 제자의 단계로 스승이신 주님 말씀에 거하는 자, 주님이 주신 사랑으로 서로를 사랑하는 자, 모든 민족을 제자 삼을 수 있는 자로 만들어 주시겠다고 하셨다. 복음의 힘은 이렇게 크다.

그러므로 예수께서 자기를 믿은 유대인들에게 이르시되 너희가 내 말에 거하면 참으로 내 제자가 되고(요한복음 8:31).
너희가 서로 사랑하면 이로써 모든 사람이 너희가 내 제자인 줄 알리라(요한복음 13:35).
그러므로 너희는 가서 모든 민족을 제자로 삼아 아버지와 아들과 성령의 이름으로 세례를 베풀고…(마태복음 28:19).

정말 중요한 것은 신부 됨의 영성인데 신부 됨과 다른 관계의 극명한 차이는 관계성, 즉 하나 됨의 여부다. 자녀, 종, 청지기, 제자는 아버지, 주인, 스승과 상대적 타자 관계가 되기 쉽지만 신부는 히브리 문화권이나 유교 문화권이나 절대적 연합의 관계를 전제로 하기 때문에 말 그대로 혼연일체가 되는 관계라는 것이다. 그러니까 구원은 받았는데 신부 됨의 정체성을 갖지 못하고 있다면 복음사역의 일차 대상자라는 걸 드러내는 셈이다. 우리는 주님과 결혼식을 치른 사람들이다. 호세아는 주님이 우리를 신부 삼아 버렸다고 증언한다.

> 내가 네게 장가 들어 영원히 살되 공의와 정의와 은총과 긍휼히 여김으로 네게 장가 들며 진실함으로 네게 장가 들리니 네가 여호와를 알리라(호세아 2:19-20).

복음사역은 회복사역, 문화사역과 떨어질래야 떨어질 수가 없다. 이 세 사역은 항상 같이 다녀야 한다. 이 세 사역을 통해 얻게 되는 정체성은 단연 신부다. 신부가 왕 역할도 하고 선지자 역할도 하고 제사장 역할도 하는 것이 기독교의 신비다.

복음사역 20

모든 성경이 그러하겠지만, 특히 이 아가서를 어떻게 해석하느냐에 따라 먹는 복음의 종류가 달라진다고 할 수 있다.

> 내 누이, 내 신부야 네 사랑이 어찌 그리 아름다운지 네 사랑은 포도주보다 진하고 네 기름의 향기는 각양 향품보다 향기롭구나(아가 4:10).

아가서를 해석하는 방법으로는 극적 해석, 문자적 해석, 신화적 해석, 풍유적 해석, 예표론적 해석 등이 있는데 어떤 관점으로 해석하느냐에 따라 아가서의 의미가 완전히 달라진다. 어떤 이는 아가서를 잘못 이해하여 남녀의 성생활 교본 정도로 여기는가 하면 기껏 부부의 사랑 이야기 정도로 격하시켜 버리기도 했다. 유대인 역시 아가서를 잘못 이해하긴 마찬가지. 그들은 아직도 술람미를 유대인 범주에서 벗어나지 못하게 가로막고 있다.

우리는 아가서를 실제 결혼 생활의 모범으로 여길 뿐 아니라, 예표론적으로[38] 해석하여 솔로몬은 신랑 예수 그리스도로, 술람미는 신부인 교회로 보아 둘 사이의 사랑을 시각, 청각, 촉각, 후각, 미각 등 오감으로 적어 나간 영적 편지로 본다. 아가서는 누구의 말처럼 야한 책이 전혀 아니다. 우리는 그리스도의 신부 됨이 얼마나 귀하고 아름다운지 알려 준 복음이라 여겨 사랑하는 자녀에게 요리해 먹이는 것을 귀하다 여기고 있다. 특히 복음변증학교를 통해 정리한 결혼의 의미 영상 강의는 매우 탁월한 시도라 생각한다. 어린 나이에 결혼 예비 학교 강의를 듣고 결혼에 대해 변증하게 하는 것은 흔치 않은 사례일 것이다. 놀라운 것은 어린 자녀들이 그 어려운 강의를 너무 잘 이해한다는 것이다. 결혼과 신부 됨 안에 있는 복음의 의미를 명확하게 이해한다는 것이다. 하나님이 천국에 없는 결혼을 이 땅에서 하라고 하신 이유를 알려 줄 때 눈망울이 총총해지던 모습이 얼마나 아름답던지… 결혼에 담긴 비밀 - 결혼에는 작정, 예정이라는 교리, 창조, 구속, 은혜, 영적 전쟁, 회복, 하나님 나라와 관련된 모든 것이 들어 있다 - 남자와 여자만 결혼할 수 있는 이유, 결혼도 독신도 은사인 이유 등, 유전자 염기 서열보다 복잡한 계시를 성령의 도움 아래 깨달아 가는 아이들 보는 게 얼마나 행복인지 아는가. 부모의 복음사역 수준이 내일의 자녀 영성을 좌우한다는 걸 제발 받아

들여 줬으면 좋겠다.

복음사역 21

복음사역의 실천 과정의 하나로 부모에게는 하이델베르크 요리문답을, 자녀에게는 소요리문답을, 부모에게는 아가서를, 자녀에게는 어린이 아가서를 밥처럼 꼭꼭 씹어 먹게 해 주는 일은 정말 소중한 사역이라고 나는 생각한다. 대소요리문답은 성경을 체계적으로 알도록, 아가서는 신부 정체성을 갖도록 도와주는 내용이기 때문에 복음사역의 핵심에 들어가야 한다고 생각한다.

복음사역22

복음사역을 통해 우리에게 주어지는 또 하나의 선물은 영적 지각력이다. 다섯의 지각知覺 중 영적 시각은 눈에 관한 이야기. 우리에게 두 개의 눈이 있다. 영적인 눈이 있고 육적인 눈이 있다.

영적인 눈이 제대로 떠져야 하나님의 뜻이 보이고, 하나님 나라가 보이고, 하나님이 무슨 일을 하고 계신지가 보여진다. 영적인 눈은 영적 지각의 기본으로, 하나님을 아는 것으로 시작된다.

영안이 열리지 않으면 이 세상 역사를 호라오ὁράω[39]할 수 없다.

나는 포도나무요 너희는 가지니 저가 내 안에, 내가 저 안에 있으면 이 사람은 과실을 많이 맺나니 나를 떠나서는 너희가 아무 것도 할 수 없음이라(요한복음 15:5).

여기 '아무것도 할 수 없다'는 것은 하나님이 주관하시는 선한 일을 못 보고 못 경험한다는 뜻이다. 거룩한 백성 됨과 하나님 나라 완성에 관심도 없고 역동성도 일어나지 않아 괴로운 상태다. 성령의 열매는 더더구나 기대하기 힘들다.

영적 지각력은 말 그대로 계시의 복음을 통해 하나님을 보고 듣고 만지고 느끼고 경험하는 능력이다. 영적 지각이 바로 정립되어 있어야 영적 치매에 안 걸리며 수동성의 늪에 빠지지 않고 역동적으로 살아갈 수 있다.

영적 지각이 뛰어났던 바울은 하나님을 아는 지식이 가장 고상하여 나머진 다 버렸다고 선언하지 않았나. 오늘날도 마찬가지. 교회 안에 눈 뜬 소경들이 가득한 이유는 복음을 제대로 먹지 못한 채 표적이나 바라는 종교 의식에 사로잡히거나 물질적 축복에만 집착하고 있기 때문이다. 영혼의 눈을 뜨게 하는 것은 어떤 인간적 방법이 아니라, 오직 진리인 말씀(복음)을 먹는 방법뿐이다. 생명의 복음을 먹을 때만이 카이로스 묵시의 세계, 만물의 실체를 밝히 볼 수 있는 눈을 갖게 되는 것이다. 바라기는 사랑하는 당신 자녀가 풍성한 영적 지각력으로 단 한 번의 실수도 허용하지 않는 삶 살게 되기를 바란다.

복음사역23

하나님의 법, 온전한 복음을 구하여 먹고, 그 안에 계속 머물러 있는 자는 그 자체로 신령한 복을 받은 것이다.

너희 중에 누구든지 지혜가 부족하거든 모든 사람에게 후히 주시고 꾸짖지 아니하시는 하나님께 구하라 그리하면 주시리라(야고보서 1:5).

복음사역24

언약 없는 복음은 없고 복음 없는 언약은 없다. 복음사역에서 빠질 수 없는 것이 언약에 관한 내용인데 하나님과 인간이 언약을 체결했다는 자체가 은혜이기 때문이다. 하나님은 우리와 언약을 맺으셨다. 물론 일방적 언약이다. 우리는 하나님과 풀 반지로라도 언약 맺고 싶어 하지 않는 존재였지만 하나님은 너무나 우리를 아껴 언약 파괴에 따른 형벌을 혼자 감당하신다. 사자성어를 빌려 표현하면 우리는 패거리를 좋아하고 당동벌이黨同伐異[1]하는 존재였다. 그러나 하나님은 아담 언약에서부터 예수 그리스도 새 언약, 재림 언약에 이르기까지 사랑하고 사랑할 거라는 맹세로 우리를 안심시키신다. 목숨으로 그 언약을 지키는 하나님 때문에 우리는 이렇게 시퍼렇게 살아 큰소리를 치고 있다. 하나님의 언약 속에는 은혜가 들어 있다. 갚을 길 없는 은혜다. 그러므로 성경은 언약적 관점으로 보아야 비로소 복음이 된다. 그것도 구속 언약과 은혜 언약이다. 언약에 기초하지 않은 계시는 미사여구美辭麗句로 끝날 가능성이 크다. 우리의 복음사역은 자녀에게 하나님의 언약을 상기시키고 그 언약이 어떻게 이루어져 왔는지 알게 하는 데 있다. 언약을 모르면 섭리도 모르고 감사도 모른다.

---

① 당동벌이 - 같은 편과는 무리를 짓고 다른 편은 친다.

복음사역25

복음사역은 예수 그리스도의 부활에 기초하고 있다.

부활이 없으면 목사와 선교사는 한심한 직업인이 된다.

부활이 없으면 성도는 폭도가 되고,

부활이 없으면 기독교는 거대 사기 집단으로 전락하고 말 것이다.

부활이 없으면 믿음은 헛소리.

부활이 없으면 천국은 망상.

부활이 없으면 교회는 방랑자의 무덤.

부활이 없으면 선교는 신념의 다단계 판매.

부활이 없으면 시내산 언약이나 골고다 십자가 순교가 다 부질없어진다.

그러니 매년 4월만이라도 예수 부활 사건이 진짜라는 걸 밝혀내야 한다.

이건 절대 한가한 작업이 아니다.

쉬운 작업도 아니다.

믿어 달라고 애원할 일이 아니다.

그저 요즘 말로 팩트 체크fact check다.

십자가를 거쳐 부활로 가는 당신과 당신 자녀의 복음사역 여정이 평화롭기를 빈다.

복음사역 에필로그
- 부모를 위한 체크 리스트 -

복음은 양식이다. 그런데 먹인다는 개념이 없다. 복음에 먹힌다는 개념은 더더욱 없다. 당신의 경우는?

복음은 그리스도이며 복음사역은 그리스도가 누구신지 정확하게 알려 주는 사역 이다. 그런데 교회를 오래 다녀도 그리스도를 야다로 알지 못한다. 복음이 아닌 것 을 주었기 때문이다. 당신의 경우는?

복음은 묵시의 세계다. 그런데 메타버스 속에 들어갈 줄은 알아도 묵시 속에 들어 갔다는 아이들은 찾아보기 힘들다. 당신과 당신 자녀의 경우는?

복음은 예배다. 예배는 복음사역의 목표이며 동시에 결과일 수 있다. 특히, 지성 소 예배로 이어지지 않는 복음사역은 복음사역이 아닐 수 있다. 그런데 그렇게 오 랫동안 성경을 암송시키고 큐티를 빼먹지 않도록 시켰는데, 예배가 무엇인지 모르 고 예배를 지루해 한다. 더구나 사람들 앞에서 예배 인도를 하라면 기절하려고 한 다. 복음사역은 성경 공부 형식으로 시작, 적용과 자충성으로 마쳐지는 것이 아니 라 예배를 통해 하나님의 시간, 카이로스의 묵시 속에 들어가 자연스럽게 하나님 을 만나고 성령의 조명하심을 통해 기록된 계시가 살아 있는 복음으로 이해되어야 한다는 걸 모르는 성도가 너무나 많다. 당신과 당신 자녀는 어떤가?

복음은 계시다. 계시란 감추어진 진리다. 감추어진 진리를 해석하려면 신학, 즉 교리가 있어야 하는데 교회와 가정에서 신학이 실종되어 버렸다. 당신에게는 신학이 있는가?

복음은 생명이다. 생명은 반드시 생명력을 수반하게 되어 있다. 왜냐하면 생명은 일회적이지만 생명력은 반복 지속적으로 얻어 내야 하기 때문이다. 그런데 생명 얻는 방법은 알아도 생명력 얻는 방법은 모르거나 추상적으로 안다. 그러니 생명력과 연관된 통찰력, 분별력, 창의력, 변증력이 없어 육에 속한 삶을 살아갈 수밖에 없고, 결국에 가서는 좀비 같은 존재가 되고 만다는 걸 모르는 부모가 너무 많다. 당신의 경우는?

복음은 예수 그리스도와의 연합이다. 연합 없이 열매를 맺을 수 없다고 주님이 단언하셨다(요15:5). 그런데 이게 웬일인가. 예수 그리스도와의 연합은 오직 성소에서만 가능한데 거기에 못 들어가고 뜨락에서만 어영부영하는 부모가 허다한 걸 어떻게 설명해야 하나. 성소에는 한 발도 못 내디뎠는데 설교자의 축도를 받았으니 예배 잘 드렸다고 자부해도 되는가? 예배를 통한 연합이 안 되니 몸으로 하는 헌신에 목숨 걸고 나눔 위주의 소그룹 활동에 만족하는 종교인들이 많아 주님도 아연실색喞然失色하실 것 같은데, 당신 생각은 어떤가?

복음은 언약이다. 피의 언약이다. 성경은 언약으로 시작해서 언약으로 끝난다. 사람은 계약을 맺지만 하나님은 언약을 맺으셨다. 그것도 일방적 은혜 언약, 구속 언약이다.

그런데 이 언약을 제대로 알고 감격해 하는 자녀들이 없다. 부모들이 언약에 무지하거나 무시하고 살기 때문 아닌가?

복음은 양육을 가능하게 한다. 양육받은 만큼 양육이 가능하게 되어 있다. 그러나 나 같은 사람도 매뉴얼에 따라 교사 교육이나 순장 교육은 받았어도 양육다운 양육은 제대로 받은 적이 없다. 양육은 양육자와 피양육자가 삶을 같이 하는 가운데 친밀함이 극대화된 상태에서 양육자의 지정의를 그대로 물려받는 거룩한 과정인데 나는 한 번도 그런 적이 없었다. 이따금 엠티나 수련회 형태로 집단적 만남이 허용되었을 뿐 지도자와 개인적 접촉이 차단된 채 단체로, 속성으로 성경 지식을 전달받았지만 회복사역이나 문화사역, 그중에도 감정을 복음적으로 해결하는 방법은 훈련받은 적이 없다. 오히려 감정을 조종하거나 통제하는 법을 주로 배웠다. 당신의 경우는 어떠한가?

양육은 교육과 다르다. 교육이 지성의 문제를 해결하는 것이라면 양육은 지성과 감정과 의지의 문제를 융합적으로 다루는 것인데 감정, 그중에도 핵심 감정의 문제를 다루는 법을 배운 적이 없다. 열심으로 주를 섬기다 주 위해 죽어야 한다는 신념에 찬 메시지만 귀에 못이 박히게 들었다. 나의 청년 시절은 세상 문화를 죄악시한 분위기 속에서 피 묻은 그리스도, 민족 복음화, 순교를 각오한 선교 등의 자극적 구호, 신념과 의지를 불태우는 분위기 속에서 봉사와 헌신을 귀에 못 박히도록 듣던 시기였다. 태어날 때부터 유난히 감성이 예민했던 나는 감정이 울렁거릴 때마다 금식과 기도로 이기라는 명령을 제대로 지키지 못했다는 죄책감으로 괴로워했다. 역기능 가정과 역기능 교회의 병든 권위자가 준 상처로 인해 생긴 분노가 치밀어 오를 때는 오직 믿음이 부족해서 그러는 거라고 자신을 자책하며 잠을 못 이루었다. 신앙생활을 열심히 할수록 죄책감이 커지는 게 수치스러워 더 열심히 성경 읽고 전도하러 다녔지만 상황은 별로 나아지는 것 같지 않아 몹시 힘들어했다. 시간이 한참 흐른 후 드디어 내면의 문제 다루는 걸 배우긴 했는데 지금 보니 신학이 애매한 게 문제였다. 치유가 신학의 강을 건너지 못하면 심리학이나 상담학의 늪에 빠지고 만다는 걸 데이비드 웰스가 정확하게 지적했기 때문에 나는 거기 가서도 갈등해야 했다. 그 후로도 신학 없는 상담, 복음 없는 헌신, 양육 없는 훈련, 친밀감 없는 양육은 오랫동안 나를 괴롭혔다. 당신은 어떤가?

복음사역은 하나님을 알게 하는 사역이다. 하나님을 모르면 기독교 가정에서 태어났다 하더라도 비극적 삶을 살 수밖에 없다는 걸 증명하고 간 대표적 인물이 '신은 죽었다'고 선언한 프리드리히 니체다. 니체는 3대째 기독교를 이어 오는 가정, 그러니까 할아버지와 아버지가 목사였음은 말할 것도 없고 그들의 배우자, 할머니와 어머니와 누나마저 독실한 신자로 알려질 정도였으나, 정상적 양육의 부재로 인해 영혼이 파괴되어 간 대표적 사례다. 니체의 성장 과정에서 눈여겨볼 대목은 부모로부터 제대로 된 신앙 양육을 받지 못한 상태에서 4살 때 아버지를 뇌경색으로 잃고 하나님의 존재를 의심하기 시작, 더구나 이듬해 동생 요제프마저 사망하자 어머니 프란치스카가 아들을 남편 닮은 목사로 만들겠다며 멀리 떨어진 김나지움으로 보낼 때 니체의 하나님은 죽어 가기 시작했다. 더구나 김나지움의 혹독한 훈련은 연약한 니체를 절망케 해, 방치와 학대 속에서 이를 악물고 견뎌 내던 중 건강이 악화, 잦은 구토와 두통에 시달리게 됐는데도 독실한 신자라고 소문난 그의 할머니와 어머니와 누이는 조금도 도움을 주지 않았다. 니체는 점점 쇠약해져 가는 자신을 보며 아버지처럼 일찍 죽을지 모른다는 죽음의 공포를 느끼기 시작, 마침내 신학 대학에 들어간 뒤에는 사교와 향락으로 물든 동아리 친구들과 사귀게 되어 사창가까지 가게 되고, 하필이면 반유대주의자인 바그너에 심취했다 의절을 경험, 거기다 길로트 목사로 인해 정신적 피해를 경험한 후 하인베르크의 마녀라고까지 소문난 루 살로메를 만나 한 눈에 반하게 된 건 영적으로 깊은 수렁에 빠지게 되는 비극의 정점이었다. 미모에 지성까지 겸비한 루 살로메는 당대의 천재들인 파울 레와 라이너 마리아 릴케, 빅토르 타우스크, 지그문트 프로이트 등을 오가며 모두를 황폐하게 만들었다. 그녀는 파울 레를 자살하게 만들고 니체를 정신병에 걸리게 할 만큼의 마력을 지닌 여자였다. 그런데도 니체는 평생 그녀의 사랑을 구걸했고 받은 건 거절과 냉소뿐. 결국 그는 니체적 나르시시즘이라 할 수 있는 자아 숭배에 우주 발생론적 에로스로 인한 자유연애주의자, 거기에 극도의 허무주의자였던 루 살로메를 짝사랑하다 상처받아 질투와 배신감으로 정신이상 증세까지 보이며 10년 넘는 세월을 광기 속에 살다 비참한 상태로 죽음을 맞고 말았다. 누군가에 의하면 그가 마지막으로 남긴 말은 "어머니 전 바보였어요." 오늘날도 니체 같은 사례는 부지기수로 많아, 기독 가정에서 태어났지만 사랑의 결핍을 극복하지 못한 상태로 방황하는 자녀들이 늘어나는 이유가 부모 때문이라는 말에 당신은 동의하겠는가?

올바른 양육만이 하나님을 야다로 알게 한다는 건 이미 열 번도 더 말했다. 오늘날 교회 안의 청소년이나 청년들이 떠나는 건 십중팔구 양육이 안 되었기 때문이라는 말도 다섯 번은 한 것 같다. 가정에서 복음의 생명력을 채우지 못했으니 기독교를 하나의 종교로 여겨 기독교보다 더 좋아 보이는 종교(예를 들면 타종교는 물론, 돈이나 취미 생활)를 찾아 떠나는 현상을 앞으로는 더 자주 보게 될 거라고 나는 예언한다. 하나님이 싫어서 떠나는 게 아니라 하나님을 몰라서 떠나는데도 세 사역에 대한 이해 없이 이상한 데서 해결책을 찾으려 하니 문제만 악화될 뿐이다. 당신의 생각은 어떠한가?

교회 안의 훈련을 보면 전문적 양육 중심이 아니라 봉사나 교육 위주로 되어 있는 경우가 많다. 심지어 대형 교회의 제자 훈련도 봉사나 헌신 개념으로 이루어지는 경우가 많다. 그걸 어떻게 아느냐면 내가 직접 겪어 봤기 때문이다. 말은 일대일 사역이지만 형식은 대량 대 대량으로, 집단 대 집단으로 이루어지는 걸 보고 큰일 날 사람들이네 했던 기억이 난다. 규모가 큰 교회일수록 허당일 위험성이 농후한 건 일반 회사처럼 정성적 평가가 아니라 정량적 평가로 리더를 세울 위험이 크기 때문이다. 제자를 양육하는 일조차 회사 일처럼 관리하려는 건 오로지 편리성 때문이다. 한 사람을 리더로 세우는 데 필요한 노력을 프로그램화 한다면 교회와 회사의 차이점이 무엇인가? 대형 교회가 다 나쁜 건 아니지만 대형 교회의 제일 큰 문제는 담임 목사 혼자 양육할 수 없는데 양육이 잘 되는 것처럼 가짜 뉴스를 퍼뜨린다는 것이다. 가정에서 자식이 서너 명만 되어도 양육에 힘이 드는데 가정과 원리가 똑같은 교회에서 수십, 수백, 수천 아니 수만 명의 자녀를 어떻게 혼자서 먹이고 입히고 양육해 낸다는 것인가. 부모가 못하면 유모라도 대신할 수 있어야 하는데 부목사들에게 그 정도로 재량권 주는 교회가 어디 있는가. 유모 역할 맡은 부목사를 임시 직원처럼 대하고 이삼 년마다 부서 돌리기를 하는데 어떻게 대리 양육이 가능한가. 더구나 큰 교회일수록 자기가 낳은 자식을 양육하는 게 아니라 떠돌다 들어온 자식을 양육해야 하는데 구구 각각인 그들을 모아 스타 중심의 특강,

고급으로 인쇄된 교재 몇 권 떼는 것으로 제자 훈련 마치니 그 결과가 어떻게 되겠는가. 교재도 직접 만드는 게 아니라 성공한 교회나 대형 선교 단체 걸 가져다 표지만 바꾸니 무슨 생명력이 흘러가겠는가. 그런 제자 훈련이라도 안 받으면 집사, 장로 안 주겠다니 억지로 참가할밖에. 너무 부정적인 면만 들추는 것 같아 미안하지만 데이비드 웰스나 오스 기니스, 스티브 맥베이의 책을 읽으면 우리 형님격인 서구 교회가 왜 무너졌는지 알게 될 것이라 무조건 성낼 일은 아니라고 본다. 더구나 복음사역·회복사역·문화사역 개념은커녕 지성소 예배조차 제대로 인도하지 못하는 사람을 순장, 지역장, 셀장, 다락방장, 교육 부장으로 임명하니 교회라는 공동체가 예수님처럼 가는 게 아니라 일반 다단계 비슷한 조직으로 변질되고 마는 것이다. 대형 교회 입구마다 자랑스레 걸어 놓은 건 변함없는 두 가지다. 하나는 선교지 현황이고 하나는 제자 훈련 개념도. 좋다. 해마다 후원하는 선교지가 늘어나고 제자 훈련 못하면 죽겠다는 각오가 보여서 눈물이 다 난다. 그러나 왜 그런 교회 다니는 부모들이 직접 자녀를 양육하지 못해 이 고생인가? 교회는 회사가 아닌데 목회자가 관리자 비슷하게 되어가는 현상은 불안해 보이지 않은가?

건물은 있는데 양육자다운 양육자가 없거나, 적어도 너무 적은 교회, 성경 공부는 있는데 복음사역은 없는 교회가 성공한 교회로 인정받는 모습을 너무 많이 보아 왔다. 제대로 된 양육을 받지 못한 젊은 부모가 순풍순풍 자녀를 낳아 세상 정복할 사람으로 키우라는 명령에 주먹 불끈 쥐는 모습도 자주 보아 왔다. 담임 목사부터 온 교인이 세 명 이상 자녀를 낳아 세상에 내보낼 거라고 자랑하는 교회도 여럿이나 보아 왔다. 그런데 그런 교회에서 영양실조에 걸려 목숨이 간당간당한 부모를 만나면 무슨 생각이 드는지 아는가? 더구나 생명력 없는 성경 공부나 적용이 목적인 큐티를 강요당한 자녀가 번아웃 되어 나가떨어지는 모습은 정말 많이 보아 왔다. 보지 말아야 할 것을 많이 봐 마음 아프지만 대신 문제가 무엇인지는 제대로 말할 수 있다. 자녀를 낳기만 했지 복음사역이 없다면 누구처럼 오래 흔들리게 할 것이고 회복사역이 없다면 누구처럼 오래 방황하게 만들 것이며 문화사역이 없다면 누구처럼 세상 정신에 속게 만들 것이다.

그러니 이 책을 읽는 부모라면, 지금이라도 양육의 초점, 관점, 지향점을 다시 점검하기를 바란다. 성경 공부와 복음 공부의 차이를 정확히 정리할 수 있기를 바란다. 자신이 갖고 있는 신학, 교리가 무엇인지 떳떳이 밝히기를 바란다. 무조건 크다고, 편하다고 옮기지 말고 이사 등으로 교회 선택을 해야 할 경우 신학이 분명하고 자녀를 제대로 양육시켜 주는 교회 찾아내기를 바란다.

복음사역에서 지성소 예배는 시작이며 끝이라는 말도 잘 들어주기를 바란다. 예배는 마음이 흔들릴 때마다 하루 백번이라도 드릴 수 있어야 한다. 그러나 오늘 우리 사정은 어떤가. 어린 자녀는 물론 장성한 부모조차 예배 인도하라면 죽을 듯이 놀라는 게 현실 아닌가. 예배는 성막 문에서 지성소까지 믿음으로 들어가는 거룩한 과정이다. 살아 있는 예배란 성막 문을 들어서도록 선택받은 자로서의 자부심, 번제단에서 제물로 드려진다는 엄숙함, 물두멍에서 손발을 씻을 때 발생하는 설렘, 마침내 성소에 들어가 예수 그리스도와의 연합을 인식하고, 예수 그리스도에게 안겨 지성소로 들어가 직면할 수 있는 예배가 참 예배인데 매번 이런 예배를 경험하는 부모가 얼마나 될까? 죽은 예배가 아니라 살아 있는 예배를 경험하고 하나님과 대면하는 예배, 간구보다 직면, 설교보다 경배가 먼저인 예배를 경험하고 나오는 부모에게 양육받는 자녀는 얼마나 행복할까?

예배가 죽었는데 제자 훈련이 무슨 소용이며 부모가 죽어 가는데 자녀를 양육하라니 여도지죄餘桃之罪.[①] 마음이 흔들릴 때마다 예배드릴 수 있어야 하고 감정이 상할 때마다 지성소에 들어갈 수 있어야 하는데 그게 무슨 뜻인지도 모르고 사니 적우침주積羽沈舟.[②] 구약의 지성소는 성막이라는 일정 장소에 있었지만 신약의 지성소는 자기 마음에 있는데도 어딜 가야만 예배가 된다는 막연함에 사로잡혀 있으니 오리무중五里霧中.[③] 정작 예배가 필요할 때 예배드리지 못해 마음을 뺏기고 마는 비극이 그렇게 탄생하는 것이니 존망지추存亡之秋.[④] 자녀를 예배드리는 자로 양육하지 못하면 자충성은 따 놓은 당상인데 그 위험성을 모른다면 정말 큰일 아닌가. 구원받은 자가 예배자로 서지 못하면 귓가로 배운 지식이 사상누각沙上樓閣[⑤] 될 판인데 밥 잘 먹고 잠 잘 잔다면 호의불결狐疑不決[⑥]이라 아니할 수 없으니. 어떤 가? 당신 이야기 아닌가?

자식은 반려동물이 아니며 텃밭에서 경작하는 김장 배추가 아니다. 자녀에게 복음을 먹이고 지성소에 들어가는 예배를 가르칠 수 있는 부모가 진정한 복음 사역자라는 걸 명심하기 바란다. 거듭 말하지만 자녀에게 복음을 못 먹이고 지성소 예배가 빠진 기독교 교육의 장으로 데려갔다간 반드시 후회하게 될 것이다. 진심으로 하는 말인데 예배는 이론만이 아니다. 실습이다. 복음사역 · 회복사역 · 문화사역의 융합 없이 포스트모던 시대, 알파세대를 양육하다가는 서구 교회가 실패한 전력을 따르게 될 것이라고 나는 단언한다. 복음사역 · 회복사역 · 문화사역의

---

① 여도지죄 - 같은 행동이라도 사랑을 받을 때와 미움을 받을 때가 각기 다르게 받아들여질 수 있다.
② 적우침주 - 가벼운 깃털도 쌓이고 쌓이면 배를 침몰시킨다.
③ 오리무중 - 넓게 퍼진 안개 속에 있다. 일의 갈피를 못 잡겠다.
④ 존망지추 - 사느냐 죽느냐가 판가름 나는 절박한 순간.
⑤ 사상누각 - 모래 위에 세운 누각이라는 뜻으로, 기초가 튼튼하지 못하여 오래 견디지 못할 일이나 물건을 이르는 말.
⑥ 호의불결 - 여우처럼 의심하여 잠을 못 자고 결단하지 못함.

융합 없이 형식적으로 이루어지는 기독교 교육의 패러다임을 바꾸지 않으면 가나안 2세대처럼 미래가 없을 거라고 나는 확신한다. 성령께서는 하찮은 사건을 통해서도 역사하시지만 부모가 제대로 양육하지 않고 자녀가 브링 업(bring up, 양육)되는 사례는 거의 없었음을 기억해 주기 바란다.

낮은울타리 복음사역에 동참하는 방법

1. 낮은울타리 빌더스 멤버십 신청하기

2. 낮은울타리 복음사역반 참가하기

3. 자녀를 위한 아가서 참여하기

4. 낮은울타리 복음변증학교 신청하기

5. 데이비드 웰스의 『신학 실종』 공부 신청하기

6. <복음 한 끼>에 참여하기

7. 영적 지각력과 천직 찾기 강의 신청하기

8. 지성소에 들어가는 예배 실습에 참여하기

9. 낮은울타리 가족회원이나 협력교회 신청하여 자료 제공 받기

10. 낮은울타리 JPA, NCS, NAS 등의 내용 알고 자녀와 함께 참여하기

wooltari.com | 02.515.0180

제4장

회복사역

회복사역

회복사역1

딱히 회복사역이라는 게 없어도 교회는 건강해질 수 있다. 왜냐하면 교회의 주인은 하나님이시기 때문이다. 그러나 복음적인 회복사역은 하나님의 성품만이 교회를 교회답게 만들어 주기 때문에 필요하다.

회복사역2

회복사역의 핵심은 나의 부정적 성격과 하나님 성품의 교환이다. 변화가 아니라 교체다. 교체가 일어나는 장소는 물론 지성소다. 지성소에 들어가 직면 기도를 통해 성품의 교체가 일어나면 하나님이 나와 하나 되어 주신다. 문제는, 그 연합이 인식된 상태를 계속 유지해야 하는데 교활한 육에 의해 다시 부정적 성격을 지닌 예전의 상태로 돌아오게 된다. 그러면 전보다 더 위험해지기 쉬워, 결국 흠스와 같은 회복사역은 전기 차 충전하듯 계속 반복되어야 한다는 것이다. 회복사역이 깊이 있게 이루어지려면 한 교회 한 사람씩은 전문 사역자를 키워 내야 하는데 대한민국에 그런 교회가 몇이나 있을까.

회복사역3

하나님 우리를 회복시켜 주십시오. 우리가 구원을 받도록 주님의 빛나는 얼굴을 나타내어 주십시오(시편 80:3 새번역).

성경에서 직면을 제일 잘한 사람들은 다윗을 비롯한 시편 기자들이다. 저들은 마음이 아프고 감정이 상하고 죄를 지을 때마다 지성소에 들어가 믿음으로 직면 기도를 드렸다. 특히 다윗은 직면 기도의 모범생이다(시편 32편, 51편 참조).

이 사실은 오늘 우리에게 중요한 시사점을 던지고 있다. 하나님을 만나면 살 수 있다는 것이다. 하나님 앞에 나아가 직면하면 반드시 회복될 수 있다는 것이다.

다음 세대를 바르게 양육하기 위해서라도 회복사역이 절대적으로 필요한 시대가 되었다. 상담이나 내적 치유와는 구별된, 복음에 입각한 회복사역과 생명력 사역이 시급하게 되었다. 회복은 상담이나 치유와 다르다. 상담은 counseling, 치유는 healing이라고 하지만 회복은 recovery, 또는 restoration이라고 한다. 영어 단어의 뜻도 다르지만 진정한 의미의 회복이란 요한복음 10장 10절에서 예수님이 말씀하신 풍성한 삶을 살아갈 수 있는 상태, 지성소에 들어가 직면할 때 생명력 충만을 방해하는 상처와 욕망이 깨끗이 씻어짐과 동시에 네 개의 부정적 성격이 하나님의 거룩한 성품으로 바뀌는 은혜롭고 거룩한 과정, 이다.

오늘 많은 부모가 치유와 회복의 개념부터 헷갈려 하는 건 심각한 문제다. 치유가 감정의 문제를 다룬다면 회복은 성품의 문제를 다루는 것부터가 다르기 때문이다. 그러므로 치유가 부분적이라면 회복은 전인적이고, 치유가 인간 중심으로 갈 위험이 큰 반면 회복은 오로지 하나님이 주체가 되셔야만 가능하다. 또한, 회복의 목표인 성품이 중요한 이유는, 그것이 하나님 형상을 대신하는 단어이기 때문이다.

낮은울타리 회복사역인 흠스만큼 복음적인 건 없다고 생각한다. 그래서인지 신뢰도가 높다. 지금까지 전 세계에서 흠스를 경험한 성도 중 신학적으로 문제 있다고 지적한 사례는 단 한 건도 없었다. 오히려 교회를 든든하게 세우고 가정이 용서와 화해의 물결로 덮인다는 간증이 쏟아지게 했다. 흠스에서의 직면은 오늘의 시편이다. 문제는, 사탄의 방해로 인해 혼자 직면 프랙티스하는 게 쉽지 않아, 그래서 공동체 안에서 은혜로운 경험하라고 하나님이 흠스HMMS와 틴즈흠스, 키즈흠스를 주신 것이다.[40]

회복사역4

흠스는 Home Mission Ministry School by Encounter의 첫 글자

를 발음한 것이다.

낮은울타리 회복사역인 홈스HMMS를 다른 말로 설명하면 N세대 부흥을 꿈꾸는 사람들이 모여서 직면을 프랙티스하는 학교이며 병원이다. N세대 부흥이란 말 속에는 부모가 받을 은혜도 중요하지만 자녀가 받을 은혜가 더 소중하다는 의미가 들어 있다. 홈스가 학교라는 것은 회복사역에 대해 잘 알고 배운다는 의미이고, 홈스가 병원이라는 건 부정적 성격의 벽이 성령에 의한 수술로 제거되고 신성한 성품 가진 새 사람으로 세워지게 된다는 의미다. 아무래도 홈스는 병원 쪽에 더 가까워, 홈스에 온다는 건 병원에 온다고 하는 게 낫겠다. 하나님이 원장이신 초특급 병원.

회복사역5

홈스와 틴즈홈스, 키즈홈스를 회복사역의 대안이라고 말할 수 있는 질문은 이것이다.

"왜 다른 치유 사역은 지성소 개념이 없는가?"

"왜 다른 치유 사역에는 그렇게 자주 사람이 끼어드는가?"

"왜 다른 치유 사역에는 예배 개념이 없거나 약한가?"

"왜 다른 치유 사역에는 예배 인도자가 길러지지 않는가?"

"왜 다른 치유 사역에는 양육에 초점이 맞춰지지 않는가?"

"왜 다른 치유 사역에는 직면 개념이 없고 끼어들기, 충고하기, 가르치기, 상담하기, 나눔이 허용되는가?

"왜 다른 치유 사역에는 예수님과 연합을 인식해야만 한다는 당위성이 부족한가?"

"왜 다른 치유 사역은 부모가 직접 하지 못하고 누군가에게 맡겨야만 하는가?"

회복사역6

흠스를 통해 회복이 경험되면, 하나님의 거룩한 백성으로 살고 싶다는 생각이 발원發源되고 평생 반복하고 싶다는 소원이 일어나게 된다. 이보다 더 큰 소득은, 하나님만 우리의 상처를 치료하시고 회복시킬 수 있음을 확신하게 되는 것이다.

이 말을 강조하는 이유는 사람이 끼어들 여지를 최대한 억제하기 위해서다.

그렇다. 사람이 아니라 하나님을 만나야 산다. 사람은 어디나 있지만 하나님을 만나기 위해서는 지성소에 들어가야 한다. 지성소에 들어가는 방법은 오직 예배를 통해서다. 지성소에 들어가 직면할 때만 이 회복의 은혜와 연합의 감격을 경험하게 된다. 낮은울타리 회복사역인 흠스와 틴즈흠스, 키즈흠스에 오게 되면 제일 먼저 예배를 배운다. 예배를 실습한다. 그동안 참가자들의 간증을 모아 보면 흠스에서 받는 가장 큰 선물은 예배임을 알게 된다. 역사상 어떤 치유 사역도 참가자에게 이렇게 은혜롭고도 철저하게 예배를 가르친 경우는 없었다. 그러니까 교체되기 위해 흠스에 참여하고 유지하기 위해 흠스에 참여하고 예배를 배우기 위해 흠스에 참여한다고 해도 과언이 아니다.

회복사역7

성경은 하나님께서 사람을 창조하는데 크게 세 가지 특별한 점이 있다고 말씀하고 있다. 첫째, 다른 피조물을 만드실 때와는 달리 사람을 창조하시기 이전에 삼위 하나님이 모여 의논을 하셨다는 것. 둘째, 다른 피조물과 달리 사람만 하나님의 형상대로 창조하셨다는 것. 셋째, 창조한 모든 피조물을 하나님 형상 가진 사람으로 하여금 다스리게 하셨다는 것. 무엇보다, 하나님이 사람을 창조하실 때 세 위位가 모여 서로 의논하셨다는 사실은 참으로 특이하고 놀랍다.

우리의 형상을 따라 우리의 모양대로 우리가 사람을 만들고 그로 바다의 고기와 공중의 새와 육축과 온 땅과 땅에 기는 모든 것을 다스리게 하자(창세기 1:26).

광야에서 모세로부터 설교를 듣고 있던 이스라엘 백성은 이 부분이 매우 이상했을 것이다. 왜냐하면 그동안 "하나님은 오직 한 분"이라고 귀가 아프도록 들었는데 창세기 1장 26절 부분을 모세가 설명하면서 '내'가 아닌 '우리'라는 표현을 사용하자 유일신 하나님 한 분 외에 누군가 더 있다는 것으로 들렸기 때문이다.

그들이 지금껏 가지고 있던 한 하나님 개념과 우리라는 표현은 정면으로 충돌할 수밖에 없었을 것이다. 어려서부터 귀가 따갑도록 하나님은 한 분이라 들어왔는데 도대체 여기에서 말하는 우리란 누구를 말한단 말인가… 이 삼위일체에 관한 신비는 그때나 지금이나 인간 이성으로는 풀 수 없는 부분이다.

어쨌든 창세기 1장 26절과 27절을 모아 해석하면, "사람은 하나님의 형상을 따라 지어진 존재"가 된다.

하나님께서 우리를 하나님 형상대로 만드셨다는 것은 하나님과 교제할 수 있는 인격체로 만드셨다는 뜻이니 우리는 언제든지 성소와 지성소에 들어가 주님을 만나고 연합을 인식하고 직면할 수 있다는 논리가 성립된다. 그리고 더 기쁜 소식은, 이젠 구약 시대와 달리 마음을 지성소로 만들 수 있어 굳이 어느 특정한 장소로 가지 않고도 주님과 깊은 회복의 교제를 나눌 수 있는 것이다(렘31:33, 히8:10).

회복사역8

우리는 치유를 거부하지 않는다. 하나님은 치유의 하나님이라고 성경이 분명히 말씀하고 있기 때문이다(사58:8). 그러나 치유보다 회복이라는 단어가 더 좋은 이유는 변화보다 교환, 수리보다 교체라는 의미가 더 복음적이기 때문이다. 우리는 고쳐 써야 할 존재가 아니라 하나님 안에서 새로 태어나고 교체되어야 할 존재이기 때문이다.

회복사역9

교회 안에 얼마나 엉터리 의사들이 많은지 놀랄 정도다. 그들은 의사 자격은커녕 실력도 없으면서 환자로 찾아온 상담자를 자기 멋대로 진단해 병을 더 악화시킨다. 흠스라는 회복사역을 할 때마저 제발 '끼·충·가·상·나'를 하지 말라고 애원해도 너무 많은 사람이 자연스럽게 **끼어들어 상**담하고 **가**르치려 들고 **충**고하고 **나**눔을 좋아해 하나님 앞에 나아가는 것을 얼마나 방해하는지 모른다. 그동안 교회에서 받은 제자 훈련, 상담 훈련이 얼마나 문제 많은지 증명하는 장면이다.

회복사역10

영화 <닥터 스트레인지>에 보면 뇌에 총상을 입은 환자가 응급실에 실려 오는데 팔머와 스트레인지는 그 환자가 살아 있다고 판정했고 닉은 그가 죽었다고 판정했다. 그래서 닉은 그 환자를 뇌사자로 처리해 장기를 적출하려고 했다. 닥터 팔머가 그를 살릴 수 있다고 진단은 잘했지만 수술 실력이 부족해, 닥터 스트레인지를 찾아가자 스트레인지는 정확한 수술로 그의 뇌에서 총알을 끄집어내 살리는 장면이 나온다. 병원의 모습을 제대로 표현한 메디컬 영화지만 영적으로도 얼마든지 귀한 메시지를 얻어 낼 수 있는 장면이다.

병이 생기면 지성소에 들어가 완벽한 의사인 주님께 수술을 받아야 하는 건 당연지사. 그러려면 팔머 같은 보조 의사, 혹은 영적 간호사가 절대 필요한데 부모가 그 역할을 잘해야 한다는 것이다. 자녀들이 고생하는 이유는 부모가 모자라거나 닉과 같은 돌팔이를 만나기 때문 아닌가. 영화에서는 베네딕트 컴버배치가 닥터 스트레인지 역할을, 레이첼 맥아담스가 팔머 역할을 맡았지만 우리 회복사역에서는 주님만이 의사가 되어 주신다.

우리는 복음 먹는 일을 최우선으로 여기지만, 상처와 욕망으로 인한 부정적 성격을 회복사역이라는 수술 과정 통해 신의 성품으로 교환하는 일도 매우 중요하게 생각한다. 모든 수술이 우리 뜻대로 끝나는 건 아니지만, 지성소에서 이루어지는 일은 단 하나도 선하지 않은 게 없다. 정말이다.

회복사역11

믿음만 강조하고 상처를 가볍게 생각하는 태도는 바람직하지 않다. 상처의 힘이 얼마나 큰지는 다윗이 잘 보여 주고 갔다. 다윗만이 아니다. 성경 안에 비슷한 사례가 헤아릴 수 없이 많다. 그들이 보여 준 건 단순한 트라우마가 아니다. 결핍이다. 이 결핍은 무언가로 채워야 산다는 강박증을 낳는다. 지성소에서 하나님의 생명력을 받아 채우면 결핍 문제가 깨끗이 해결되는데 세상의 대체물로 채우려는 욕망이 문제다. 거듭난 사람이라도 상처를 그냥 두면 욕망의 문제가 생기는 걸 보여 준 대표적 사례가 다윗이다. 다윗은 부모로부터 버림받았음을 시로 쓸 정도로 상처가 컸던 사람이다(시27:10).[41] 그는 역기능 가정에서 부모 형제에게 받지 못한 사랑 때문에 동반 의존[42]에 빠져, 숱한 여인들에게 사랑을 구걸하고 살다 상상하기 어려울 정도의 가정 문제에 휘말린 대표적 사례다. 더 안타까운 일은, 부모의 상처가 어떻게 흘러가는지 그의 아들 압살롬이 증거해 주었다는 사실이다. 그들을 보면 상처도 대물림된다는 게 맞는 말 같다. 압살롬은 권위자에게 받은 상처로 인해 내면의 벽 쌓은 사람의 특징을 적나라하게 드러내었다. 그는 하나님으로부터 오는 생명력 공급이 막히는 순간

네 개의 부정적 성격[43]이 만들어지기 쉽다는 걸 잘 보여 주었으며, 해결되지 않은 상처가 얼마나 심각한 후유증을 일으키는지 증명이라도 하듯 살다 갔다. 특히 다윗의 경우, 상처 자체는 죄가 아니지만 상처를 가지고 살 때 얼마나 죄와 가까워질 수 있는지 보여 줌과 동시에 성령의 인도하심에 따라 회개하고 돌아섰을 때 하나님으로부터 받게 되는 은혜 또한 크다는 것을 보여 주고 갔다.

혹자는, 회복사역이 필요치 않고 오직 성경만으로 충분하다고 주장하지만, 성경 속 회복 사례는 왜 무시하는지 설명하지 못한다. 성령의 인도하심에 순종할 때 모든 문제가 해결되는 건 사실이지만 성령의 인도를 받으려는 마음 또한 결핍 상태에서는 제대로 작동하지 않는다는 걸 모르는 게 문제다.

회복사역12

우리의 회복사역은 성경, 그것도 시편에 상당한 근거를 두고 있다. 다윗을 비롯해 대부분의 시편 저자들은 자기의 상처를 하나님 앞으로 가지고 가서 토로하는 기도를 드리지 않았던가. 오늘 이 책을 읽는 당신이 시편 기자들의 하나님을 신뢰한다면 사랑하는 자녀와 함께 시편(특히 102편, 109편) 속 직면 기도를 배우기 위해 홈스, 틴즈홈스, 키즈홈스에 참여하시기를 정중히 초대한다.

회복사역13

거듭난 사람에게 복음사역이 필요하듯이 회복사역 또한 필수적이어야 한다고 나는 생각한다. 아멘 하고 믿기만 하면 모든 문제가 저절로 해결된다고 주장하는 사람도 있지만, 단 한 번에 해결되는 건 구원밖에 없다고 나는 생각한다. 영혼 구원 빼놓고는 모두 대가 지불이 필요하다는 어느 사역자의 말에 나는 전적으로 동의한다. 그런 의미에서 흠스는 구원받은 자가 대가 지불을 통해 하나님 은혜로 회복되는 축복의 장이라고 나는 믿는다.

회복사역14

흠스HMMS는 오롯이 성경에 기반을 둔 회복사역 틀이다. 성경의 여러 곳에 회복에 관한 말씀이 있지만, 특히 시편은 흠스에서의 직면사역을 강력하게 지지해 준다. 앞에 얘기한 시편 102편으로 돌아가 보자. 개역한글 성경에 <곤고한 자가 마음이 상하여 그 근심을 여호와 앞에 토하는 기도>라는 제목이 붙어 있음을 상기해 보자. 지금 이 시인은 곤고함으로 마음이 상해 있는데 그 마음을 의사이신 하나님께 가져가 토로했다는 것이다.

곤고한 마음 = 감사와 기쁨을 잃어버린 상태. 심리적으로 우울감과 절망감이 가득. 불면증과 공황 장애 등의 정신 문제. 중독에의 위험. 관계 단절. 자살 충동이 일어나기 쉬운 상태.

상한 마음 = 부정적 성격의 원인이 되는 상처로 얼룩진 마음. 사랑의 결핍 상태. 상한 심령(잠15:13). 상한 감정(시38:8). 생각의 골절(시73:16).

주께 가지고 감 = 상한 마음, 악한 마음, 더러운 마음을 가지고 주님이 계시는 지성소로 들어감.

토로 = 깊이 다루는 것. 자백. 인정. 드림. 직면.

이렇게 정리하고 보니 시편 102편은 완전 홈스를 지지하는 말씀이 아닌가. 이 시편 기자가 3절에 "아, 내 날은 연기처럼 사라지고, 내 뼈는 화로처럼 달아올랐습니다"(새번역)라고 부르짖는 모습은 마음이 아플 때 무엇을 토로하며 무엇을 기도해야 할지 방향을 잡게 해 주지 않은가. 희망이 없어져 더 이상 살 힘이 없는 것처럼 보이는 이 시인을 보면서 우리도 그렇게 괴롭고 슬플 때 하나님 앞에 나가면 살겠구나, 를 인식하게 해 주지 않은가 말이다.

4~5절에, 너무 고통스러운 나머지 음식을 제대로 먹지 못한다고 고백하는 모습은 분명한 우울증 증상이고, 6~7절, 잠도 잘 못 잔다는 고백은 번뇌로 인해 불면증이 있다는 것, 거기다 8절, 수많은 사람이 자기를 욕하고 저주하는 말을 들어야 하는 것만큼 심한 고통이 어디 있을까. 이는 자칫 공황 장애에 빠질 가능성이 매우 높은 상태라고 봐야 한다. 9절, 얼마나 울었으면 눈물이 밥이 되어 6절, "나는 광야의 올빼미 같고 황폐한 곳의 부엉이 같이 되었사오며 내가 밤을 새우니 지붕 위의 외로운 참새 같으니이다" 이것은 전형적인 직면 기도 아닌가.

시편 102편은 홈스의 교과서다. 물론 시편 38편, 62편, 109편 등도 마찬가지다.

내가 아프고 심히 구부러졌으며 종일토록 슬픔 중에 다니나이다. 내 허리에 열기가 가득하고 내 살에 성한 곳이 없나이다. 내가 피곤하고 심히 상하였으매 마음이 불안하여 신음하나이다. 주여 나의 모든 소원이 주 앞에 있사오며 나의 탄식이 주 앞에 감추이지 아니하나이다. 내 심장이 뛰고 내 기력이 쇠하여 내 눈의 빛도 나를 떠났나이다. 내가 사랑하는 자와 내 친구들이 내 상처를 멀리하고 내 친척들도 멀리 섰나이다. 내 생명을 찾는 자가 올무를 놓고 나를 해하려는 자가 괴악한 일을 말하여 종일토록 음모를 꾸미오나 나는 못 듣는 자 같이 듣지 아니하고 말 못하는 자 같이 입을 열지 아니하오니, 나는 듣지 못하는 자 같아서 내 입에는 반박할 말이 없나이다. 여호와여 내가 주를 바랐사오니 내 주 하나님이 내게 응답하시리이다(시편 38:6-15).

시편 62편 시인은 아예 "백성들아 시시로 그를 의지하고 그의 앞에 마음을 토하라 하나님은 우리의 피난처시로다"(8절)라고 권면한다.

회복사역 무용론無用論을 주장하는 사람들은, 성경만으로 충분한데 무슨 회복사역이 필요하냐고 따지지만, 분명히 성경에 상한 마음, 악한 마음, 더러운 마음을 주님께 가지고 가서 토로했더니 온전히 나았더라, 라는 고백이 수두룩하게 나오는 것을 외면하지 못할 것이다. 우리는 이 토로하는 기도를 직면 기도라 한다. 직면에 대해서는 내가 쓴 『직면』책을 참고하기 바란다.[44] 자백 기도를 물두명 앞에서 드린다면 직면 기도는 지성소에서 드린다. 자백과 직면은 회복사역이 상담 수준을 넘어선다는 걸 증명하는 단어다.

상담은 자칫 인간을 의지하게 만들지만 직면은 오롯이 주님만 의지하게 만든다. 직면이 얼마나 위대한지 알고 싶다면 앞에 말한 대로 『직면』 책을 읽은 다음 시편 속으로 들어가 보라고 부탁하고 싶다.

직면은 기도다. 자기 안에 사랑의 결핍인 상처가 있음을 인정하는 데에서 시작되는 깊은 기도다. 상처의 아픔을 토로하는 기도이며 권위자가 상처를 주었을 때 마음의 벽을 쌓고 도피나 폭발로 간 것을 회개하는 기도, 그 벽으로 인해 생긴 부정적 성격을 허용한 죄를 인정하는 기도다. 결국 의사이신 하나님을 깊이 신뢰하고 마음의 벽을 허물어 달라 간청하는 기도이며, 자기에게 상처 준 사람을 용서하게 해 달라고 요청하는 기도다. 그러면 하나님이 거절과 반항의 벽을 무너지게 하실 것과, 그곳에 생명력으로 가득 채워 용서의 능력까지 주실 것을 확신하는 기도다. 지성소에 들어가는 예배와 직면 기도는 모든 시편 기자가 그랬듯이 기쁨과 소망으로 충만하여 지성소를 나오게 만든다. 이제 이 직면자는 고통과 슬픔의 날들, 상처를 주던 삶에서 축복의 통로로 살게 될 것이 분명하다.

홈스에서 간호사가 필요한 이유는 직면을 돕기 위해서이다. 특히 초신자나 어린아이의 경우 직면을 힘들어하거나, 자칫 지성소로 들어가지 않고 도피하려는 충동에 넘어갈 위험이 있어, 함께 예배드려 주고 중보해 주고 홈스 허깅으로 안정감 갖게 해 주는 부모 역할이 절대적으로 필요하다. 사탄이 직면을 방해하는 이유는 회복 후 갖게 될 역동성 때문이다. 하나님의 자녀가 영적 역동성을 갖게 되면 사탄의 역사는 설 자리가 없어지기 때문이다. 이것은 혼자가 아니라 함께 싸우는 영적 전쟁이기도 하다. 그래서 흠스는 개인이 아니라 공동체로 모여 경험하기를 권면한다. 어떤 이는 직면을 꼭 흠스나 틴즈흠스에 와서 할 필요가 있냐고 묻는데, 어린아이나 초신자의 경우 아무리 직면의 중요성을 알려 주어도 혼자 하기는 어렵기 때문에 잘 준비된 공동체 안에서의 회복사역이 절대 필요한 것이다. 특히 부모 자녀가 함께하는 틴즈흠스, 키즈흠스는 둘 사이에 막힌 담을 헐고 주 안에서 하나 되게 해 주므로 결과가 너무 아름답다. 당신이 자녀를 데리고 회복사역에 참여하기로 결정만 해도 사탄은 벌벌 떨게 될 것이다. 확실하다.

회복사역15

시편 102편 기자는 괴로움이 얼마나 큰지 주님께서 저주와 진노로 자기를 들어 던지셨다고 한탄했다(10절). 하나님이 자기를 버리신 것 같다는 이 시인의 고통은 극에 다다랐다고 봐야 한다. 이따금 우리도 이 시인처럼 극단적 상황에 빠질 때가 있는데, 자신의 잘못도 잘못이지만 주변 상황이나 병든 권위자로 인해 그렇게 되는 경우가 많다. 내가 보기에 우리보다 더 어려운 시대를 살아갈 자식들이 극단의 고통을 더 자주 겪을 게 분명하므로 지금이라도 복음사역, 문화사역과 함께 회복사역에 함께 참가할 것을 거듭 강조하는 것이다.

다행히도 시편 102편 기자는 하나님이 자기의 기도 들으시기를 구하면서(1절) 주의 얼굴을 숨기지 마시고 응답하시기를 간청한 터였다(2절). 이제 '여호와께서 빈궁한 자의 기도를 돌아보시며 자신의 기도를 멸시하지 아니하셨음'을 확인한 시인은 '천지는 없어지려니와 주는 영존하시겠고 그것들은 다 옷 같이 낡으리니 의복 같이 바꾸시면 바뀌려니와 주는 한결같으시고 주의 연대는 무궁할 것'을 노래하기 시작한다. 그러면서 '주의 종들의 자손은 항상 안전히 거주하고 그의 후손은 주 앞에 굳게 서리이다'라는 찬양으로 기도를 마무리한다.

시편 102편의 저자가 누구인지는 밝혀지지 않았지만 지금 그의 마음이 많이 아픈 것은 사실이다. 개인의 문제와 공동체적 문제가 겹쳐 그의 마음은 풀같이 시들고 말라 버렸으며 살은 뼈에 붙었다(5절)고 토로한다.

맞다. 토로吐露다. 토로는 어학사전에 '마음속에 품고 있는 생각이나 감정 따위를 다 드러내어 말함'이라고 설명되어 있다. 이와 비슷한 용어로 토설吐說이 있는데 '숨겼던 사실을 비로소 말하여 드러냄'이라고 설명되어 있다. 어떤 설교자는 토설 기도의 전형을 150편의 시편 가운데 무려 39편이나 차지하고 있는 복수 시, 저주 시로 들고 있는데 그중 시편 편을 또 하나의 사례로 들고 있다.

"아니, 뭐라고 성경에 저주하는 시가 나와?" 하고 묻는 사람이 있을지 모르지만 사실이다. 저주도 이런 저주가 없고 고자질도 이런 고자질이 없다. 그런데 시편에는 이런 기도가 정말 많이 나온다. 대부분 다윗이 쓴 기도 시다. 다윗만큼 상처가 많고 다윗만큼 파란만장하게 살다 간 사람이 없다는 증거이며, 한편으로는 다윗만큼 회복의 은혜를 경험하고 누린 사람도 없다는 증거다.

시편 편과 같은 저주 시에는 어떤 법칙이 있는데, 전반부에서는

"하나님 이럴 수 있습니까? 내가 이렇게 고통을 겪고 있는데 뭐하고 계십니까? 나에게 이렇게 해를 준 사람을 왜 보고만 계십니까?" 하면서 탄원도 하고 고자질도 하고 상한 감정을 토로하다 후반부에 들어가면 "하나님, 저는 하나님만 바라보겠습니다. 주님 안에서 안식하겠습니다. 주님이 붙들어 주시니 평안히 눕기도 하고 잠도 잘 자겠습니다"라며 감사하고 찬양하는 것으로 마무리한다. 시편 기자들은 예외 없이 토로하는 기도를 드리는 동안에 하나님이 자기 마음을 만지셨고 안아 주셨고 회복의 은혜를 주시자 평강과 기쁨이 몰려오는 것을 고백하고 있다. 이렇게 확실한 직면사역, 회복사역의 모델이 어디 있는가. 인간이 끼어들어 방해하지 않고, 인간끼리 나눔이나 토의를 하지 않고, 오직 하나님만 만나 하나님께만 토로하는 직면. 중언부언이 아니라 시편 기자가 한 대로 따라 하는 직면. 그러니까 우리의 회복사역인 홈스와 틴즈홈스, 키즈홈스는 인간의 상담이나 조언에 기대지 않고 간호사의 예배 도움을 받기는 하되 직면자가 '곤고한 마음을 직접 지성소에 가지고 들어가서 토로하는 것'이라고 정의할 수 있다.

회복사역16

시편 109편에 대한 설교 한 편을 소개할까 한다. 와싱톤사귐의교회 김영봉 목사님의 설교를 허락 하에 옮겨 싣는 이유는 홈스에서의 직면 기도를 어느 수준까지 해야 하나, 를 고민하는 분들에게 도움이 될 것 같아서이다.

"구약의 시편을 읽다 보면 자신을 괴롭게 하는 사람들을 저주하는 시가 나옵니다. 109편이 대표적인 예라 할 수 있는데, 다윗의 노래라고 이름이 붙은 이 시편에서 기도자는 하나님께 다음과 같은 악담의 기도를 퍼붓습니다.

그가 살 날을 짧게 하시고 그가 하던 일도 다른 사람이 하게 하십시오. 그 자식들은 아버지 없는 자식이 되게 하고, 그 아내는 과부가 되게 하십시오. 그 자식들은 떠돌아다니면서 구걸하는 신세가 되고, 폐허가 된 집에서마저 쫓겨나서, 밥을 빌어먹게 하십시오. 빚쟁이가 그 재산을 모두 가져 가고, 낯선 사람들이 들이닥쳐서, 재산을 모두 약탈하게 하십시오(시편 109:8~11 새번역).

정도의 차이는 있지만, 이와 유사한 기도가 시편에 많이 있습니다. 심지어 예언서에서도 이 같은 기도를 가끔 만납니다(렘18:21~22). 성경에서 이 같은 기도문을 만날 때, 그리스도인들은 당혹감을 가집니다. 성경을 어느 정도 읽은 사람이라면 이 같은 기도문을 대하는 순간 예수님의 가르침을 기억하기 때문입니다. 예수님은 "너희 원수를 사랑하고, 너희를 박해하는 사람을 위하여 기도하여라"(마5:44)고 말씀하셨고, 십자가에 달려 돌아가시면서 자신을 죽이는 사람들을 위해 "아버지, 저 사람들을 용서하여 주십시오. 저 사람들은 자기네가 무슨 일을 하는지 알지 못합니다"(눅23:34 새번역)라고 기도하셨잖습니까. 바울은 예수님의 가르침을 이어받아 이렇게 권면했습니다. "사랑하는 여러분, 여러분은 스스로 원수를 갚지 말고 그 일은 하나님의 진노하심에 맡기십시오"(롬12:19 새번역) 이같이 성경의 가르침은 아주 분명합니다. 원수조차도 미워하면 안 되며 적극적으로 사랑하고 축복하는 데까지 나아가야 한다는 것입니다. 우리는 그렇게 배웠고 또한 그렇게 실천하기 위해 노력합니다. 그런데 구약 성경에 원수를 저주하는 기도가 많이 기록되어 있으니, 이를 어떻게 받아들여야 할지 혼란스러울 때가 있습니다.

이 문제에 대해 그동안 몇 가지 제안이 있었습니다. 첫째 제안은, 저주 시편을 무시하라는 것입니다. 원수에게 악담을 퍼붓고 저주하는 기도는 영적으로 미숙한 시기에 미성숙한 사람이 드린 기도이므로, 예수 그리스도의 온전한 가르침을 아는 우리로서는 무시하고 넘어가야 한다는 제안입니다. 둘째 제안은, 부당하고 억울하게 박해를 당하는 기도자가 직접 복수하기를 포기하고 저주 기도를 통해 하나님께 원수 갚는 것을 맡긴 셈이니 믿음의 기도로 받아들이라는 견해입니다. 셋째 제안은, 구약 시대의 하나님 이해와 신약 시대의 하나님 이해가 달랐기 때문에 이 같은 차이가 생겼다고 이해하라는 주장입니다.

이 세 가지 제안 중 첫 번째와 세 번째 제안은 구약의 권위에 의문을 제기하도록 만듭니다. 제가 두 번째 의견에 동의하는 이유는, 첫째, 정직한 기도야말로 감정을 있는 그대로 토해 내는 과정이기 때문입니다. 하나님 앞에서 기도할 때 감정에 솔직해야 합니다. 그래야 그 관계가 살아 있을 수 있습니다. 중심을 보시는 하나님 앞에서 감정을 속이려 한들 그분이 속기나 하겠습니까? 그런데도 우리는 너무나 자주 하나님 앞에서 진짜 감정을 속이고 믿음 좋은 사람인 양 연극을 합니다. 하나님 앞에서 자신을 완전히 개방하지 않고, 거짓 감정 뒤에 숨는 겁니다.

자신을 억울하게 하는 사람들에 대한 증오심이 사무칠 때, 하나님 앞에서 그 감정을 그대로 드러내 놓는 정직한 기도가 필요합니다. 하나님의 처사가 부당해 보일 때, 하나님을 향하여 따지고 항의할 수도 있어야 합니다. 의문과 의혹이 마음을 사로잡을 때면 그것을 있는 그대로 쏟아 놓을 수 있어야 합니다. 그렇게 기도하는 것을 불경하다고 생각하지 말아야 합니다. 자신의 감정을 억압하고 하나님 앞에 '착한 아이'가 되려고 노력하면 할수록 관계는 피상적으로 변해 버리기 때문입니다. 그러면 마음 깊은 곳에 하나님에 대한 분노가 축적됩니다. 그것이 결국 믿음을 죽게 만들 수 있습니다.

둘째, 시편 109편의 기도는 다윗이 원수들에 대한 증오심이 사무칠 때 하나님 앞에 토로한 기도라는 것입니다. 아마도 그는 이 문제를 두고 계속 기도했을 것입니다. 그렇게 기도하면서 점차 마음을 지배하던 악한 감정으로부터 해방되었을 것입니다. 그런 다음에야 비로소 진실하게 원수를 용서하는 기도를 드릴 수 있고 그를 축복할 수 있었을 것입니다. 마음속으로는 원한의 감정이 사무치는데 입으로만 원수를 용서하고 축복하는 기도를 드린다면 그 기도는 가식이요 허위 아닙니까. 물론, 이렇게 억지 축복으로라도 마음을 다스리자고 주장할 수 있겠지만, 주님께서 우리에게 기대하신 것은 마음에서 진정으로 우러나오는 기도와 축복 아니겠습니까. 때로는 위로부터 내리는 은혜를 힘입어 용서하기 어려운 문제를 아주 쉽게 용서할 수도 있지만, 대개는 그렇지 않습니다. 원한과 증오의 밤을 지낸 후에 비로소 진실한 용서에 이를 수 있습니다. 다시 말하면, 시편 저자나 예레미야처럼 저주(직면) 기도의 터널을 거쳐야만 용서와 사랑이라는 목적지에 이를 수 있다는 것입니다."

회복사역17
하나님은 병든 우리의 몸과 마음을 외면하시는 분이 결코 아니다.

이르시되 너희가 너희 하나님 나 여호와의 말을 들어 순종하고 내가 보기에 의를 행하며 내 계명에 귀를 기울이며 내 모든 규례를 지키면 내가 애굽 사람에게 내린 모든 질병 중 하나도 너희에게 내리지 아니하리니 나는 너희를 치료하는 여호와임이라(출애굽기 15:26).

예수께서 들으시고 이르시되 건강한 자에게는 의사가 쓸 데 없고 병든 자에게라야 쓸 데 있느니라… 나는 의인을 부르러 온 것이 아니요 죄인을 부르러 왔노라 하시니라(마태복음 9:12~13).

『구약의 치유신학』이라는 책을 번역한 김진섭 교수는 위의 말씀을 묵상한 후 이렇게 말한다.

"예수 그리스도는 내과 의사입니다. 그분은 우리 영혼의 상태를 정확하게 진단해 주십니다. 영혼 내면의 문제들을 들추어내시며 병들어 있는 부분을 지적해 주시는 분입니다.

예수 그리스도는 이비인후과 의사입니다. 생명의 복음을 잘 들을 수 있도록 나의 귀를 밝게 해 주십니다. 영적인 호흡을 마음껏 들이마시고 내쉴 수 있도록 영혼의 기관지를 깨끗케 해 주십니다.

예수 그리스도는 정형외과 의사입니다. 뒤틀어진 뼈를 바로 맞춰 주시며 우리 영혼의 인격을 반듯한 모양으로 세워 주십니다.

예수 그리스도는 비뇨기과 의사입니다. 호르몬 문제를 적절하게 치료하셔서 우리 옛 사람의 정욕을 제어할 수 있는 힘을 주십니다.

예수 그리스도는 신경외과 의사입니다. 우리의 두뇌를 맑게 정돈시켜 주십니다. 생각해야 할 바대로 생각할 수 있도록 가치관을 바로 세워 주십니다.

예수 그리스도는 마취과 의사입니다. 최소한의 아픔 속에 성공적으로 수술을 마칠 수 있도록 준비해 주십니다.

예수 그리스도는 외과 의사입니다. 그분은 한 번도 진단 처방은 물론 수술에 실패한 일이 없습니다. 썩어 들어가는 부분을 정교한 칼로 도려내시고 망가진 부분은 고쳐 주시며 대체할 부분은 대체하셔서 우리 영혼을 최상의 건강한 모습으로 회복시켜 주십니다."

예수 그리스도가 내 영혼의 의사이시며 늘 나의 곁에 계시며 돌보시는 나의 주치의라니 이런 엄청난 은혜가 어디 있을까. 그분이 나를 간호사로 부르신다는 건 어떤 의미가 있을까.

회복사역18

하나님이 주신 감정은 크게 일반 감정과 핵심 감정으로 나뉠 수 있다. 일반 감정이 빙산의 윗부분이라면 핵심 감정은 빙산의 아랫부분이다. 저 밑바닥 심연深淵이라고 할 수 있다. 일반 감정은 위에서 금방 드러나기 때문에 파악이 되고 정리하기가 쉽지만 핵심 감정은 밑바닥에 숨어 있는 게 문제다. 대부분의 경우 자기 자신도 그 핵심 감정을 모르고 산다.

감정을 연구하는 학자들에 의하면 핵심 감정은 자신의 행동과 사고를 지배하는 중심 감정으로 일거수일투족에 다 배어 있으며 대물림까지 된다고 한다.

우리가 행동하는 모든 것들에 영향을 미치며, 연애를 할 때나 사랑을 할 때도 불쑥 다가오는 외로움, 시험을 앞둔 학생의 두려움, 이륙을 준비 중인 비행사의 긴장감, 메달에 도전하는 스포츠 선수의 두려움 (실제 지난번 도쿄 올림픽에서 인기를 한 몸에 받고 있던 미국 체조 선수 시몬 바일스가 경기를 앞두고 여러 종목의 도전을 포기했다. 사람들은 그가 이번 올림픽에서 6관왕이 될 것으로 내다 보고, 도쿄 올림픽의 히어로가 될 것으로 예상했다. 그런 그가 경기를 포기한 것이다. 이유는 두려움, 삶의 무게가 너무 무거워서라고 밝혔다), **중요한 상황에서 도전을 두려워하게 만드는 공황 장애** 등 우리가 일상생활에서 느끼는 감정이 모두 이것과 연결되어 있다는 것이다.

쌀가마니 어디를 찔러도 쌀이 나오는 것처럼 인생 전반에 영향을 미치는 핵심 감정은 주요 권위자로부터 사랑받거나 인정받고 싶은 욕구가 좌절되었을 때 생성되고 표출된다고 한다. 특히 태어나서부터 아동기까지 정서적으로 영향을 많이 준 부모, 길러 준 할머니 등에 의해 형성되기 때문에 역사가 오래된 감정으로 평생 따라다니는 그림자 같은 것.

문제는 이렇게 중요한 핵심 감정을 파악하고 처리하는 방법이 천차만별千差萬別이라는 것이다.

상담학에서는,

"핵심 감정은 삶을 지탱하게도 하지만 과거에 얽매어 힘들게 하는 게 사실이다. 모든 것은 마음먹기에 달려 있으므로 행복하게 살려면 지금이라도 마음공부를 시작해야 한다."

감정 코칭에서는,

"자기의 핵심 감정을 인정하라. 자기의 핵심 감정을 표현하라. 상대방의 핵심 감정을 추측하라. 상대방의 핵심 감정에 공감하라. 성공하는 자녀로 키우려면 무조건 공감해 주어야 한다."

뉴에이지에서는,

"명상이 답이다. 내면세계로 떠나는 여행을 하면 핵심 감정의 문제가 해결되고 마음의 치유를 경험하게 될 것이다."

이것들은 모두 하나님이 아니라 인간이 중심이 된 해결책이다.

인본주의는, 인간의 감정을 이해하고 판단하고 해결해 주실 분은 그것을 만든 하나님밖에 없다는 사실을 인정하지 않기 때문에 위험하다. 하나님이 우리를 창조하실 때 감정도 같이 창조하셨기 때문에 상한 감정의 치유는 전적으로 하나님 영역인데 그걸 인정하지 않으므로 스스로 왕의 자리에 올라가는 것이다. 알다시피 인간이 인간을 이해하고 도와줄 수 있는 부분은 아주 지엽적이다. 인간은 피조물에 불과하기 때문에 인간의 문제를 해결할 능력도 자격도 없다. 그럼 어떻게 해야 하나?

주의 구원의 즐거움을 내게 회복시켜 주시고 자원하는 심령을 주사 나를 붙드소서(시편 51:12).

백성들아 시시로 그를 의지하고 그의 앞에 마음을 토하라. 하나님은 우리의 피난처시로다(시편 62:8).

회복사역19

회복이 안 된 채로 결혼하게 되면 의도치 않은 상태에서 역기능 가정을 만들게 되고, 그 상태에서 아이를 낳게 되면 의도치 않아도 역기능 부모가 되기 쉬운데, 그걸 모르고 얼굴 예쁘거나 돈 많은 배우자 찾다 실수하기 쉬운 자녀를 위해서라도 회복사역에 참여하게 하는 일은 정말 필요하다.

준비 없이 살다 똥 밟을 순 있어도 시한폭탄 같은 배우자는 만나지 말아야지 하는데, 그게 쉽지가 않다.

회복사역20

이 책을 읽고 계신 분들은 성품의 교체를 경험하려면 하나님께 가서 직면해야 한다는 말을 흘려듣지 마시기를 바란다. 아무나 하나님 앞에 나갈 수 있는 게 아니잖나. 하나님 계신 지성소에 가려면 새 생명으로 거듭나야 한다는 건 잘 알고 있겠지. 그렇게 거듭난 사람을 세상은 그리스도인이라 부른다. 그러니까 직면을 통한 회복은 그리스도인에게만 주어지는 특권 중의 특권이다. 그런데 그 특권을 사용할 줄 모르다니 말이나 되는가. 평생 서울대 병원 무료 이용권이 주어졌는데 활명수나 먹고 위의 고통을 견딘다면 바보 아닌가.

예수 그리스도의 생명으로 거듭나는 순간 엄청난 능력을 선물로 받았으면서 회복이 안 되어 주신 능력의 백분의 일, 천분의 일도 쓰지 못하니 이렇게 억울한 일이 어디 있나. 부모를 변수로 본다면 억울함이 이해될까. 부모 잘 만난 사람은 회복의 은혜를 따라 풍성한 삶을 살 수 있지만 부모 잘못 만나면 육적 그리스도인 될 가망성이 높아진다니 이런 비극이 어디 있는가. 어마어마한 유산 상속자가 거지로 산다니 농담도 그만 하자. 당장 다윗만 보더라도 부모가 중요하다는 말을 충분히 이해할 터. 그런데 부모는 한 번 정해지면 끝이 아니라는 말이 얼마나 다행스러운지 몰라, 간절히 바라기는 당신의 오늘이 어제의 오늘이 아니기를 바란다.

회복사역21

정말 이상한 건 조직 신학 분야는 학자도 많고 이론도 많은데 회복사역 분야는 말만 많고 침묵은 각주구검刻舟求劍[1]이라는 것이다. 전 세계에서 인터넷 속도가 제일 빠르고 대학 졸업자가 인구 대부분을 차지하며 수출 순위로는 세계 8위, 해산물 소비량과 병원 진료 횟수는 단연 1위인 대한민국에서 행복 지수만 꼴찌인 이유가 정신적 문제라는데 교회는 이 부분에 대한 준비 없이 선교와 전도를 강조하고 있다는 게 정말 이상하다. 다음 세대를 살리자면서 교회 안에 정신적 문제 가진 젊은이들 방치하는 이유를 어떻게 설명할까.

회복사역22

비싼 학비를 내고 기독교 대안 학교에 보내기만 하면 문제가 해결될 거라고 믿던 부모들이 자식 때문에 펑펑 우는 걸 본 적이 있다. 세상과 분리된 채 복음·회복·문화가 융합된 양육은 언감생심焉敢生心. 특히 회복사역 없는 대안 학교에서 상처와 욕망으로 괴로워하는 자식 문제로 난감해하는 부모를 강의 현장에서 본 적이 있다. 반항과 폭발은 금방 드러나기라도 하지, 착한 아이 증후군은 문제가 내면으로 잠재되어 쌓여 가다 터지니 믿었던 부모는 자지러질 수밖에. 대한민국 1급 정교사 자격증을 가지고 있는 나로서는 기독교 교육 현장이

---

① 각주구검 - 배의 밖으로 칼을 떨어뜨린 사람이 나중에 그 칼을 찾기 위해 배가 움직이는 것도 생각하지 아니하고 칼을 떨어뜨린 뱃전에다 표시를 하였다는 뜻에서, 시세의 변천도 모르고 낡은 것만 고집하는 미련하고 어리석음을 비유적으로 이르는 말.

무너져 가는 현실이 더 가슴 아플 수밖에 없다. 사실 틴즈홈스와 키즈홈스는 교회보다 기독 학교에 더 필요하지 않나. 상전벽해桑田碧海처럼 기독 학교가 우후죽순雨後竹筍으로 일어나는데도 다음 세대 문제가 더 심각해지는 이유는 무엇일까.

정말 걱정되는 건 정치적 문제로 기독교 세계관을 감추거나 포기해야 하는 기독 사립 학교의 운명이다. 혹, 정치권의 기독 학교 말살 정책에서 살아남았다 해도 복음사역·회복사역·문화사역에 통달한 교사를 확보하지 못한다면 무늬만 미션 스쿨이 많아질 것이다.

아쉽다. 기회가 있을 때 우리의 회복사역인 틴즈홈스나 키즈홈스를 교육 과정에 넣었다면 엄청난 회복의 역사가 일어날 텐데, 그러면 무너져 가는 교회 학교마저 다시 살릴 절호의 기회가 될지도 모르는데… 상담실 운영하면서 병든 아이들 심령을 깊이 터치 못해 기껏 인문학이나 고전 읽기 등을 학교 자랑으로 내놓는 걸 보며 아쉬움 갖는 건 나만이 아닐 것이다. 문제는 세례 교사 채용, 매주 채플 운영, 창조론 교육이나 기독교 세계관이라는 단어에 현혹된 부모가 비싼 학비를 내면서도 제대로 된 복음사역·문화사역·회복사역은 요청하지 않고 있다는 것이다. 영적 정신적으로 암 걸릴 아이에게 고전 읽기가 우선일까 틴즈홈스나 키즈홈스가 우선일까.

그나저나 기독 학교 전성시대도 끝나가는 형국이니 이젠 정말 가정밖에 남지 않는 현실, 그러고 보니 낮은울타리 사역 대상을 부모로 정한 건 정말 잘한 것 같다. 앞으로 어떤 정권이 들어서도 사회 분위기상 사립 학교 자율성을 전처럼 허용하지 않을 것이다. 그렇게 되면 지금보다 기독교 특성을 살린 학교 운영 기회는 대폭 줄어들 것이다. 더 큰 문제는 낮은울타리 빌더스보다 못한 교사의 수준이다. 다 그런 건 아니지만 무늬만 세례 교인인 교사 데리고는 깊이 있는 복음사역·회복사역·문화사역은 꿈도 못 꿀 것이다. 교회는 노령화되는 게 걱정이라면 기독 학교는 서구처럼 형식만 남을 게 걱정… 그래서 가정이 최후의 보루이자 부흥의 산실이라고 하는 것이다. 더 늦기 전에 뜻있는 부모 몇 사람만이라도 복음사역·회복사역·문화사역을 가정으로 갖고 들어갔으면 좋겠다. 우리와 힘을 모아 이 세 사역을 융합한 양육 모델이 가정에서 자리를 잡아 이웃으로 어디로 민들레 홀씨처럼 폴폴 날려 올렸으면 좋겠다.

회복사역23

예수 그리스도 안에서 풍성함을 누리지 못하는 자체가 악이라는 건 예레미야 2장 13절에 나와 있다. "내 백성이 두 가지 악을 행하였나니 곧 그들이 생수의 근원되는 나를 버린 것과 스스로 웅덩이를 판 것인데 그것은 그 물을 가두지 못할 터진 웅덩이들이니라" 여기, '내 백성'이라고 하신 말씀에 주목하라. 이방인이 아니고 내 백성이 악을 행했단다. 그것도 두 가지나… 하나는 생수의 근원을 버린 것과 다른 하나는 스스로 웅덩이를 판 것이다. 이런 사람을 우리는 자충성과 항상성의 사람이라고 부른다. 이 둘은 다른 것 같지만 아니다. 그네의 원리를 이해하면 무슨 말인지 알게 될 것이다. 한 번은 이쪽 한 번은 저쪽, 양쪽을 오가며 매일 절망감을 맛보는 사람이다. 신념이 강한 자충성과 단념에 빠진 항상성 사람이 주님 생명력으로 살아나게 돕는 것이 회복사역의 시작이다. 그리고 마침내, 회복을 통해 그들의 자녀들마저 자충성과 항상성의 감옥을 벗어나게 하는 것이다.

회복사역24

하나님이여 나를 구원하소서. 물들이 내 영혼에까지 흘러 들어왔나이다(시편 69:1).

주여 나는 외롭고 괴로우니 내게 돌이키사 나에게 은혜를 베푸소서. 내 마음의 근심이 많사오니 나를 고난에서 끌어내소서. 나의 곤고와 환난을 보시고 내 모든 죄를 사하소서. 내 원수를 보소서. 그들의 수가 많고 나를 심히 미워하나이다(시편 25:16~19).

시편을 보면서 상당수의 목회자들이 상처 문제를 가볍게 여기는 태도가 잘못되었음을 알았다. 믿음만 가지면 상처가 해결된다는 설교에 문제가 있음도 알았다. 물론, 믿음의 정의를 어디까지 내리느냐에 따라 설교의 의미가 달라지겠지만 거듭난 사람에게도 그냥 두어 저절로 해결되는 것은 없기 때문이다. 아주 작은 문제도 주님 앞에 가지고 나가지 않으면 심각한 후유증을 만들어 낸다는 건 상식이다. 사탄은 우리가 다루지 않은 문제를 노리고 있다가 역이용 도구로 사용한다는 것도 팩트다.

예수 그리스도는 우리를 천국에 데려가시려고 오신 게 아니라 우리 안에 살아 계시려고 오신 것이다. 우리 안에 살아 계실 뿐 아니라 우리의 지성과 감정과 의지가 성령으로 충만하여 하나님의 형상, 하나님의 성품으로 살도록 도와주시기 위해 오신 것이다. 그런데 아수라장 같은 내면은 외면한 채 죽으면 천국 갈 테니 안심하라는 말에 속아 주님께 문제 해결해 줄 것을 요청하지 못하니 그렇게도 많은 날 대적에게 마음 뺏기고 생명 없는 사람처럼 살게 된 것 아닌가.

회복사역25

우리 마음 안에는 지성과 감정과 의지가 다 포함되어 있다. 머리에 성경 지식을 채워 넣는데도 역동성이 일어나지 않는 이유 중 하나가 하나님은 지성과 감정을 다 만드셨는데 그걸 무시했기 때문이다.

하나님은 지성적으로만 신앙생활 하게 하신 게 아닌데도 거듭난 부모들이 자신의 감정 처리하는 법을 배우지 못해 자식에게 축복의 통로는커녕 한恨의 통로로 살더라는 것이다.

한 얘기가 나왔으니 하는 말이지만, 지금 교회 안에 한 가진 부모들이 얼마나 많은가. 못 배워서 한, 못 먹어서 한, 대접 못 받아서 한, 병든 권위자에게 상처 받은 한, 죽어라 일했는데 가난하게 사는 한.

이 시간을 빌어, 합신 나온 박범룡 목사님이 약속대로 속히 실버홈스를 맡아 주시기를 기도한다. 나는 어린아이들과 젊은 부모 위해 부름받기 때문에 나이 드신 분들은 누군가 따로 맡아야 하는데 박 목사님이 딱이다. 아무리 치킨 회사가 좋더라도 실버홈스를 하지 않으면 상처를 물려주고 죽는 장로님, 권사님들이 줄을 나래비로

설 게 분명함으로 서둘러 실버홈스 사역자로 오시기를 고대한다. 합신 출신 중에 우리가 하는 회복사역이나 문화사역을 탐탁잖게 여기는 분 있다는 것을 잘 알고 있지만 박 목사님은 그럴 분이 아니기에 정중히 부탁드린다. 다른 건 몰라도 자식에게 한을 물려주고 죽으면 안 된다. 세상에 뭘 물려줄 게 없어서 한을 다 물려주고 죽어야 하나. "주여, 이 책을 읽는 분들은 모두 죽기 전에 자녀와 화해하고 죽게 해 주소서. 자식들이 죽어 가는 아버지 옆에 와서 '내 아버지가 되어 주셔서 감사하다.'는 인사를 하게 해 주시고 죽어 가는 어머니 옆에 와 '내 어머니로 살아 주셔서 감사하다.'는 인사를 하게 해 주소서. 제발 죽어 가면서도 '당신 때문에 내 인생이 힘들었습니다.', '애야, 누구누구 손 좀 봐 다오.' 이런 유언, 이런 저주는 남기지 않게 해 주소서."

회복사역26

수년 전 『직면』이란 책을 쓰고 하나님이 우리에게 주신 홈스HMMS 와 틴즈홈스TEENZ HMMS, 키즈홈스KIDZ HMMS 라는 회복사역을 통해 큰 역사가 일어나는 걸 보면서, 이 회복사역이 많은 곳에서 이루어지기를 기도하고 있던 터에 핵폭탄처럼 터져 버린 코로나 팬데믹. 거기에 흔들리는 교회. 입시 부담으로 자살하는 아이들. 한이 쌓이는 자영업자들. 가정 폭력, 학교 폭력의 피해자와 가해자들, 그중 유난히 기독교인이 많고 심지어 목회하는 부모 밑에 자란 자녀들이 연루되는 걸 보면서 오늘 한 번 더 외쳐 본다.

"교회가 병원이 되면 환자들이 몰려올 겁니다. 어린 환자, 어른 환자,

어르신 환자가 회복사역을 통해 회복되면 교회가 천국이 될 겁니다. 회복사역 개념이 막연하신 분이 있다면 흠스를 소개합니다. 성경대로 한 것이므로 안전합니다. 다만 자충성과 항상성이라는 죄가 무엇인지 알도록 돕기 위해 제 강의를 조금 넣었고 심장과 심장이 만나는 흠스 허깅, 축복송과 말씀의 확언, 간호사 개념을 넣었습니다. 어른이 되면 회복 속도가 매우 늦어지므로 유치부부터 지성소 예배와 직면을 생활화하게 한다면 삶이 완전히 달라질 것입니다. 교인들로 하여금 교사로서만이 아니라 간호사로 살게 한다면 교회는 역동성이 넘치는 회복의 장소, 주님이 의사이신 병원으로 소문날 것입니다. 자녀 가진 부모를 복음사역·회복사역·문화사역 통해 양육 전문가로 세우지 않으면 가정이 사막 될 거라는 걸 귀담아 들으시기 바랍니다.”

회복사역27

교회에서 간호사 역할은 일반 병원보다 더 중요하다. 왜냐하면 육체가 아니라 영혼을 치유해야 하기 때문이고, 의사가 보이지 않기 때문이다. 생각해 보라. 사람 의존성 환자가 교회에 나왔을 경우, 간호사의 도움 없이 보이지 않는 의사 앞에 가라고 하면 쉽게 가겠는가. “도대체 의사가 어디 있다는 거예요?” 그렇다.

내가 말하는 직면이 어렵게 여겨지는 이유 중 하나는 의사가 보이지 않는다는 점이다. 믿음이 약하거나 믿음이 어린 사람들은 보이는 것만 믿으려고 하기 때문에 보이지 않는 하나님보다 보이는 사람을 더 의존하려고 할 것이다. 많은 교회에서 직면보다 나눔이 더 잘되는 이유가 그것이다.

"사람을 믿지 마십시오. 지성소에 들어가 직면을 해야 삽니다." 그러면 신나해 하지 않던 신자가 사람 앞에 털어놓으라 하면 신들린 듯 삼십 분도 하고 사십 분도 하는 이유가 그것이다. 모여 앉은 환자들이 경청과 공감을 해 주면 눈물 콧물까지 쏟으며 자기 고백을 하니 어떤 목회자가 흠스를 좋아하겠는가. 수도권 어디에는 멀쩡해 보이던 집사가 알코올 중독에 도박 중독자라는 이야기를 폭탄 테러 하듯 털어놓고, 부부 싸움, 자위행위, 우울증으로 잠 못 이루고 있다는 이야기를 예배 시간에 고백하게 해서 성공한 교회도 있다니 그저 놀랄 뿐이다. 아니, 의사는 저쪽에 있는데 힘없는 환자들 앞에서 하소연해 봐야 무슨 소용 있나. 맹장이 터졌으면 빨리 의사한테 가 봉합 수술을 해야 하는데 환자들 앞에서 아픈 이야기만 늘어놓고 있으면 어쩌려고 그러나. 맹장염은 조금만 늦으면 복막염 같은 합병증으로 번져 위험해질 텐데 빨리 수술실(지성소) 안 들어가고 휴게실에서 저러고 있으니 아슬아슬.

회복사역28

나눔이 유익하기는 하나 나눔으로 문제가 해결되지 않는다는 건 병원 원리만 이해해도 알 수 있다. 의사가 빨리 수술실로 오라 부르는데 병원 휴게실에 환자끼리 둘러앉아 울고불고한다면 의사가 뭐라고 할까. 안타까운 건 오늘 대부분의 교회나 가정에서 이와 비슷한 일이 일어난다는 것이다.

나눔이 아니라 다룸.

경청이 아니라 기도.

상담 자격증이 아니라 예배 인도자.

치유가 아니라 회복.

통성 기도가 아니라 직면 개념을 가진 교회는 거의 없다.

직면 개념도 모르고 예배 훈련은 더더욱 없으니 지성소에 들어갈 생각은 안 하고 본당, 식당, 소예배실 같은 데서 자기들끼리 기도하며 떠들며 웃고 울다 집에 가 버린다. 의사이신 주님이 기가 막혀 하신다.

회복사역29

상담실에서는 상담사가 주도권을 가진다. 코칭에서는 코치가, 멘토링에서는 멘토가 주도권을 가진다. 교실에서는 당연히 교사가 주도권을 가지고 군대에서는 선임이나 장교가 주도권을 갖지만, 병원에서는 오직 의사만이 주도권을 가진다. 의사도 주도권을 갖고 간호사, 보호자도 주도권을 갖는 게 아니라 오직 의사만이 주도권을 갖는다. 간호사나 보호자가 아무리 애쓰고 힘써서 간호한다 해도 환자에 대한 최종 책임은 의사가 지는 것이다. 영적인 원리도 마찬가지. 하나님은 왕이며 스승이며 반석이며 구원자 되시지만 우리의 치유자 되신다는 걸 잊으면 안 된다. 그것도 완벽한 치유자, 단 한 번도 실수가 없으신 치유자이시다. 그러므로 간호사 영성이란 오직 하나님에게만 치유의 권위를 올려 드리며 하나님만이 온전하게 회복시킬 수 있다는 신앙 고백 하에서만 이해가 가능한 단어다. 그 하나님이 부모인 나를 간호사로 부르신다. 큐어cure[45]하시는 하나님이 케어care[46]해 달라고 부르신다.

회복사역30

많은 신자가 하나님의 응답이 없다고 말한다. 기도를 열심히 했는데 하나님이 외면한다고 투덜댄다. 아니, 그렇지 않다. 하나님은 이미 응답하셨는데 자기가 못 알아듣고 투덜대는 것이다. 문제는 벽이다. 하나님이 쌓아 주신 벽은 여우가 다 파먹을 때까지 눈치를 못 채면서 자기가 쌓아올린 벽에는 강력한 접착제를 덕지덕지 바른 까닭이다. 여기서 접착제는 물론 상처와 욕망을 의미한다. 상처는 A형[47]과 B형[48]만 있는 줄 알았더니 온갖 형태가 다 있다. 코로나바이러스처럼 변이가 일어난 것이다. 그리고 보니 하나님의 음성이 들리지 않았던 건 상처로 쌓은 벽 때문이었다. 하나님이 아무리 소리치셔도 벽이 가로막아 들을 수 없었던 것이다. 그러므로 응답을 확인하려면 벽부터 허물어야 한다. 인식과 의존도 벽이 허물어져야 가능하다. 그 벽을 허무는 방법은 딱 하나, 지성소에 들어가 벽을 구성하고 있는 벽돌 하나하나의 이름을 부르며 직면하는 것이다. 직면은 기도다. 벽돌 쌓은 죄를 자백함과 동시에 그 벽돌들이 무너지게 해 달라는 기도다. 따라서 직면을 하려면 자기가 쌓은 벽돌 이름부터 알아야 한다. 왼쪽으로 난 벽에는 슬픔, 자기 연민, 자기 증오, 우울, 무관심, 열등감, 불안정, 실패감, 희미해짐, 죽어 감, 절망, 낙심, 꺼짐이란 벽돌이 있고, 오른쪽에

난 벽에는 적개심, 자만심, 복잡한 궤변, 심적 저조와 심적 고조, 우월감, 경쟁심, 군림, 완고함, 조종, 고집, 가르침받기 싫어함, 망상, 쓴 뿌리와 원망, 비판적, 지배욕, 소유욕이란 벽돌이 우아하게 쌓여 있다. 무시무시하게 높으면서도 견고한 벽이다. 하나님이 이 벽을 그냥 둘 리 없다. 그냥 두면 본인뿐 아니라 사랑하는 자식이 깔려 죽기 때문에 폭풍우를 일으켜 벽을 날려 버리신다(겔13:13). 고구마 전도왕으로 유명한 김기동 목사처럼 교통사고가 나, 온 가족이 죽다 살아나는 것 같은 폭풍[49]이다. 얼마나 강한 폭풍인지 자신은 팔이 다 부러지고 아내는 목이 부러질 뻔 했으며 다섯 살 딸은 백아홉 바늘이나 꿰맸단다. 그것도 여자에게 보물 같은 얼굴을… 왜 이런 일이 벌어지는가. 어영부영 하나님의 부르심을 무시하며 살았기 때문이다.[50] 하나님을 인식하지 못하게 하는 벽을 세워 놓았기 때문이다. 이 벽에는 부정적 성격의 이름이 새겨져 있는데 순응형, 할 수 없어형, 경쟁형, 비판형으로 자살 아니면 살인의 충동을 일으키는 것들이다. 이 벽돌들이 다 무너지기 전까지 회복은 없을 테니까 결국, 회복사역이란 지성소에서 벽을 허물고 재건하는 과정이라 할 수 있겠다.

회복사역31

드디어 문제가 터졌다. 코로나라는 전대미문의 바이러스 핵폭탄이 터지자 온 세상이 뒤집어졌다. 교회도 마찬가지. 교회가 당면한 문제들을 여기 다 늘어놓지 않겠지만 한 가지는 분명해졌다. 대형 교회보다 작은 교회, 학교보다 가정이 유리한 시대가 왔다는 것이다. 앞에서도 얘기했지만 대형 교회는 거대한 유람선 같아서 방향을 바꾸려면 많은 에너지가 필요하고 많은 시간이 걸린다. 그러는 동안 또 상황이 틀어져 다시 방향을 바꾸려고 하지만 쉽지가 않다. 더구나 배에 탄 군중이 밀집되어 있어 자칫하다간 대형 사고가 날 수 있다. 코로나 환자 한 명만 발생해도 유람선 전체가 바이러스 감옥이 되어 버린다. 큰일이다. 전과 달리 바이러스 전파 속도가 장난이 아니다. 선장이 뭐라 뭐라 떠드는데 소음 때문에 잘 들리지 않는다. 결국 바이러스로 죽지 않으려면 제각각 바다로 뛰어들 수밖에 없다. 구명조끼도 입지 못한 채….

비유가 맞나 모르겠지만 큰 교회보다 작은 교회가 유리하다는 말이 나오는 이유는 분명하다. 관리형 교회로는 이 엄청난 변화에 맞게 한 사람 한 사람을 양육할 수 없다. 사역형 교회라야 한 영혼 한 영혼을 돌볼 수 있는데 웰스가 지적한 대로 대형 교회는 어쩔 수 없이 관리 체제로 운영될 수밖에 없다. 또, 대형 병원 의사가 아무리 수술을 잘해도 방문 병원 의사만큼 환자와 친해질 수 없듯이 회복사역에 작은 교회가 유리한 이유는 가족 같은 따뜻함이 있기 때문이다. 그렇다. 따뜻함이다. 따뜻함을 잃어버리면 교회가 사막 되는 건 시간문제다. 이 따뜻함은 인간적 친절함만 의미하는 게 아니고 복음사역과 회복사역의 열매로 나타나는 성령의 역사하심이라고 봐야 한다. 그러니 작은 교회 목사나 아픈 자녀 둔 부모가 절망할 필요는 하나도 없다. 낮은울타리 회복사역이 좋은 이유는 작은 교회, 미숙한 부모라도 얼마든지 경험하게 도울 수 있다는 것이다. 지금이 기회다. 이 기회를 놓치면 바이러스에 내성이 생겨 회복이 더 힘들어진다. 이제는 복음의 강은 물론 회복의 강을 건너지 않고 건강한 교회, 건강한 학교, 건강한 가정은 언급하기 어려운 상황이 되어 버렸다.

회복사역32

회복시키신다는 말(나2:2)은 하나님의 본성이 인간의 죄에 의하여 변질되거나 파괴된 것을 다시 온전하게 만드신다는 걸 의미한다. 회복의 결과는 디모데후서 3장 17절에 잘 나타나 있다. "이는 하나님의 사람으로 온전하게 하며 모든 선한 일을 행할 능력을 갖추게 하려 함이라"

회복사역33

교회를 학교 형태로 만들어야 할 이유가 성경을 가르치려 함이듯이 교회를 병원으로 만들어야 하는 이유는 성도로 하여금 지성소에 들어가 하나님의 성품으로 교체되어 살도록 도와야 하기 때문이다. 교체와 유지는 막역지우莫逆之友다. 주님 생명으로 교체된 후에도 생명력 유지가 안 되면 올라가자마자 추락인데 이유도 모른 채 추락하는 부모 자녀가 한둘이 아니라서 이 책을 쓰게 되었다. 물론, 추락한다고 해서 구원이 취소되거나 생명을 잃어버리는 건 아니다. 모든 추락하는 것에는 날개가 있듯이 우리에게 이미 생명의 날개를 달아 주셨기에 떨어지더라도 다시 날아오를 수 있음을 잊어서는 안 된다. 문제는 추락할 때마다 고통이 따른다는 것.

괄골요독刮骨療毒이란 말이 있다. 삼국지에서 관우가 싸우다 화살을 맞았을 때 독화살에 묻은 맹독이 뼛속까지 침투하는 절체절명의 상황에서 마침 대신 자기가 좋아하는 바둑을 두며 신음 한마디 없었다는 이야기. 여기서 뼈를 깎는 고통 속에서도 자신이 좋아하는 방법으로 아픔을 견뎌 냈다는 사자성어가 나왔는데, 안타까운 건 수많은 그리스도인이 관우처럼 자기 힘으로 상처를 없애려고 한다는 것이다. 제발 그러지 말았으면 좋겠다. 그건 거듭난 사람이 취할 방법이 아니다. 그럴 거면 주님이 십자가에 달릴 필요가 없었다. 자충성이라는 병의 후유증은 생각보다 심각한데 항상성도 마찬가지여서 예감이 좋지 않다. 혼자 힘으로 이기려 하거나 숨어 버리거나 둘 다 불신의 벽으로 가는 죄라는 걸 잊지 말았으면 좋겠다.

오늘 이 글 읽는 분들 중 아파하는 자식이 있다면 왜 그렇게 아파하는지 잘 생각해 보기 바란다. 만약 교회의 리더라면 왜 그렇게 많은 교인들이 도피와 폭발 사이를 오가고 가정에 문제가 많아지는지 잘 생각해 보시기 바란다. 구원 이후 회복이 중요하다는 말을 잘 이해시켜 주시기를 바란다. 회복은 양육의 토양이다. 이상하게 회복을 경험하고 회복사역을 배울 기회는 자주 오지 않는다. 오늘이 당신의 유일한 기회일 수도 있다.

회복사역34

살고 싶으면 직면해야 한다. 다른 방법은 없다. 직면 아니면 죽음이다. 아픈데도 직면하지 않는다면 서서히 죽거나 빨리 죽거나다. 생각해 보라. 폐에 암세포가 퍼져 가는데 태연히 밥만 먹고 있다면 얼마나 오래 가겠는가? 상처(사랑의 결핍)는 육체뿐 아니라 영혼을 더럽게 만든다. 죄를 그냥 두면 암세포처럼 번식해 가듯 상처도 그냥 두면 생각의 뿌리를 상하게 하고 심령 안에 견고한 벽을 쌓아 올리게 만든다. 구원받았다고 상처가 저절로 사라지는 법은 없다. 상처가 있는데도 직면하지 않는다면 자기를 죽이거나 남을 죽이거나로 간다. 그러니 자녀를 살리려면 무슨 수를 써서라도 직면 장소로 데려가야 한다. 만약 어려서부터 직면을 배우지 못한다면 문제가 생길 때마다 도피나 폭발로 갈 것이 분명하다.

직면은 나눔인가? 아니다. 직면은 상담인가? 아니다. 직면은 내적 치유인가? 아니다. 직면은 직면이다. 직면은 생수의 하나님, 의사이신 하나님 앞에 담대히 나아가는 것이고 임재의 장소, 안전한 장소에서 자신의 문제를 성령에 의지하여 다루어 나가는 거룩한 과정을 말한다.

의사이신 하나님께서 회복하게 해 주실 것을 믿고 사람이 끼어들 여지를 주지 않는 것이 직면이다. 직면과 상담의 결정적 차이는 인간의 끼충가상나(끼어들기, 충고하기, 가르치기, 상담하기, 나누기)를 허용하지 않는다는 점이다. 직면을 잘 하려면 인간을 믿지 않아야 한다. 인간은 사랑할 대상이지 의지할 대상이 못 된다는 것, 믿을 것은 오직 하나님밖에 없다는 것을 확실하게 해야 직면을 잘할 수 있다.

직면 외에 다른 방법은 없다. 의사이신 하나님을 지성소에서 만나기 전까지는 계속 아플 수밖에 없다. 아무리 환자들끼리 지성소 밖에서 울어 봐야 동병상련同病相憐밖에 일어나지 않는다. 항생제를 처방하든, 당장 수술에 들어가든 전능한 창조주 의사이신 하나님만이 결정할 수 있다. 설령 인간인 간호사가 환자의 상태를 파악하는 것이 가능하다 해도 간호사가 수술칼 잡는 것은 법에 어긋나는 행위다. 의사가 사라지고 없으면 모를까, 완벽한 의사가 원장실에 앉아 있는데 병원 입구에서 간호사가 환자를 가로채 수술대에 눕힌다면 심각한 일이 벌어질 것이다. 수술까지는 아니더라도 의사 모르게 환자를 가로채려 한다면, 이 간호사는 저질이거나 악질일 가능성이 높다고 봐야한다. 환자의 치료는 전적으로 의사에게 맡겨야 한다. 의사만이 처방할 수 있고 의사만이 수술할 수 있다.

직면이란 지성소에 들어가 우주에서 가장 인자하고 가장 완벽한 의사를 만나는 일이다. 그분은 어디에나 계시지만 아무 데나 계시지 않는다. 그분을 만나려면 세 개의 문을 열고 들어가야 한다. 구원의 상징인 성막 문을 들어선 다음 번제단과 물두멍을 지나고, 성소를 통과해 지성소에 이르러야 한다.

번제단은 우리로 하여금 지성소에 들어가지 못하게 방해하는 것들이 불에 타 없어진 곳이며 물두멍은 성소에 들어가기 전 손과 발을 씻는 곳이다. 성소는 그분이 누구신가 정확히 아는 곳, 그래서 그분과 친밀감이 생기고 신뢰가 형성되는 곳, 내 영혼을 맡겨 드려도 아무 두려움이 없다는 믿음이 쌓이는 곳, 예수 그리스도와의 연합이 인식되는 곳이다.

지성소는 원장실, 수술실, 회복실이다. 우리가 지성소에 들어서면 의사이신 그분의 광채, 그분의 사랑, 그분의 은혜로 둘러싸이게 되고 곧 그분의 음성을 듣는다. "잘 왔다. 어서 오너라. 그동안 얼마나 아팠니? 네가 가지고 있는 그 아픔을 나에게 전가轉嫁해다오."

그분이 몰라서 물으실까? 아니다. 그분은 우리 입으로 우리의 아픔을 말하는 것을 듣고 싶으신 것이다. 우리가 얼마나 당신을 의지하고 신뢰하는지를 확인하고 싶으신 것이다. 만약 거기까지 가서도 "전 당신을 믿을 수 없어요. 전 당신이 얼마나 능력이 있는지 시험하고 싶어요. 내가 입 다물고 있을 테니까 어디가 아픈지 알아맞혀 보시죠."라고 말한다면 얼마나 웃기는 환자겠는가!

물론, 그래도 그분은 예배를 통해 지성소까지 나아온 환자인 우리를 따뜻이 맞아 주실 것이다. 입을 열지 않는다고 책망하지 않으실 것이다. 그러나 하나님이 누구신지 정확히 안다면 그분 앞에 가서 입 다물고 침묵을 지킬 환자는 하나도 없을 것이다.

회복사역35

홈스와 틴즈홈스 속 직면의 의미를 제대로 경험하려면 지성소에 들어가는 예배가 무엇인지 알아야 하는데, 성막의 의미, 지성소의 의미를 이해하기 위해서 김태평 형제의 책 『자세히 보는 성막여행』[51]을 소개한다. 낮은울타리에 와서 간호사 훈련을 받는 부모들은 이 책을 교재로 성막과 예배의 관계를 이해한 뒤 지성소에 들어가는 예배 인도자 훈련을 실습하는데 매시간마다 얼마나 은혜가 넘치는지 모른다.

회복사역36

직면의 핵심 요소는 예배와 기도, 말씀과 성령, 십자가와 보혈이다. 직면은 말씀 속에서 나의 존재와 의미를 발견하고 성령의 역동성을 인식하는 영적 경험이다. 역동성은 전염되기 마련, 따라서 직면 그룹 안에 한 사람에게만 역동성이 일어나도 모두가 체험하는 역사가 일어난다. 정말 놀랍고도 신기하다.

직면은 용서보다 한 단계 높은 용납을 체험하게 해 준다. 나의 모든 문제는 이미 십자가에 못 박혔으며 그 위에 주의 보혈로 덮였음을 확인할 때 대적이 어떻게 우리를 참소할 수 있겠는가.

직면은 하나님만이 완벽한 치유자이심을 믿게 한다. 하나님이 주신 사랑을 중요한 타인이 빼앗아 버린 사실을 확인하고, 그 대상을 용서하는 과정을 통해 하나님의 사랑으로 다시 채움받기를 간구하게 한다.

직면은 하나님의 공동체 안에서 새롭게 세워져 가는 과정이다. 지성소에서 하나님의 계시와 성숙한 리더의 도움을 받아 자신의 문제를 정면으로 바라보고, 인정하고, 토설하고, 다룰 때 완전히 새로운 존재로 바뀌게 된다. 직면은 배에서 생수가 흘러넘치게 하며(요7:38), 상처의 통로에서 축복의 통로가 되게 한다. 직면을 하면 생명을 얻게 될 뿐만 아니라 풍성한 생명력을 얻게 된다. 그 결과 잎사귀가 마르지 않는 나무가 된다. 양육자를 넘어서는 양육자가 된다. 청출어람靑出於藍.

회복사역 에필로그
- 부모를 위한 체크 리스트 -

회복은 교체다. 나의 성격과 하나님 성품의 교체다. 그런데 지금 교회에서 이루어지는 대부분의 부모 사역이나 성경 공부에는 지성소에서의 성품 교체라는 개념이 없다. 주로 변화라는 말을 쓰거나 교정이라는 말을 쓴다. 요즘 교회에 많이 퍼져 있는 나눔 사역, 상담 사역, 내적 치유 사역, 성품 학교에 이르기까지 예배 인도자 훈련, 변증 훈련이 포함되어 있거나, 자녀를 지성소에 데리고 들어가 직면을 돕는 간호사 자격증 준다는 얘기는 들어 본 적이 없다. 우리가 하는 홈스와 틴즈홈스, 키즈홈스 사역에서만 지성소, 의사, 간호사, 직면, 교체, 이런 개념을 쓰고 있다. 이게 사실이라면 어떤 생각이 드는가?

회복은 사역이다. 그런데 사역에 인간의 방법이 너무 많이 섞여 있다. 당신은 사역과 사육의 차이를 알고 있는가?

사역은 그리스도가 누구신지 정확하게 알려 주는 역할을 한다. 교회를 오래 다녀도 그리스도를 '야다ᴶᵀᴹ: 경험적으로 이해하고 알다'로 알지 못하는 이유는 회복을 사역으로 받지 않고 프로그램으로 경험했기 때문이다. 당신은 어떤가?

회복은 묵시에서 시작, 역사 속으로 갖고 나오게 되는 경험이다. 그런데 치유되었다고 자랑하는 사람 중 묵시와 역사를 구분할 줄 아는 사람은 찾아보기 힘들다. 회복, 아니 치유라는 것이 복음 위에 기초하지 않았기 때문이다. 당신과 당신 자녀의 경우는 어떤가?

회복은 예배에서 시작이 된다. 그런데 그렇게 오랫동안 자녀에게 성경을 암송시키고 큐티를 빼먹지 않도록 시켰는데 예배가 무엇인지 모르고 예배를 지루해하다니, 더구나 사람들 앞에서 예배 인도를 하라면 기절하려고 하니 이게 어찌된 일인가. 회복사역은 상담으로 시작, 설교로 마쳐지는 것이 아니라, 성소에 들어가 예수 그리스도와의 연합을 인식하고 지성소에 들어가 직면하는 데서 시작되는 거룩한 과정임을 모르는 성도가 너무나 많다. 당신과 당신 자녀는 어떤가?

회복의 근거는 하나님의 자기 계시다. 계시란 감추어진 진리다. 감추어진 진리를 해석하려면 신학, 즉 교리가 있어야 하는데 교회와 가정에서 신학이 실종되어 버렸다. 당신에게는 신학이 있는가?

회복은 예수 그리스도의 생명이다. 생명은 반드시 생명력을 수반하게 되어 있다. 왜냐하면 생명은 일회적으로 얻지만 생명력은 반복 지속적으로 받아 내야 하기 때문이다. 그런데 생명 얻는 방법은 알아도 생명력 얻는 방법은 모르거나 추상적으로 안다. 그러니 생명력과 연관된 통찰력, 분별력, 창의력, 변증력이 없어 육에 속한 삶을 살아갈 수밖에 없고, 결국에 가서는 끔찍한 좀비가 되고 만다는 걸 모르는 부모가 많다. 당신의 경우는?

회복은 예수 그리스도와의 연합이 인식되어야 비로소 이루어진다. 연합 없이 열 매를 맺을 수 없다고 주님이 단언하셨다(요15:5). 예수 그리스도와의 연합 인식은 오직 성소에서만 가능한데 예배 인도에 서툴고 성소에서의 연합 인식은 더더욱 서 투니 자식 볼 면목이 없어진다. 당신의 경우는 어떤가?

회복은 언약에 기초해 있다. 피의 언약이다. 성경은 언약으로 시작해서 언약으로 끝난다. 사람은 계약을 맺지만 하나님은 언약을 맺으셨다. 그것도 일방적 은혜 언 약, 구속 언약, 회복에의 언약이다. 그런데 이 언약을 제대로 알고 감격해하는 자 녀들이 없다. 부모가 언약에 무지하거나 무시하고 살기 때문 아닌가.

회복은 양육을 가능하게 한다. 회복된 만큼 양육을 잘하게 되어 있다. 그동안 교 회나 가정에서 이런 양육을 제대로 받아 본 적이 없다는 고백이 많아 깜짝 놀라 게 된다. 양육은 양육자와 피양육자가 같이 먹고 자는 동안 친밀함이 극대화된 상 태에서 양육자의 지정의를 그대로 물려받아야 함은 물론, 복음 사역자, 문화 사역 자, 회복 사역자로의 훈련이 있어야 가능한데 그런 경험 없이 교회 다니다 부모 도 되고 교사도 되었으니 어떻게 문제가 안 생기겠는가. 당신의 경우는 어떠한가?

모태 신앙인 중에는 시한폭탄 같은 핵심 감정의 문제는 놔두고, 열심으로 주를 섬기다 기쁘게 죽어야 한다는 자충성 유발 메시지만 귀에 못이 박히게 듣는 경우 가 많았다고 한다. 당신은 어떤가?

회복사역은 하나님을 알고 자신을 알게 하는 사역이다. 하나님을 모르면 아무것

190

도 모르게 된다. 그런데 하나님은 알아도 자신은 모른다니 이런 모순이 어디 있는가. 자신을 안다는 것은 자신의 성격, 그것도 부정적 성격을 안다는 것이다. 성격 차이로 헤어진다는 사람이나 엄청난 스캔들의 주인공들 보면 하나님을 안다면서도 자신을 모르기 때문인 경우가 대부분이었다. 당신은 어떤가?

청소년이나 청년들이 교회를 떠나는 건 십중팔구 양육이 안 되었기 때문이라는 말에 동의하는가? 기독교가 아니라 종교 생활을 해왔으니 기독교는 종교가 아닌데도 기독교를 종교로 여겨 기독교보다 더 좋아 보이는 종교(예를 들면 가짜 판타지)를 찾아 떠나는 현상이다. 앞으로는 더 자주 보게 될 거라고 나는 예언한다. 하나님이 싫어서 떠나는 게 아니라 하나님을 몰라서 떠나는데도 복음사역·회복사역·문화사역에 대한 이해 없이 이상한 데서 해결책을 찾으려 하니 문제만 악화될 뿐이다. 당신의 생각은 어떠한가?

건물은 있는데 양육자는 없는 교회, 복음은 있는데 회복사역 없는 교회가 성공한 교회로 인정받는 것을 많이 보아 왔다. 그런데 그곳에서 제대로 양육을 받지 못해 다른 곳으로 떠나는 신자도 많이 보아 왔다. 특히 청년들이 교회 문제로 고민하는 경우는 더 많이 보아 왔다. 복음사역으로 하나님을 만나게 해 주고 회복사역으로 성품 문제 해결을 도와주고 문화사역으로 세상을 이기도록 돕지 않는다면 이런 고민은 앞으로 더 많아질 것이다. 이에 대한 당신의 생각은?

이 책을 읽는 부모라면, 지금이라도 양육의 초점·관점·지향점을 다시 점검하기를 바란다. 치유와 회복의 차이를 정확히 정리할 수 있기를 바란다. 자신이 갖고 있는 신학, 교리가 무엇인지 떳떳이 밝히기를 바란다. 무조건 크다고, 편하다고 옮기지 말고 이사 등으로 교회 선택을 해야 할 경우 신학이 분명하고 훈련된 간호사가 많고 자신과 자녀를 제대로 양육시켜 주는 교회 찾아내기를 바란다.

회복사역에서 지성소 예배는 시작이며 끝이다. 예배는 보는 게 아니라 드려져야 한다. 예배가 죽었는데 제자 훈련이 무슨 소용이며 예배 인도가 안 되는데 자녀를 살리라니 난감 충만이 아닌가. 마음이 흔들릴 때마다 예배드릴 수 있어야 하고 감정이 상할 때마다 지성소에 들어갈 수 있어야 하는데 그게 무슨 뜻인지도 모르고 사니 이게 웬일인가. 구약의 지성소는 성막이라는 일정 장소에 있었지만 신약의 지성소는 자기 마음에 있는데도 어딜 가야만 치유받을 수 있다는 막연함, 그뿐 아니라 정작 예배가 필요할 때 예배드리지 못해 마음 뺏기고 마는 비극이 발생. 자녀를 예배자로 양육하지 못하면 자충성은 따 놓은 당상인데 그 위험을 모른 채 입시 준비만 시킨다면 정말 못된 부모 아닌가. 복음을 먹이지 못하고 문화를 분별하지 못하고 회복의 현장으로 안내하지 못하는 부모는 육에 속한 부모가 틀림없으니 제발 당신은 그런 부모가 되지 않기를 빈다. 당신과 당신 자녀에게 축복 있기를.

성령은 우리의 행위와 관계없이 역사하는 분이지만, 부모가 제대로 양육하지 않고 자녀가 브링 업bring up, 양육되는 사례는 거의 없었음을 기억하기 바란다.

낮은울타리 회복사역에 동참하는 방법

1. 낮은울타리 홈페이지 이용하기

2. 회복사역에 대한 오리엔테이션 참가

3. 간호사 영성에 대한 이해와 실습

4. 성품의 교체에 대한 이해와 실습

5. 본부 홈스에 참가하거나 교회별로 홈스, 틴즈홈스, 키즈홈스 개설하기

6. 『직면』 책 읽기

7. 성막 공부 신청하기

8. 지성소 예배 실습에 참가하기

9. 직면 프랙티스 실습에 참가하기

10. 직면 그룹 리더 훈련에 참가하기

wooltari.com | 02.515.0180

제5장

문화사역

문화사역

문화사역1

"저는 중학생 딸을 둔 부모입니다. 우리 구역 식구 중 어느 집사님 이야기를 하려고 합니다. 얼마 전 그분 아들이 즐겨 듣는 음악 시디를 상의도 없이 내다 버렸다고 아들이 몹시 화를 내더니 갑자기 뛰쳐나가 6층 베란다에서 투신해 버렸답니다. 아버지가 뭐라고 말할 사이도 없이 순간적으로 일어난 일이라 충격이 커서 그 가족은 지금 교회를 나오지 않고 있답니다. 저 역시 그 이야기를 듣고 정말 충격을 받았습니다. 요즘 아이들이 너무 쉽게 화를 내고, 너무 쉽게 반항하고, 너무 쉽게 극단적 선택을 한다는 건 알고 있었지만 구역 식구 중에 일어난 일이라 더 충격이 컸던 것 같습니다. 들리는 바로는 그 일이 있기 전 아버지와 아들 사이에 계속 갈등이 있었다고 합니다. 그런데 문제는 우리 집도 게임이나 음악 청취, 이성 문제에서 이와 유사한 일을 매일 겪고 있는데 도대체 어디까지 허용해 줘야 할지 모르겠습니다. 교회 집사님들은 자녀가 좋아하는 게임을 같이 해라, 자녀가 좋아하는 음악을 같이 들으라고 조언하고 있는데 얼마 전 딸이 BTS 노래에 나온다며 헤세의 데미안을 읽고 있는 모습을 보며 기가 막혀 말이 나오지 않았습니다. 목사의 아들로 태어났지만 예수 그리스도 대신 알에서 나와야 구원받는다고 말한 데미안에 집중하고 있는 딸을 보면서 뭐라 말은 해 줘야겠는데 도저히 할 말이 떠오르지 않습니다. 어떻게 해야 할까요?"

문화사역2

위와 같은 질문을 자주 받는다. 대부분 어머니 뱃속에서부터 교회를 다닌 사람들이다. 교회에 그렇게 오래 다녔어도 제일 자신 없는 건 자식 양육하는 일이고, 가장 어려운 건 자식과 문화에 대한 이야기를 나눌 때 엄청나게 의견 차이가 나는 걸 느낄 때다.

이런 부모는 문화 리더십이라곤 조금도 없이 문화라면 모두 더러운 것, 세속적이라는 생각을 갖고 있기 쉽다. 심각하게 말하면, 이들 부모는 앞의 사례처럼 아들을 죽이거나 가출하게 만든 부모가 될 가능성이 매우 높다. 그러면 어떻게 해야 하나. 물론, 내 대답은 자식을 위해서라도 문화 리더십을 쌓아야 한다는 것이다.

문화 리더십의 첫 번째 단계는 왓처Watcher인데 왓처는 문화를 분석하여 알려 주는 단계로, 자녀의 문화생활과 관련된 자료를 모아 성경적 세계관으로 재해석하는 초기 단계를 의미한다. 다행히 낮은울타리 안에 재미도 있고 유익한 자료가 책과 영상으로 제작되어 웬만한 사이버 대학 이상으로 준비되어 있으므로 마음만 먹으면 골프나 요리 공부하듯이 즐기며 배울 수 있다는 걸 알려 드린다. 두 번째 단계는 가이드Guide, 영화나 드라마나 책이나 만화 등 무엇이든 성경적 세계관에 맞고 작품성도 괜찮은 걸 골라 함께 경험하고 이야기 나누며 분별력을 키우는 과정, 세 번째는 프로듀서Producer로, 생명력 있는 문화를 함께 만들어 보는 경험을 통해 부모 자녀 간 시각의 폭을 좁혀야 한다는 것. 어렵지만 돕는 자가 있으니 걱정할 필요 없다. 여기까지 온 것만으로도 축하드린다.

문화사역3

"초등학생 자녀를 둔 부모입니다. 열 살 먹은 딸이 아이돌 가수가 되겠다고 학교를 그만두겠답니다. 엄마 몰래 오디션을 보고 왔는데 기획사에서 가능성이 크다며 부모를 데리고 오랬답니다. 지금까지 딸아이가 하자는 것을 거의 수용해 왔는데 학교를 그만두면서까지 아이돌 가수가 되려는 걸 찬성할 수가 없습니다. 어떻게 해야 할지…"

문화사역4

이 경우는 이미 자녀가 문화 생산자의 길에 들어선 것이다. 물론, 완벽한 의미의 생산자는 아니지만 문화 유통자나 문화 소비자보다 생산자가 가지는 어려움이 더 크다는 건 부인할 수 없는 사실이다.

문제는 부모와 자녀가 이럴 때를 대비해 미리 준비만 되었다면 감사할 일이지만, 그렇지 못한 경우 천직과 직업조차 구별 못하고 사역과 사업의 차이도 모른 채 세속화라는 덫에 걸릴 확률이 매우 높다. 어려서부터 사역 훈련을 못 받았다면 맨몸으로 사막을 여행하는 경우라 할까. 아마 각종 위험이 도사리고 있을 것이다.

큐밀리터리를 비롯해 33년간 계속되어 온 낮은울타리 문화사역은 앞서 말한 복음사역·회복사역과 같이 간다는 걸 알면 도움을 요청할 수 있을 것이다. 문화사역의 바다는 의외로 거칠다. 돌아보면 참으로 어려운 항해였다. 지금도 어렵긴 마찬가지. 배는 항구에 매여 있을 때 가장 안전하지만 배는 항구에 매여 있으라고 만든 게 아니다. 우리 만남이 우연이 아니었으면 좋겠다.

문화사역5

"교회에서 초청한 유명 외부 강사의, 금지만 하지 말고 부모가 함께 놀면서 관계를 만들어 가는 게 좋다, 라는 강의를 듣고 아들에게 게임을 허용했더니 얼마 안 가 중독이 된 것 같습니다. 잘못한 것일까요?"

문화사역6

게임을 허용한 게 잘못이 아니라, 게임 중독에 빠지는 이유를 알지 못하고 있었던 게 잘못이다. 알다시피 중독은 상처가 낳은 욕망을 못 이겨 대체물에 빠져 가는 영적 과정을 말한다. 회복사역에서도 언급했지만, 상처는 사랑의 결핍으로 반드시 대체물을 필요로 하는데, 중독 대체물을 만나더라도 거기에 빠지지 않으려면 복음사역을 통한 생명력, 회복사역을 통한 통찰력, 문화사역을 통한 분별력을 쌓고 있어야 빠지지 않고 이겨 낼 수 있다. 자녀가 중독에 빠지는 주요이유는 사랑의 결핍으로 정신이 약해진 상태에서 미디어 통한 세상 문화의 유혹에 마음을 뺏기기 때문이다. 의학적으로는 도파민의 과다 분비로 이유를 댈 수 있겠지만, 이 문제를 해결하기 위해 같이 놀아 준다든가 게임을 함께 한다든가 하는 것은 거듭난 영혼에게 결코 해결책이 될 수 없다. 부모가 복음사역으로 복음을, 회복사역으로 회복을, 문화사역으로 통찰력을 끌어올릴 수 없다면 말 그대로 "놀고 있네" 가 될 것이다.

문화사역7
알파세대와 제트세대는 X, Y, M세대와 전혀 다른 세대다.

제트세대가 1995년 이후에 태어난 세대라면 알파세대는 2010년 이후 태어난 세대, 직관적 만족을 추구하며 인스타그램이나 유튜브에서 산 제트세대와 달리 주로 메타버스에 들어가 살 세대로, 디지털 민족이라 불린다.

이 알파세대에 대해 카이스트 뇌 과학자 김대식 교수는 이렇게 분석했다.

"이 친구들의 특징이 뭐냐 하면, 결정적 시기에 아날로그 현실 속 진짜 사람과 관계를 맺기 전에 게임이 됐든 로블록스가 됐든 디지털 현실과 아바타를 먼저 경험해 버렸다는 거예요. 우리가 잘못한 거예요. 얘네들이 울면 같이 놀아 줬어야 되는데 (스마트폰이나) 아이패드를 던져 줬잖아요. 그러다 보니 이 친구들의 뇌는 아날로그 현실 속 진짜 인간보다 디지털 현실과 아바타에 더 최적화된 뇌가 만들어져 버린 거예요. 이건 되돌릴 수가 없습니다. 이제 좀 있으면 뇌가 굳기 때문입니다. 이런 관점에서 보면 현재 대한민국에서 자라고 있는 제트세대 그리고 그 이후 10살 미만의 알파세대들의 고향은 대한민국이 아니고 인터넷이라는 거예요. 그러다 보니 역설적으로 한국에서 태어나 한국 어른이 되고 한국 회사에 들어가더라도 신기하게 향수병이 있을 거라는 겁니다. 이 친구들의 고향은 인터넷이기 때문에 인터넷을 그리워하는 향수병이 있을 거라는 겁니다. 당연히 여러 가지 문제가 발생하겠죠. 인터넷이 고향인 제트세대와 알파세대가 아날로그 대한민국을 위해 목숨 바칠 이유가 있을까요? 거기에는 선거 제도도 없고 민주주의도 없을 텐데 인터넷이 고향인 제트세대와 알파세대들이 10년, 20년, 15년 후 선거권을 가지고 제대로 된 유권자 참여를 할 수 있을까요? 이건 매우 중요한 질문이 아닐 수 없습니다. 기업 차원에서 보면, 제트세대와 알파세대들의 경험적 고향이 인터넷이고 성인이 돼서도 계속 디지털 현실에서 친구를 맺고, 중요한 건 소비를 대부분 거기서 할 텐데 무관심할 수 있어요? 누가 소비를 랜덤으로 합니까? 알파세대에게도 돈은 소중할 거잖아요? 내가 좋아하고 선호하는 거, 내가 좋아하는 아바타들이 사는 거, 즉 선호도와 롤모델과 브랜드가 아날로그에서 만들어지지 않고 메타버스에서 다 만들어질 텐데 대책 없이 기업을 운영하다 망하려구요? 그렇기 때문에 우리가 메타버스 이야기를 할 때 "어, 난 메타버스 뭔지도 모르겠고 왜 있는지도 모르겠다" 하겠습니까? 네, 그래요. 아무 문제없어요. 개인적인 차원에서 관심 안 가지셔도 아무 상관없습니다. 그러나 기업뿐 아니라, 국가, 사회, (종교 영역의) 지도자적 입장에서 관심을 가질 수밖에 없는 건 미래 소비자, 미래 유권자, 미래의 군인, (미래의 기독교인)들의 선호도와 가치관이 아날로그가 아닌 그 세상에서 만들어질 거라는 거예요. (다시 말해, 뇌 구성이 전혀 다른 민족에게 물건을 팔고 정치를 하고 함께 생활을 해야 한다는 것에요.)"[52]

충격이다. 김대식 교수가 "뇌 과학자 입장에서 볼 때 지금의 알파세대와 제트세대의 고향은 인터넷이라고 해야 한다."라는 말은 정말 충격이다. 고향은 누구나 그리워하는 곳이고, 고향에 대한 인식이 그 사람의 정서와 인격을 형성한다는 데 동의한다면, 평생 현실 세계가 아니라 가상 세계를 더 그리워하고 그곳에 들어가 살기 원하는 저들과 어떤 접촉을 하고 어떤 대화를 하고 어떤 양육을 할지 아득해질 때가 있다. 생각보다 빠른 속도로 인공지능과 메타버스가 우리에게 다가오고 있는데 교회와 가정에서 메타버스를 제대로 다루는 문화사역을 하지 않고, 그 이전에 복음사역과 회복사역으로 생명력과 통찰력, 분별력을 키워 주지 않는다면 전성시대보다 더 강력한 메타버스 쓰나미를 어떻게 이겨 낼 수 있을까.[53]

문화사역8
시대와 세대를 관통하는 공통 언어가 있다면, 문화다. 미디어를 앞세운 대중문화가 인간의 생활을 완전히 바꿔 놓았다. 문화는 그 특성상 대중화를 지향해야 살아남을 수 있기 때문에 어떻게든 시대와 세대를 뛰어넘어 대량 소비를 가능하게 하고 자신의 메시지를 믿도록 소비자를 설득하는 데 최선을 다한다.

마셜 매클루언 같은 학자는 벌써 오래전에 '미디어가 곧 메시지'라는 정의를 내렸고 몸과 분리된 도구가 아니라 몸의 확장으로 미디어와 인간이 하나 될 것으로 내다봤다.

먹고사는 데 급급했던 나라 대한민국, 수출만이 살길이라며 잠도안 자고 일만 했던 국민 대중은 물론, 성경으로 돌아가야 살고 전도와 선교가 사명이라고 외쳤던 기독교인에게 마셜 매클루언 같은 학자는 거의 외계인이었다. 믿음 좋다는 이들 중 그의 말에 귀를 기울여 본 사람은 아마 거의 없을 것이다. 그런데 이게 웬일인가. 다른 것은 몰라도 문화에 관한 담론은 우리처럼 소수의 문화 사역자나 몇몇 지식인의 강의 주제 정도로 인식하고 있던 대한민국이 최근 몇 년 사이 세계적 IT 강국, 미디어 소비 강국, 대중문화 생산자 강국으로 부상이 된 건 정말 놀라운 일이 아닐 수 없다.

땅 면적으로는 세계에서 111위밖에 안 되는 이 조그만 나라가 문화 생산과 소비 능력으로는 세계 최고 수준에 이르러 방탄소년단이나 블랙핑크, <기생충>이나 <오징어 게임> 등이 빌보드 차트 연속 1위를 기록하는가 하면 그 유명한 아카데미 수상, 넷플릭스 드라마 세계 최고 시청률을 올리게 된 건 무엇을 의미하는 현상일까? 기독교 인구 증가율이 세계 최상위였다가 급속히 하강 국면으로 변하는 한국에서 이와는 반대로 가장 영향력이 커지는 게 문화 분야라는 걸 어떻게 봐야 할까?

그동안 한국 교회가 파송한 문화 선교사로는 최초라고 자부하며 효과적인 자녀 양육을 위해 문화 리더십 가진 부모를 준비시켜야 한다고 수없이 외치고 다녔지만 우이독경에 마이동풍으로 너무나 무반응인 모습에 급실망, 입으로만 세상 이기자고 외치는 교회 지도자들을 아득한 심정으로 바라보느라 사역에 대해 회의감마저 들었던 나는 오늘도 소명에 붙들려 쉽지 않은 내용의 글을 쓰기로 한다. 제목은 "메타버스metaverse 시대를 어떻게 살아야 합니까?"이다.

33년 동안 월간 낮은울타리 비롯 수많은 곳에 칼럼을 쓰면서 가졌던 무게가 쉽게 가벼워질 리야 없겠지만, 오늘은 위기감마저 더해지는 건 주제가 메타버스라는 난해함 때문이다. 그렇다. 난해함이다. 방탄소년단의 노래를 분석하고 MCUmarvel cinematic universe 세계관을 해석하는 정도로는 어림없을 정도로 난해하지만 어린 제자들과 부모를 돕기 위해서라도 이 주제를 정리해 보려고 한다. 참으로 긴 여행에 또 하루를 보태며 주님이 주실 지혜와 계시의 영, 영적 지각력, 5 JESUS POWER를 기대할 뿐이다.

약관 20대에 선교사로 부름받아 어차피 평생 가난한 사역자로 살아야 할 거라고 예상은 했지만 가난보다 더 견디기 힘들었던 건 문화사역의 방향을 물어볼 선배 전무, 교리와 신학 없는 문화 이론가들의 득세, 학문 좀 했다는 자들에게 무시당하거나 인본주의자와 논쟁해야 하는 일이었다.

나도 한때 스타성 강사로 이름을 날렸던 적이 있었다.

한 달에 수백 회의 강의 요청이 쏟아지던 시기였다. 초청장을 받고 전 세계를 비행기로 떠다니는 날이 계속되었다. 세계 유명한 공항이란 공항은 거의 다 가 봤고 그 구조마저 훤히 알 정도로 바쁘게 오가며 사역하는 동안 정말 많은 사람을 만났다. 한때는 유명한 대학 캠퍼스, 어마어마한 교회에서 강의하는 동안 '하나님이 나를 통해 세상을 변화시킬 수도 있겠구나….' 그러던 어느 날 자신의 신분이 왕자가 아니라 히브리 노예의 자식이라는 걸 깨닫고 왕궁에서 나와 미디안 광야에서 40년을 외로운 양치기로 살았던 모세처럼 외롭고 막막했던 시간. 다윗의 고백처럼 뼈가 녹아내리는 고통을 견뎌 내자 새롭게 다가온 사역들. 특히 복음·회복·문화의 융합이라는 개념 체계에 눈이 떠지도록 성령이 역사하신 건 정말 놀라운 경험이었다. 전 같으면 스쳐 지나갔을 계시의 말씀들이 엄청난 흡인력으로 다가와 체계가 되고 개념이 되었다. 그뿐인가, 평생 함께할 부모들 만나 세 사역을 바탕으로 한 양육에 집중하게 된 건 얼마나 감사한 일이었는지. 20대에 받은, 한 번 순장은 평생 순장이란 표어처럼, 진짜 양육자의 삶을 살게 된 것이다. 고통의 시간이 없었으면 이런 경험을 못한 채 오늘도 어디론가 날아다니며 일회성 강의로 세월을 보냈을 것이다.

낮은울타리가 4기로 들어와 지금의 사역으로 자리를 잡게 된 건 아이러니하게도 재정적 어려움과 코로나 팬데믹 때문이었다. 대한민국 역사상 전무후무할 정도로 월간지 발행 부수를 기록하는 동안 벅찬 꿈을 안고 계획했던 문화사역 프로젝트들이 하나씩 빗나가기 시작,

염려했던 재정 문제가 터지고 일부 간사들로부터 월급 미지급자로 고발당한 뒤 완전 빈털터리가 되어 김포 공항을 나가면서(그때는 인천 공항이 개항하기 전이었다) 실패감과 실망감에 얼마나 울었는지 모른다. 다시는 이 땅에 못 올 줄 알았다. 나를 낳고 길러 주었던 나라여, 굿바이.

그러나 얼마 후 하나님은 광야 같은 이곳에 돌아와 낮은울타리 사역을 다시 시작하게 하셨고, 전에는 문화만 다루었던 것을 지양, 복음사역과 회복사역, 문화사역을 병행하게 되면서 생명력·통찰력·분별력·창의력·변증력이라는 5 JESUS POWER 개념을 찾게 하시고, 불특정 다수가 아니라 소수의 가족, 강연이 아니라 양육을 시작하게 하신 것은 그야말로 신의 한수였다. 이제야 나는 제대로 전문 사역자가 된 것을 알게 되었다. 전에는 이름만 사역이지 스타 강사나 크리스천 비즈니스맨에 가까웠다. 그러니 그 당시 함께 일하는 간사들에게 부르심에서 오는 제자도보다는 재정을 확보하는 일에 전문가가 되어야 한다는 말을 더 많이 할 수밖에 없었다. 사역 범위와 종류가 많아질수록 간사 수가 늘어나고 그들이 일할 공간을 확보하려고 연희동이란 비싼 지역의 최고 빌딩을 하나하나 월세로 계약하다 보니 매달 지불해야 하는 간사 사례비와 운영비는 나를 개처럼 어두운 골목으로 끌고 들어갔다. 그러자 겉으로는 강의 요청이 밀려드는 유명세에 자부심이 넘쳤지만 잘못하면 사업 실패자가 될지 모른다는 두려움이 유령처럼 엄습해 오기 시작했다. 그러니 그때 낮은울타리 편집인의 글은 거의 어디 가서 누구를 만나고 어떤 음식을 먹고 어떤 내용의 강의를 해서 얼마나 많은 사람에게 박수를 받았느냐로 채울 수밖에 없었다.

답답한 건 한국 기독교 최초의 창작 뮤지컬 팀을 만들고, 최고 수준의 실용 음악 학원을 개설하고, 최다 독자를 확보한 문화 교양 월간지, 거기다 최초의 문화 리더십 아카데미라는 역사적 업적을 이루어 냈지만, 내가 가야 할 문화 사역자의 길을 제대로 알려 주는 멘토는 아무리 찾아도 없어 기껏해야 황성주 생식이나 두란노, 이랜드 같은 기독교 회사로부터 조직 운영 방법을 벤치마킹하는 것이 더 도움이 될 것 같은 어둡고 답답한 시절이었다.

솔직히 2004년에 재정적으로 파산한 건 너무 잘된 일이었다. 내가 갈 길은 그쪽이 아니었다. 나는 소수의 부모라도 평생에 걸쳐 자녀 양육을 도와 어떻게 다음 세대를 살려야 하는지, 복음사역과 회복사역과 문화사역의 융합이라는 전대미문의 사역 체계를 완성해 내는 게 천직이었지 이랜드처럼 대규모 사업 조직을 운영하고 프라미스랜드처럼 대량의 간사를 채용하고 대형 교회처럼 문어발 사역 팀을 한 달에 하나씩 런칭해 내는 게 아니었다.

다행이었다. 왕궁에서 보낸 시간이 황홀했어도 광야에 머물게 하신 시간을 줄여 주신 것은 나의 연약함을 아시는 하나님의 자비였다. 모세는 40년을 미디안에서 양치기를 했지만 나는 겨우 사오 년 정도만 사막을 지나게 하신 후 부산지부를 시작으로 복음사역과 회복사역과 문화사역에 기초, 성경적 양육 원리를 정리하게 하신 일은 아무리 생각해도 신비하기만 하다. 부산지부를 만들게 된 것도 회사를 런칭하듯 아이디어를 내서 시작한 게 아니라 이름 있는 대형 교회에서 열심히 사역을 돕다가 영문도 모른 채 하루아침에 쫓겨난 후 자연스럽게 이루어진 일이었다.

쫓겨남의 은혜.

망함의 은혜.

쪽팔림의 은혜.

손대는 것마다 성공한 사람보다 망하고 쫓겨나 본 경험이 많을수록 하나님을 의지하게 된다는 건 정말 진리다. 그것도 전적인 의지, 완전한 의존이다.

아무 희망 없이 미국으로 떠났다가 아무 희망 없이 돌아온 그때 논현동 원룸에서 받은 것이 홈스HMMS라는 초유의 회복사역이었다면 말 다 한 것 아닌가. 글자 그대로 완벽하게 모범적인 역기능 가정 출신인 나에게 부모 중심의 회복사역은 언감생심. 그런데 이제는 자녀 문제로 고통하는 부모를 어떻게 도와야 할지 확실히 알게 되었으니 초창기 낮은울타리가 완전 새로 태어난 셈이나 마찬가지라고 해야 할 것이다. 그래서 낮은울타리라는 이름을 바꿔 볼까 생각도 했지만, 낮은울타리라는 이름이 주어지는 과정 자체가 너무 신기했던 경험과 지금도 낮은울타리를 사랑하고 기도해 주는 분들을 위해 그냥 두기로 했다. 역사를 바꾼다고 묵시가 바뀌는 건 아니지 않는가.

이런 말을 길게 늘어놓게 된 건 순전히 메타버스라는 주제로 글을 써야 한다는 부담 때문이다. 부담이 워낙 크다 보니 지금까지 인도하신 은혜와 소명에 대해 다시 한번 되돌아보지 않을 수 없었다. 나의 소명 중 하나는 죽을 때까지 글을 쓰는 것이다. 특히 다음 세대를 양육하기 원하는 부모에게 도움이 되는 글이라면 생명 다할 때까지 쓰다가 죽는 것이다. 결코 쉬운 일은 아니지만 멈추어서도 안 되는 일이다. 지금 쓰고 있는 이 책 이전의 책 제목은 『죽더라도 자식은 살리고 죽자』였다.

죽더라도 자식은 살리고 죽자. 책 제목이 별로라 해도 할 말 없다. 그만큼 내가 자녀 문제를 심각한 수준으로 생각하고 있다는 증거라고 여겨 주시길 바란다. 죽더라도 자식은 살리고 죽자. 아무리 화려하고 멋진 삶을 살았어도 자식을 살리지 못하고 죽는다면 거듭난 사람으로 얼마나 미안하고 아쉽고 처량한 일인가, 라고 나는 자주 생각한다. 자녀 양육과 관련된 게 아니라면 나 같은 자가 어떻게 메타버스 같은 어마어마한 주제를 건드리겠는가. 분명히 말하지만 '죽더라도 자식은 살리고 죽자'는 그냥 나온 구호가 아니다. 60년대 유행했던 '잘살아 보세'나 누구처럼 '음모론' 비슷한 걸 가지고 부모들 겁주려는 게 아니다. 내 말이 음모론이라면 데이비드 웰스나 오스 기니스, 씨에스 루이스 같은 이들은 음모론의 창시자라고 해야 할 것이다. 왜냐하면 그들은 이미 훨씬 오래전에 나보다 더 강력한 말로 사탄의 비밀 전략을 밝혀 수많은 사람들을 겁나게(?)했기 때문이다.

우선 오스 기니스의 『무덤파기 작전The Gravedigger File』에 대해 이야기하자면, 그는 18세기 중엽 서구 사회에서 급속한 변화가 일어났던 때부터 문제가 심각해지기 시작했다고 간파했다. 누구는 이 상황을 산업 혁명과 르네상스라 이름 붙였고 누구는 성령의 힘과 증기의 힘이 어우러져 세상이 발전하는 시기라고 표현했지만 오스 기니스는 달랐다. 중세 암흑기를 벗어난 기독교가 산업화되어 가는 서구 사회를 정치적, 경제적, 학문적, 사상적으로 주도하기 시작했고 영적 부흥과 사회 변혁이 합쳐져 엄청난 운동으로 발전해 나가자 사탄 조직의 최고 지도층이 경악, 전면전으로는 승리할 수 없다는 것을 알고 비밀전을 펼칠 계략을 세우게 되었다는 것이 오스 기니스가 간파한 내용이다. 그것은 일명 무덤파기 작전으로, 이 비밀전을 성공시켜 기독교인 스스로 무덤을 파게 하자는 것인데 책의 방대한 내용 중 가장 중요한 것은 "문화를 이용해 교회를 전복하라"는 것이다.

"문화를 이용해…" 여기가 핵심이다. 사자의 방법이 아니라 여우의 방법으로, 특히 우쭐해진 교회로 하여금 현대 문화에 편승하도록 유도하고 기독교적 사고를 강화하는 책을 읽지 않게 해야 골수 건조시키기 운동이 성공한다는 표현은 압권 중의 압권이었고 나에게 엄청난 충격을 주는 말이었다. 왜냐하면 그 전략이 먹혀 들어갔기 때문에 우리 사역이 어려워진 것 아닐까 하는 위로 아닌 위로를 받았기 때문이다.

오스 기니스가 밝힌 저들의 비밀전의 내용을 간단히 요약하면,
1. **침투 단계** - 기독교 단체나 모임에 침투해 그들을 현혹할 기회를 봄.
2. **무력화 단계** - 교회의 영적 특성과 사회성을 서서히 파괴해 감으로 사기를 저하시켜 사탄의 공격에 효과적으로 대항하지 못하도록 함.

3. 전복 단계 - 교회의 핵심 멤버들을 주로 문화로 공격해서 그들의 가슴과 마음을 자기들 편이 되게 함.

4. 이탈 단계 - 기독교인을 개별적으로 접촉, 그들의 골수를 건조시킴. (스마트폰이나 메타버스는 괜찮지만) 책을 읽지 못하게 하고 생각을 멈추게 해서 기독교적 사고를 싫어하게 만들 것.

5. 해방 단계 - 교회 전체를 접수. 작전을 공공연히 드러내도 되는 단계로, 그러기 위해서는 교회 가운데 10%를 무조건 사탄의 문화에 물들게 만들고, 80%는 수동적 집단이 되게 한 다음 지배적인 사조에 무조건 따르게 하며(겁쟁이 또는 낙관적 안심자가 되게 함), 나머지 10%는 사탄에 대항해 치열하게 반항하겠지만 앞의 두 가지가 성공하면 10%가 치열하게 반항해도 그들의 영향력은 무시되고 말 거라는 것이다.

씨에스 루이스에 대해서는 상반된 견해가 있긴 하지만 그의 책 『스크루테이프의 편지』 역시 사탄의 내밀한 전략을 알도록 공헌한 바는 인정해야 할 것이다. 데이비드 웰스나 오스 기니스, 씨에스 루이스에 비하면 오늘 내가 하는 얘기는 창해일속滄海一粟[①]에 불과할 테지만 한국이란 상황 하에서 쓴 것이니 서구 사회를 배경으로 한 그들보다

---

① 창해일속 - 천지 사이에 있는 존재의 하찮음.

실제적 도움이 조금은 될 것이다. 아무튼 『신학 실종』이란 데이비드 웰스의 명저 말고 앞에 언급한 두 책은 특이하게도 저자가 악마의 입장에서 쓴 글이다. 오스 기니스는 모르겠으나 씨에스 루이스는 이 책을 쓰는 동안 무척 괴로웠다고 한다. 계속 악마의 입장에서 생각해야 하니 그야말로 지옥 같았다는 것이다.

오늘 여기서 데이비드 웰스는 물론, 오스 기니스와 씨에스 루이스를 인용하는 이유는 정보와 미디어가 현대 삶의 필수 조건인데 가짜 뉴스를 비롯해 인지 편향된 보도, 인공지능의 특징, 메타버스 등에 관한 역할을 교회 지도자가 잘못 판단할 경우 얼마나 많은 기독교인 자녀들, 다음 세대가 미혹당하고 혼란을 겪을 것인가 걱정하는 마음이 들었기 때문이다.

이미 이렇게 될 것을 오래전에 경고한 사람들은 위 학자들 말고도 올더스 헉슬리나 조지 오웰 같은 작가도 있다는 걸 알려 주고 싶다. 최근에 부상한 미래학자 유발 하라리조차 앞으로 빅데이터교敎 라는 게 등장해 수많은 사이비 신도를 결집시킬 것이라고 경고하는 판인데 프란시스 쉐퍼의 『그러면 우리는 어떻게 살 것인가』와 오스 기니스의 『무덤파기 작전』을 모른다면 메타버스에 관한 담론은 여기서 중지하는 게 나을 것이다. 특히 중세 시대에 먹혀든 '사탄의 골수 건조시키기 운동'이라는 단어는 아무리 우리의 세 사역에 관심 없는 사람이라도 꼭 기억해 주기를 간곡히 부탁하고 싶다. 그 작전에 빠져든 부모나 자녀에게 닥쳐올 후유증은 상상할 수 없이 크다는 것을 꼭 알려 주고 싶다.

어쨌든 나는 메타버스라는 주제로 칼럼을 쓰려고 할 때 마음이 무거워지는 것을 느꼈다. 결코 내 안에서 나오는 느낌이 아니었다. 이미 오래전 나의 마음을 사로잡았던 그 무엇. CCC 회관에 처음 발을 들여놓던 청주라는 낯선 도시에서였는지, 아니면 그 유명한 유펜(UPenn-University of Pennsylvania)이나 고든 콘웰, 하버드 대학 교회에서 강의하던 중 느꼈던 특별함 때문이었는지, 아니면 빅 아일랜드 코나에서의 생경한 부르심이었는지는 모르지만 그것들과는 전혀 다른 부담 때문이었다.

나는 소명이라는 단어를 생각할 때마다 CCC 간사나 아프리카 선교사나 최금남 목사님 명령대로 어느 한 교회 목회자로만 살아야 하는 줄 알았다. 그 세 개의 선택지 외의 길로 가면 저주를 받을 줄 알았다. 그러나 하나님은 그중 아무 길도 안 가게 하시고 낮은울타리라는 촌스런 이름(이랜드 대표가 그랬다는 이야기에 따름)으로 30년 넘게 다음 세대 살리자는 현장 사역만 해왔으니 메타버스라는 엄청난 주제를 다루는 데 적잖은 부담이 느껴지는 것이다.

세상이 변하긴 많이 변했다. 이젠 유지태 말대로 봄날은 간 게 맞는 것 같다. 돌이켜 보면 스마트폰이 등장한 2007년도부터 딴 세상이 된 것 같기도 하고 포스트모던이라는 말이 유행하기 시작할 무렵부터 새 천지가 도래한 느낌도 든다. 인공지능 딥러닝이나 빅데이터, 알고리즘 같은 단어에도 머리가 아팠는데 이젠 메타버스까지 다뤄야 한다니 앞으론 또 무엇을 알고 분석하고 평가하여 나를 따르는 부모와 자녀에게 알려 줘야 할지 까마득하기만 하다.

아무튼 다음 세대 사역의 방향을 바로 잡으려면 메타버스 담론은 속히 정리되어야 할 텐데, 보수주의자라 자처하는 교회 지도자들은 대우탄금對牛彈琴이란 사자성어가 맞는 것 같고, 90년대 이래 우후죽순처럼 쏟아져 나온 진보 성향의 문화 사역자들은 복음을 규정하는 교리 또는 신학 실종의 위기라는 말부터 부인하는 판이니 이 땅에서 일관된 기독교 문화 세계관의 정립을 기대하는 건 무리라는 생각이 든다.

세상과 비교하기는 그렇지만, 기독교 안에도 문화의 춘추 전국 시대가 온 건 맞는데 아무래도 보수 쪽보다는 진보 성향을 가진 사람들이 기독교 문화와 사상 체계를 주도할 것 같은 예감이 든다. 진보주의자도 여러 가지로 분류할 수 있으나, 여기서는 성경의 무오성을 믿지 않거나, 예수 그리스도의 신성을 무시하는 대신 인간의 자유 의지에 따른 책임론이나 양심에 따른 자유를 강조, 평등과 박애를 내세워 기독교의 배타성을 고발하려는 사람들을 주로 지칭하겠다. 그들 중 상당수는 성경에서 신화적 요소를 배제하자고 주장할 것이 분명해 보이고, 예수의 유일성보다 예수의 유연성을 가지고 타종교를 수용하는 에큐메니컬 운동에 동참할 것을 호소하면서 모든 교회가 세상 문화를 적극 수용해야 한다고 외칠 것이다.

그들은 이미 주류 세력이 된 것 같다. 그들은 기독교인이 <서클 오브 라이프>, <사랑과 영혼>, <신과 함께>나 <오징어 게임>, <지옥> 같은 정상급 드라마와 영화, 음악 등을 외면할 이유가 무엇이며, 어떤 문화든 교회에 들여와 전도와 선교를 위해 쓰지 못할 이유가 무엇이냐고 따지고 있다. 이미 교회에 고급 스포츠 센터와 카페는 물론, 극장까지 만드는 판이니 무엇인들 못할까.

놀라운 사실은 저들 중 자신이 모태 신앙임을 자처하면서 영적 지각력이나 교리의 중요성 같은 건 깨끗이 무시한 채 하나님의 창조론보다 피터 싱어의 공리론 같은 것을 더 지지할 사람이 많아 보인다는 점이다. 나아가 개인 구원보다 사회 구원을 우선하는 문화를 대량 생산, 문화 비평을 할 땐 인간의 정의나 선, 특히 약자에 대한 착취나 분배 여부를 중심으로 보게 될 것이고, 이신칭의以信稱義라는 교리 때문에 기독교인의 타락이 정당화되었다는 말도 안 되는 주장, 절대 주권에 대한 노골적 불편함, 신앙보다는 신념, 재림과 심판보다는 뉴에이지 관점의 지구 환경, 어머니 지구론이나 명상, 요가 등이 이상 사회를 이루게 될 거라는 어이없는 말들도 서슴없이 펼쳐 나갈 것으로 보인다.

저들에게 기독교는 그저 하나의 종교에 불과하므로 배타성과 다양성, 유일성과 다원화를 구별하는 것은 아무 의미가 없다. 성경을 구속사로 보지 않고 예수가 당시의 약자들, 그중에도 창녀나 세리까지 포용한 박애주의자요 혁명가로 보기 때문에 정치적으로는 좌파에 가깝다고도 할 수 있겠다.

혹시 내가 보수주의자라서 진보주의자와 싸우자는 이야기로 들리지 않기를 바란다. 다만 정보와 미디어와 문화에 대해 어떤 관점으로 보느냐에 따라 메타버스 문제도 정리가 될 것이기 때문에 세계관과 정체성 문제를 제기하려는 것뿐이다. 중요한 건 진리에 대한 태도는 그가 가지고 있는 교리, 즉 신학에서 나온다는 이야기를 다시 한 번 강조하고 싶다.

　나는 바울파도 아니고 아볼로파도 아니고 수구파도 아니고 진보파도 아니다. 오직 예수 그리스도만이 나의 주가 되시며 교리가 확실해야 복음도 확실해진다고 믿는 사람이다. 교리 없는 복음사역은 없고 회복 없는 치유 사역은 없으며 신학 없는 문화사역이란 더욱 위험하다고 믿는 사람이다. 나는 사도 바울이 "다른 복음은 없나니 다만 어떤 사람들이 너희를 교란하여 그리스도의 복음을 변하게 하려 함이라"(갈1:7)라는 경고를 잊지 않으려 한다. 심지어 "우리나 혹은 하늘로부터 온 천사라도 우리가 너희에게 전한 복음 외에 다른 복음을 전하면 저주를 받을지어다"(갈1:8)라는 말을 매우 심각하게 받아들인다. 이 말은 설교 단상에 서 있는 분들에게만 적용할 게 아니라 문화사역을 한다는 사람들, 특히 '메타버스를 어떻게 할 겁니까?' 같은 주제를 다루는 영역에도 중요한 기준으로 여겨져야 한다고 생각하는 입장이다. 사실, 어떤 교리로 계시를 해석하느냐로 그 사람의 세계관이 결정되고 그 세계관이 곧 그의 생각으로, 행동으로, 삶으로 나타날 것이기 때문에 세계관에 대한 이야기 없이 메타버스를 논하는 것은 매우 위험한 태도라고 보는 것이다.

　혹자는 나를 근본주의로 보는 사람이 더러 있는 것 같은데 전혀 아니다. 근본주의는 세상을 포기하거나 세상과 분리하여 살려는 사람을 의미한다면 나는 오히려 그 반대다. 다만 자유주의자들은 교회를 잃어버렸고, 근본주의자는 세상을 잃어버렸으며, 복음주의자들은 신학을 잃어버렸다는 말을 유념하여 살아가고 있다. 내가 보수주의자보다 진보주의자가 더 위험하다는 생각을 가지고 사는 이유는 문화를 수용하는 속도가 너무 빨라서 자칫 오스 기니스가 말한 문화적 문맹, 문화적 예속, 문화적 소멸이라는 교회 전복 작전에 말려들 가능성이 높다고 여기기 때문이다.[54]

포스트모던이라는 문화 전성시대를 맞아 엄청난 권력자들로 부상하게 된 문화 생산자들이 새롭게 부여된 문화 권력을 잘못 사용하여 교회를 세속화하는 데 기여한다면 그 후유증은 어마어마할 것이다. 데이비드 웰스가 『신학 실종』이란 책을 쓰자 복음주의자들이 노는 놀이터에 폭탄이 떨어졌다고 말한 사람이 있었는데 메타버스는 기독교인을 진보와 보수, 수용과 반대로 나누어 열린 예배나 관상 기도 등의 논란 때보다 훨씬 큰 갈등을 야기할 것이다.

내가 예상하는 미래는, 앞으로 교회 안에서 문화를 통해 얻은 권력을 이용, 시대나 세대에 맞게 살자는 명목으로 동성애 합법화나 젠더 이데올로기를 수용하자고 주장하여 젊은이들의 호응을 얻어 낼 사람들이 생각보다 많아질 것이라는 점이다. 그들은 자기들 논리의 정당성을 확보하려고 반기독교적 지성인들의 주장이나 이론까지 인용할 것이다. 신학적으로 진보 계열에 속한 교회나 문화 권력자들은 뉴에이지 정도는 대놓고 예배 시간에 사용하고도 이단 시비 때처럼 긴장은커녕 사과 한마디 안 할 것이다.

이 글을 쓰는 오늘 나에게 온 메일 한 통을 공개하면 그게 무슨 얘기인지 짐작하게 될 것이다.

저는 양평 개군 Y교회에서 목양하고 있는 차OO 목사라고 합니다. 한국 교회에 큰 영향을 끼치고 있는 O교회 D기도회의 안타까운 상황을 아래와 같이 전달합니다. 그곳에 메일을 보냈으나 아무런 회신이 없어서 이렇게 덮는 것은 아닌 것 같아 여러분들에게 제보하는 것입니다.

코로나 팬데믹으로 무기력하고 위축되어 있는 한국 교회 회복을 위해 수일간 연합과 일치, 동역의 가치와 능력을 확인하는 감사와 감격이 있었습니다. 이번 기도회를 하나부터 열까지 사랑으로 준비하고 섬김으로 진행해 주신 서울 O교회에 큰 감사를 드립니다. 하나님께서 어느 해보다 특별한 은혜로 채워 주셨습니다.

그런데, 마지막 날 저는 많이 놀라고 안타까운 마음을 금할 수 없었습니다. 하모나이즈의 서클 오브 라이프(The Circle of Life) 공연은 지금까지의 모든 은혜를 무색하게 만드는 시간이었기 때문입니다. 포털을 조금만 검색해 봐도 "라이온 킹은 파워풀한 뉴에이지 상징과 철학으로 가득하다. 그것의 주제 'The Circle of Life', 삶의 순환 고리는 곧 힌두교와 불교적 윤회 및 진화론을 가리킨다."라는 내용 일색의 글로 도배되어 있다시피 한데 하나님께 영광을 돌리고 풍성한 은혜를 마무리하는 귀한 시간에 이 공연을 하게 하다니 기도회에 참석한 수많은 성도들, 특별히 초신자들에게 독을 먹이는 것과 무엇이 다를까요? 제가 받은 느낌은 마치 2013년 부산 벡스코 WCC 한국 총회 때 자행되었던 초혼제招魂祭를 보는 것 같은 충격이었습니다. 마지막 때가 될수록 진리 안에서 분별하라고 하셨지 않습니까? 화려한 무대와 음향과 조명, 값비싼 방송 장비, 진행의 탁월함보다 고린도후서 1장 말씀과 같이 '하나님의 거룩함과 진실함으로 행하되 육체의 지혜로

하지 아니하고 오직 하나님의 은혜로만 행하는' 기도회가 되어야 하지 않았을까요? 저는 이 사안에 대해 운영위가 공식적인 입장을 밝혀야 한다고 생각합니다. 그래야 한국 교회 성도들이 마지막 시대에 문화에 대해 경계심을 가지고 거룩한 믿음의 선한 싸움을 잘 싸울 수 있을 테니까요.

누구의 잘잘못을 따지려는 것이 아닙니다. (분별력 없다면) 누구나 실수할 수 있기 때문에 그 실수를 당당하게 인정하고 한국 교회에 귀감이 되는 건강하고 성숙한 공동체가 되기를 기대하는 것입니다. 운영 팀장의 책임 있는 회신을 부탁드립니다.

바로 이런 점이 내가 염려하고 있는 부분이다. 삼위일체에 관한 설교에 문제를 일으키면 당장 이단으로 몰아붙이면서 문화에 대한 부분만은 관대히 넘어가려는 태도를 나는 이해할 수 없는 것이다. 통찰력과 분별력으로 신앙이 성숙하고 성령으로 충만한 성도에게는 메타버스가 나오든 라이온 킹 주제가가 울려 퍼지든 성가대가 '유 레이즈 미 업You Raise Me Up'을 부르든 큰 문제가 안 될 것이다. 고린도전서 2장 15절에, "신령한 자는 모든 것을 판단하나 자기는 아무에게도 판단을 받지 아니하느니라" 하셨고 모든 문화가 하나님 허용 안에 있다고 생각하면 하나님이 알아서 하실 것이다. 그러나 만약 그런 생각으로 자녀에게 예수 이름으로 포르노를 봐도 괜찮고 믿음으로 곰팡이가 필 정도로 상한 햄버거를 먹이라면, 아멘 하며 순종할 부모가 있을까. 사탄이 문화 권력을 이용하여 교회의 머리인 예수 그리스도의 권위가 사라지게 하는 일에 이용당한 게 분명한데도 단순한 실수일 뿐이라고 슬쩍 넘어가는 태도가 옳은 것일까.

문제는, 앞으로 이런 일들이 더 많이 일어날 것이라는 걱정이다. 문화에 대한 경각심이 없거나 올바른 교리에 입각한 세계관이 불분명한 문화 권력자가 교회 안에 세상 문화를 가지고 들어올 경우 그리스의 트로이 목마 작전이 성공한 것처럼 문화적 문맹, 문화적 예속, 문화적 소멸이라는 참상이 벌어질 것이 분명해 보이기 때문이다.

이 책이 출간되면 별것 아닌 문제로 소란을 일으키거나 교리 싸움을 부추긴다고 비판하는 사람들이 나올지도 모르겠다. 각오한다. 다음 세대 사역자인 나도 변화를 무시하면 안 된다고 여러 번 강조했지만, 저들은 어쩌면 변화라기보다 혁명을 더 원할 것이기 때문에 나 같은 사람을 공격하지 않으면 자신들의 정당성이 의심받게 될 것이다. 그러나 나는 그런 사람들을 조심해야 한다고 분명히 경고한다. 벌써, 변혁이 아니라 혁명이 일어나야 교회가 바뀔 수 있다고 주장하는 사람들의 목소리가 커지고 있지 않나.

메타버스의 정체와 미래도 정확히 모르면서 메타버스를 이용해 예배하지 않으면 젊은이들을 다 뺏길 거라는 발언에 대해 매우 조심스러운 태도를 유지하자고 주장하고 싶은 이유가 있다. 올바른 신학에 입각한 통찰력과 분별력을 잃어버리면 자신도 의식하지 못하는 사이에 하나님의 선을 인간의 선과 혼동하게 될지도 모르며 하나님의 절대 주권을 인간의 책임론과 병행하여 묵시 속 하나님의 완전한 구속사를 인간의 자유 의지와 혼합하는 실수를 저지르게 될지도 모르기 때문이다. 베드로나 바울, 아우구스티누스 같은 신앙의 선배들이 목숨 걸고 지켰던 전통 교리보다는 인본주의자들의 다양성에 환호하고, 타종교에 대한 관용을 예수 그리스도의 사랑으로 오해하여 기독교에만 구원이 있다는 객관적 진리의 유일성을 희석시키려는 시도가 메타버스에 관한 태도 속에 엿보인다면 순진한 부모, 자녀에게 경고해 줘야 한다고 여기기 때문이다.

어쨌든 다음 세대를 양육해야 하는 부모나 사역자들에게 메타버스는 벌써 뜨거운 감자가 되어 버렸다. 기술의 발달로 인해 우리가 땅을 밟고 있는 세계, 오감을 통해 물리적으로 경험하는 세계와 달리 디지털 환경이 만들어 낸 환상적 가상 세계가 더 폭넓고 다양하게 전개되면서 급기야 메타버스라는 용어가 등장하기 시작했는데 전혀 새로운 개념은 아니지만 이 용어가 등장하게 된 배경이 흥행 때문인 건 분명하다. 돈과 관계없다면 이렇게 빨리 인구에 회자膾炙되지 않았을 것이다. 이 분야에 관심 있는 사람들은 메타버스 키워드가 전 세계 테크 산업을 집어삼키고 있다고 주장한다. 특히 돈을 벌어야 하는 기업들에게 메타버스는 미래의 먹거리가 달린 블루 오션이라고 주장한다. 메타버스란 말이 얼마나 유행인지 구찌 아이템을 활용한 콘텐츠가 벌써 40만 개를 넘었다고 한다. 재미있는 건 얼마 전 홍라희 전 리움 관장과 이재용 삼성전자 부회장이 합천 해인사를 찾아 해인사 경내 퇴설당에서 방장인 원각 대종사를 만나 차담茶啖을 나누던 중에도 메타버스 이야기가 나왔다고 한다. 그러니 진보적 사고를 가진 교회 지도자들이 메타버스를 빨리 들여오지 않으면 교회가 망할 것처럼 떠드는 것도 이해는 간다.

우선 메타버스를 속히 교회 안으로 가져오든지 교회가 메타버스 안으로 속히 들어가야 한다고 외치는 사람들은, 코로나 때문이 아니더라도 앞으로 교회라는 건물은 더 이상 한국 사회에 영향력을 끼치지 못할 것이라는 주장을 첫 번째 설득력의 근거로 삼고 있다. 과거와 달리 건물 크기에 비례해 기독교의 우위성을 설득하려는 노력은 젊은 세대에게 그다지 영향력을 미치지 못할 것이라는 주장이다. 저들은 이제 건물로서의 교회는 위치로서만 존재감을 드러낼 뿐, 전 세계를 네트워크로 살아가는 N세대에게는 가상의 열린 교회가 더 각광받는 시대가 올 것이라 장담하기도 한다.

시기적으로 코로나로 인해 온라인 - 모바일 예배에 집중된 교계의 관심과 우려는 기술 문명이 우리 신앙생활에 초래하는 변화에 대해 열린 마음을 갖게 해 준 것은 사실이다. 나 역시 인공지능이나 메타버스나 다 하나님이 허용한 것이라는 전제하에서 보면 무조건 배타시 할 게 아니라, 선교용이건 교육용이건 효과적으로 사용하여 하나님의 나라를 확장하고 완성하자는 주장을 무조건 비판하려는 자세는 잘못되었다고 생각한다.

더구나 코로나 팬데믹으로 대면 활동이 금지된 상황에서 줌Zoom이든 메타버스든 세상의 기술을 사용하여 전도와 선교 교육에 사용하자는 의견을 무조건 사탄의 음모론으로 몰아가는 자세는 일반 은총면에서도 문제가 있어 보인다. 이미 뉴 미디어 시대에 살고 있는 제트세대나 알파세대와 좀더 쉽게 소통하려면 메타버스든 무엇이든 적극 활용하여 그들과의 접촉을 확장해 가려는 노력에도 존경심을 가

저야 한다고 생각한다.

메타버스는 대면 예배가 완전히 제한된 상황에서 하나의 대안이될 수 있다는 의견에도 동의하고, 분반 모임이나 성경 공부, 부서별 회의에도 필요하며, 현장성을 살린 기독교 모임을 효과적으로 기획함으로 오프라인에서 전혀 맛보지 못할 경험(예를 들면 홍해 건너기 등)을 오감으로 체험하게 해 성경 속 문화 체험을 극대화할 수 있다는 데에도 이견異見이 없다. 온라인 세계는 손바닥만한 스마트폰만으로도 접속이 가능해 언제 어디서나 제한 없이 참여하게 할 수 있다는 것도 장점이라 할 수 있다. 메타버스 플랫폼이 복음을 전하는 새로운 도구로 사용될 수 있다는 사람을 무조건 적대 세력으로 몰아붙이는 건 결코 올바른 자세가 아니라고 분명히 말하고 싶다.

그러나, 메타버스가 우리의 기대만큼 좋은 결과만 가져다주리라고 기대하는 것은 매우 위험할 수 있다는 의견도 다수 있음을 여기서 밝히려고 한다. 사실 페이스북(현 '메타') 같은 빅테크(인터넷 플랫폼 기반 거대 정보 기술) 기업들이 메타버스 안에 종교를 심는 것에 상당히 오래전부터 공을 들여오고 있다는 것은 공공연히 알려진 사실 아닌가. 인터넷에 들어가 보면 메타버스와 교회와의 관계를 적극적으로 펼쳐 가자는 견해가 반대보다 훨씬 많은 것을 볼 수 있다.

어떤 익명의 필자는 인터넷에 올린 글에서 "빅테크 업체들이 메타버스 안으로 종교를 가져오려는 움직임은 생각보다 빨라, 조만간 모든 교회들에게 메타버스 참여 여부를 묻게 될 수도 있다. 그때가 되면 기독교계의 반응이 생각보다 예민해질 거라고 나는 생각한다.

아마도 메타버스는 기성 교회에 종교 혁명에 가까운 영향을 끼칠 것이다"라고 이야기한다.

현실 세계를 가상의 공간에서 구현하는 플랫폼을 의미하는 개념인 메타버스라는 용어가 그대로 쓰이든 아니든 증강현실, 가상현실, 확장현실, 혼합현실, 거울세계, 라이프로깅(Lifelogging - 일상생활에서 일어나는 모든 순간을 텍스트, 영상, 사운드 등으로 캡처하고 그 내용을 저장, 정리하며 사용자들과 공유가 가능한 일상 기록) 등의 기술을 사용하여 우리가 상상한 그 이상의 새로운 세상을 만들어 사용자를 환상(판타지)에 빠지게 할 시대는 반드시 오고 말 것이다. 이미 미래를 예측한 애플, 구글, MS, 페이스북(현 '메타') 등 글로벌 빅테크 기업들이 앞다투어 메타버스 산업에 뛰어들고 있는 것만 봐도 알 수 있는 일이다.

메타버스를 가능하게 하는 주요 기술을 증강현실인 ARAugmented Reality, 가상현실인 VRVirtual Reality, 혼합현실인 MRMixed Reality, 대체현실인 SRSubstitutional Reality로 보고 있지만 실제로는 확장현실이라고 하는 XRExtended Reality이라고 주장하는 전문가도 있다.

AR(증강현실)은 증강과 실제가 합쳐진 합성어로 현실에 3차원의 가상의 물체를 겹쳐 보여 주는 기술을 뜻한다. 지금 내가 보는 그 실시간에 CG가 더해진다고 이해하면 된다. 사실 제일 쉬운 예시가 포켓몬 GO다. 아마 다들 한 번씩은 들어 봤을 거라 생각한다. 핸드폰을 들고 주위를 둘러보면 거기에 포켓몬이 숨어 있다. 실시간으로 3D 입체 형태의 물건이 마치 현실에 놓여 있는 것처럼 보이는 것, 이게 바로 증강현실이다.

VR(가상현실)도 잘 알고 있을 것이다. 말 그대로 가상의 현실을 뜻한다. 실제와 유사하지만 실제가 아닌, 특정한 환경이나 상황을 만들어낸 곳이 바로 가상현실이다. 가상현실 체험을 위해 지금까지는 VR 기기를 사용해야 한다.

MR(혼합현실)은 가상현실과 현실 세계에 가상 정보를 더해 보여 주는 기술인 증강현실을 혼합한 기술을 뜻한다. VR과 AR, MR은 모두 실제로 존재하지 않은 현실을 구현해 사람이 이를 인지할 수 있도록 하는 기술이라는 점에서 공통점이 있다. 이중 MR은 AR과 VR을 혼합해 현실 배경에 현실과 가상의 정보를 혼합시켜 제공한다.

SR(대체현실)은 VR의 연장선 상에 있는 기술이다. 현재와 과거의 영상을 혼합하여 실존하지 않는 인물이나 사건 등을 새롭게 구현할 수 있고 사용자가 가상 공간을 실제로 착각하게끔 만드는 기술로, 가상현실과 인지 뇌 과학이 융합된 한 단계 업그레이드된 기술이라 할 수 있다. 일본의 이화학연구소가 네이처지에 발표한 바에 따르면, 체험자가 미리 기록된 과거 장면을 실제처럼 착각하게 만드는 대체현실 시스템을 개발했다. 뇌를 자극해 체험하는 사람이 현실인지 비현실인지 알 수 없도록 해서 진짜 현실을 대체하는 또 하나의 현실을 경험토록 한다는 것인데 기억을 조작할 수 있는 기술의 상용화가 이미 시작됐다고 보는 견해도 있다. VR, AR, MR과 달리 하드웨어가 필요 없는 대체현실 기술은 스마트 기기에 광범위하고 자유롭게 적용될 수 있고 사실상 거의 모든 애플리케이션 시나리오에 사용될 수 있다는 장점이 있다.

문제는 **XR**이다. XR(확장현실)은 가상현실과 증강현실, 혼합현실 기술을 망라하는 초실감형 기술 및 서비스를 칭한다. 즉 현실과 가상 간의 상호 작용이 더욱 강화된 현실 공간에 배치된 가상의 물체를 손으로 만지는 것과 같은 개념이다. 지금까지 가상현실 기술들이 "아 이건 가상이구나"를 인지할 수 있었다면 XR부터는 정말 실제와 같은 체험을 가능하게 하는 것을 목표로 한다. 즉 기존의 기술을 모두 아우르며 상상 이상으로 발전된 기술이라고 생각하면 쉽다. 가상만을 인지한다면 그저 게임일 뿐이다. 사람은 가상을 인지하는 순간 몰입도의 한계점을 지닐 수밖에 없다. 때문에 가상을 인지하지 못할 만큼의 기술력이 상용화될 때쯤 진정한 메타버스의 시대가 올 것이다.

다르게 보는 메타버스

메타버스 전문가들은 지금의 메타버스를 메타버스라 생각하지 말라고 하는데, 그 이유는 기존 기술들의 한계로 현실감이 떨어진다는 것이다. 그러니까 루시드 드림Lucid Dreams을 이용한 메타버스 기술 시대가 오기 전까지는 메타버스다운 메타버스를 기대하지 말라는 것이다.

루시드 드림이란, 꿈속을 산책한다는 말로 자각몽自覺夢이라고도 한다. 자각몽은 꿈을 꾸는 도중에 스스로 꿈이라는 것을 알아차리지만 그 꿈이 너무 실감나는 꿈을 말한다. 우리는 대부분 꿈을 꿀 때 꿈인 줄 모른다. '현실처럼 생생하다'는 표현도 그래서 나왔다. 그런데 자각몽은 꿈을 꾸면서 꿈인 줄 안다. 가위에 눌릴 때 '이건 꿈이야. 그러니까 무서워하지 말고, 눈을 꾹 감았다 뜨면 돼' 하고 스스로에게 되뇌는 것이 대표적이다. 그리고 그렇게 생각한 대로 실행하면 정도의 차이는 있지만 꿈에서 깰 수 있다.

자각몽은 이처럼 자신이 꿈을 꾸고 있다는 사실을 자각하고 있기 때문에 꿈속의 상황을 어느 정도 자신의 의지대로 판단하고 결정할 수 있다. 즉, 원하는 대로 꿈을 꿀 수 있다는 뜻이다. 이것이 가능하면 그야말로 이루지 못할 욕망은 없어지고, 더 나아가 욕망을 최대치로 이룰 수 있는 기막힌 아이디어까지도 얻을 수 있다는 것이다.

루시드 드림, 자각몽은 뇌를 이용하는 게 핵심이기 때문에 뇌 공학을 연구하는 기업들이 메타버스에서 중요한 역할을 하게 될 것이다. 예를 들면 일론 머스크가 운영하는 뉴럴링크Neuralink 같은 것이다. 뇌에 칩을 심는다고 얘기한 일론 머스크의 뉴럴링크가 어쩌면 미래 가상현실과 실제 세계의 혼동을 줄지도 모르는 진정한 메타버스 시대의 시발점이 될지도 모르겠다.

올더스 헉슬리 팬이 아니더라도 전 세계는 본격적으로 루시드 드림이나 뉴럴링크까지 언급되는 멋진 신세계, 메타버스 신드롬에 빠지기 시작했다. 오죽하면 페이스북(현 '메타') CEO 마크 저커버그가 프랑스 파리에서 열린 비바테크 2021에 참석해서 "미래에는 미디어, 예술, 스크린, TV가 물리적으로 존재할 필요가 없다."라고 하면서 회사명을 아예 메타로 바꾸어 버렸겠나.

저커버그가 만들려고 하는 메타버스는 지금과 같이 모니터 화면으로 접근하는 메타버스가 아니라고 한다. 자각몽 같은 개념을 통해 가상 세계에 들어가 그곳에서 실제로 움직이며 활동하는 새 세상을 만들려고 한다는 것이다. 2018년에 개봉한 스티븐 스필버그의 영화 <레디 플레이어 원Ready Player One>에 나온 것과 같은 세상을 재현하 겠다는 것이다. 스필버그와 마크 저커버그와 일론 머스크와 빌 게이 츠와 워렌 버핏이 모두 유대인인 것도 흥미를 끄는 대목이다.

우리가 특별히 주목해야 할 부분은 저커버그의 선언이 나온 얼마 뒤 뉴욕 타임스에 실린 기사로, 제목이 <페이스북의 다음 타겟: 종교 체험Facebook's Next Target: The Religious Experience>이라는 내용이었다. 이 기사는 페이스북(현 '메타', 이하 기사 내용에서는 기사대로 '페이스북')이 미국의 거대 교회인 힐송 처치와 계약을 체결했다는 이야기로 시작이 된다. 힐송 교회가 페이스북을 통해 온라인 실황 중계와 영상 서비스를 제 공한다는 내용이다.

페이스북은 벌써 2017년부터 신앙 파트너십 팀Faith Partnerships Team이라는 걸 꾸려 미국 복음주의 교회와 오순절 교회에 접촉해 왔 으며 미국 장로교회와는 이미 파트너십을 맺었다고 밝혔다. 자본 시 장의 한복판에 서 있는 거대 기업이 메타버스 기업으로의 전환을 선 언함과 동시에 종교 영역, 그중에도 기독교회에까지 손을 내밀고 있 는 상황이 벌어지고 있다는 건 실로 충격적이다. 과연 이런 상황 속 에서 교회(특히 대형 교회)가 자본주의나 기술주의에 매몰되지 않고 신앙 의 중심을 지켜 나갈 수 있을지 걱정스럽다. 어떤 미국의 한 블로거 는 이 기사를 인용하며 '이제 우리에게 들리는 것은 좋은 소식Good News, 복음이 아니라 나쁜 소식Bad News이다.'라고 선언을 해 버렸다.

맞는 말일까.

길목이라는 필명의 필자가 인터넷에 올린 글을 보면, "사회의 변화가 이처럼 급격하게 이루어진다면 이 사회에 복음을 전하는 교회는 어떠해야 할까?"라고 질문하면서 "당연히 교회는 사회의 변화를 연구하고 그에 맞게 바꾸어야 한다. 전자 제품을 이용하다 보면 소프트웨어 업그레이드가 일어나지 않나? 윈도우나 애플의 오퍼레이팅 시스템(OS: 컴퓨터를 움직이는 기본 소프트웨어를 말함)이 업데이트되면 이전 버전에 맞게 개발된 제품은 갑자기 사용할 수 없게 되는 경우가 생긴다. 그럴 경우 제품 회사는 새로운 프로그램에 맞는 패치를 얼른 제공해 주어 사용에 문제가 없게 해 준다. 그렇지 않은 제품은 사람들의 시선과 선택에서 밀려날 뿐이다. 새로운 OS에서 사용이 불가능한 제품은 더 이상 시장에 나오지 않듯이 교회의 모습을 이와 비교하면 더 명확히 이해할 수 있을 것이다. 교회가 사회에 맞게 재맞춤하지 않으면 시장에서는 더 이상 교회의 제품(복음)을 선택하지 않게 될 것이다. 아니 출시조차 할 수 없을 것이다. 중간 도매상도 그것을 시장에 내놓지 않고 소비자도 선택하지 않을 것이 분명하기 때문이다. 교회가 수십 년 변화에 둔감하다 보니 충성스런 교인들이 교회라는 시장에 나가지 않는 현상이 일어나고 그로 인해 복음이 소비자에게 전달되지 않는 현상마저 경험하게 되었다. 이런 현상이 지속되면 교회는 그냥 존재했던 것으로만 이해될 뿐 더 이상 역사 속에서 역할과 기능은 사라질 것이다. 그러니 메타버스를 적극 수용하기 바란다."

당신은 이 말에 공감하는가?

또 다른 익명의 필자는 "페이스북이 회사명을 바꾸고 메타버스 시대를 선언한 것처럼, 교회도 속히 새로운 시대를 맞아 준비하고 선언해야 한다. 바꾸어야 한다. 지금 당장이야 소소한 변화일 수 있지만, 이런 시도들이 이루어지고 연합하고 자본이 투자되고 마음이 하나 된다면 교회는 세상에서 새로운 변화의 주체가 될 수 있을 것이다. 어려운 시기 교회가 새로운 시대를 준비하고 그 시대의 부작용을 막고 보충해 주고 대안이 되는 세력이 될 수 있다면 역사도 교회를 기억해 줄 것이다."라고 주장하면서 "교회는 사회와 분리될 수 없다."는 말로 단정을 내렸다.

이미 김현철 목사가 쓴 『메타버스 교회학교』라는 책이 교계의 이슈가 되고 있고, 한국대학생선교회(CCC)는 유튜브, 제페토, 게더타운 등 다양한 플랫폼을 이용, 메타버스에서 여름 수련회를 성공적으로 마치게 되었다는 홍보를 대대적으로 하고 있으며 서울 혜성교회나 EMT선교회라는 곳에서도 게더타운을 이용해 수련회를 열었다고 자랑한다. 이 시간에도 수많은 교회나 선교 단체 리더들이 이런 얘기에 고무되어 메타버스를 이용해 사역의 효과를 높이자고 의견을 모으는 것은 물론, 교회 내 모든 자본을 끌어모아 실제적 준비까지 하고 있는 것으로 알고 있다. 나의 결혼 주례자였던 김준곤 목사님은 생전에 "우리는 변화를 원하지 않고 기존의 제자 훈련과 전도 훈련만 할 테니 문화사역은 너나 해라."며 CCC 안에서의 문화사역 제안을 완곡히 거절, 필자로 하여금 황망히 돌아서게 한 기억을 돌이켜 보면 격세지감을 느끼기도 한다.

이런 와중에 교사들의 멘토라고 불리는 고상범 목사의 강의를 요약해 보면 기대보다는 우려가 더 커 보이는 느낌을 지울 수 없다.[55]

- 메타버스 사역은 결국 가상 공간에서 만나는 온라인 사역으로, 다음 세대들이 현실과 가상을 구분할 수 없다 보니 자기 자신은 감추고 활동한다. 그러다 보면 사이버 범죄 위험에 무방비하게 노출될 수 있고, 이를 악용할 소지가 있다.
- 메타버스가 아무리 좋아도 중소형 교회에서까지 실현 가능할지 의문이다.
- 메타버스에 익숙해지면 코로나가 끝나도 아이들이 다시 오프라인 교회로 오는 건 쉽지 않을 것이다. 메타버스 교회 학교에 익숙해지면 현장에 나가지 않아도 컴퓨터나 스마트폰으로 아바타인 내가 가상 교회 학교에서 목사님과 선생님, 친구를 얼마든지 만나게 되고 심방도 받을 텐데 뭐하러 귀찮게 오프라인 교회에 나가려고 노력할 것인가?
- 정체성 혼돈이 올 수 있다.
- 메타버스가 교회 학교 사역과 MZ세대에게 필요하기는 하나 (하나님을 인격적으로 만나는) 예배가 가상현실 속에서 이루어지는 것에 대해 매우 신중하게 접근해야 한다고 생각한다.

또 다른 전문가는, 메타버스 내 종교 플랫폼이 대중화되기 시작하면 적지 않은 교회가 그 안에서 교회를 개척하려 할 텐데, 그 이유는 대중을 끌어모으기 쉬울 뿐 아니라 아바타들이 내는 슈퍼챗(유튜브에서 사용하는 일종의 온라인 모금) 같은 재정 지원이 달콤한 결과를 제공할 가능성이 높기 때문이라는 것이다. 그렇게 되면 아바타 성도를 확보하기 위한 교회 간 경쟁이 치열해질 것은 불을 보듯 뻔할 텐데 이것이 어떤 방법으로 진행되고 어떤 후유증을 유발할지는 아무도 모른다고 우려를 표하기도 했다.

그리고 진짜 더 큰 문제는 메타버스 내에서 개척하는 교회들은 반드시 플랫폼 사업자의 가이드라인을 따라야 한다는 것이다. 그렇게 될 때 이용자의 평등을 내세워 동성애자나 트랜스젠더, 이단이나 사이비 교회에 차별 대우 할 경우 벌준다는 규정이 생기지 말라는 법이 없다는 것이다.

또, 중국의 3자 교회 정책처럼 플랫폼 사업자가 설교 내용을 미리 점검하겠다고 주장하면 스스로 플랫폼을 만들 여유가 없는 소형 교회들은 매우 난감한 상황에 처할 수도 있다. 한발 더 나아가 지금처럼 대형 IT 기업이나 기독교에 반감을 가진 정치 세력이 예수의 유일성을 강조하는 설교가 인류 평등과 화합을 해치는 일이라고 판단, 메타버스 내 활동에 법적 규제라도 하려 든다면? 그뿐 아니라 메타버스를 이용해 대중을 끌어들이려는 교회와 여건상 그렇지 못한 교회 사이에 생기는 자본주의적 격차는 어떻게 해결할지….

메타버스 번영을 걱정하는 이들 중에는 인간이 개발한 기술을 아무 의심 없이 사용하자는 생각은 바벨탑을 쌓았던 오만함과 다를 바 없을 거라고 주장하는 이들도 있다. 그들은 메타버스는 쉽게 돈을 끌어모으려는 상업 지상주의자들의 기획된 의도에서 비롯된 것으로, 그들이 만드는 가상 세계는 당연히 현실을 부정하게 할 뿐 아니라, 동성애 지원 본부라고까지 부를 정도로 열심인 월트 디즈니 사례처럼 오로지 경제 원리에만 입각, 하나님 피조 세계를 왜곡시키는 문화로 채울 것이며, 선정성과 중독성 같은 건 아랑곳하지 않아 얻는 것보다 잃을 게 많을 거라고 주장한다.

메타버스를 교회에 끌어들이려는 시도에 대해 부정적 생각을 가진 사람들은 메타버스 교회라는 게 현실 세계에서 가상 공간으로 옮겨 놓은 것으로 끝나는 게 아니라, 하나님의 모습을 한 AI 컴퓨터를 신으로 섬기도록 미혹하는 배도背道의 포털, 그 이상도 그 이하도 아닐 거라고 단호하게 주장한다. 그들은 영화 <매트릭스>를 예로 들며 거기서 네오는 신이었고 트리니티는 네오를 살리는 구세주였음을 기억하라고 했다. 매트릭스의 세계를 창조하고 관리하는 AI 컴퓨터가 사람들의 생사화복을 주관하는 신으로 군림하듯이, 결국 메타버스 교회의 신은 성경 속 하나님이 아니라, 사람들의 모든 욕구를 만족시켜 주는 AI 컴퓨터가 될 거라는 예상을 왜 못하는지 이상하다고까지 했다. 그들은 인공지능에 대한 가장 무서운 편견은 인공지능을 중립적인 것으로 판단할 것인데 실상은 전혀 그렇지 않다는 것이다. 인공지능이 로봇 형태가 되든 메타버스 형태가 되든 개발자의 철학, 사상, 종교, 의도가 담기게 마련인데 어떻게 가치 중립적일 수 있느냐는 것이다. '설계자의 의도와 한정된 지식으로 인해 특정 변수가 사용, 또는 배제된다면 누가 이것을 미리 알고 통제할 것인가?'라고 되묻기도 한다.

철저히 상업적인 목적으로 구상된 메타버스라는 말을 한국에 흥행시킨 김상균 교수조차 메타버스가 유토피아를 만들지 디스토피아를 만들지 애매한 태도를 취하고 있다는 점도 우리를 혼란스럽게 한다. 세계적인 미래학자들 중에는 메타버스를 지향하는 인간의 특성을 호모 사피엔스(생각), 호모 파베르(도구), 호모 루덴스(놀이)를 거쳐 결국 호모 데우스(신이 되려는 인간)로 귀결될 것이라고 주장해 충격을 주기도 한다.

이런 주장에 과장성이 있다 하더라도 인간이 신이 되려는 욕망은 이미 에덴에서 실패한 것이 사실이다. 『그대 신앙은 안녕하십니까?』를 쓴 최금남 목사는 최근 "아담은 하나님의 선한 창조 질서 속에서 선하게 창조되었지만(창1장), 뱀의 유혹에 빠져 범죄하였다. 뱀은 아담의 적대자이기는 하지만 강제할 수는 없다. 뱀도 아담처럼 피조물이기 때문이다. 뱀은 오직 유혹이나 죄를 범할 계기만을 제공할 수 있다. 그러므로 아담이 죄에 굴복한 것은 필연적이거나 강요된 것이 아니다. 그것은 행위의 주체인 인간이 책임질 일이다."라고 주장했다. 통찰력과 분별력 있는 부모라면 깊이 새겨들어야 할 말씀이 아닐 수 없다. 제2의 아담인 예수 안에서 거듭난 부모가 무지로 인해(욥38:2) 자녀를 뱀의 유혹에 빠지게 하는 일은 상상하기조차 싫다.

아무튼 메타버스가 화산처럼 곧 폭발해 버릴 태세인데 기독교 가정의 자녀들로 하여금 화산재와 용암의 피해를 입지 않도록 대비하지 않는다면 결과에 대한 책임은 오롯이 부모 몫이 될 것이다.

분명히 말하지만, 나는 문화를 분리와 격리의 대상으로 여기자는 주장에 동의할 생각은 조금도 없다. 그것은 과거의 영지주의나 분리주의자들, 이해관계에 민감한 세상 사람들이 자기 영역을 확보하고 적을 공격하기 위해 쓰는 수단이라고 생각한다. 그러나 세상에 살되 세상과 타협하지 않아야 하는 그리스도인에게 메타버스에 대한 초점, 관점, 지향점이 무엇이냐고 묻지도 않고 무조건 대중의 흐름에 따라 수용이나 반대를 외치는 건 너무 위험한 자세라고 생각한다.

메타버스는 일반 은총에 따라 주어지는 이른 비, 늦은 비와 다르다. 주님은 구원받은 자나 그렇지 않은 자에게나 골고루 햇빛을 비춰 주시고 농사에 지장 없도록 땅에 영양분도 제공해 주신다. 그러나 메타버스는 그런 일반 은총의 원리에 따라 주면 받고 안 주면 안 받아야 하는 대상이 아니라는 것이다.

실제와 실제가 만나는 2차원적 현실이 아니라 3차원 가상의 공간에서 삶을 사는 데 치중하게 되면 예배만 문제가 아니라, 삶의 모든 영역이 AI 컴퓨터에 종속될 것은 명약관화明若觀火한 일이다. 자기 자신을 감추고 활동하려는 욕망, 하나님의 폭로하심과 임재 체험에 대한 막연함, 생명 공동체 안에서의 친밀한 교제, 사람과 사람 사이의 갈등을 해결하려는 노력, 홈스 허깅과 같은 사랑의 체험 부족에서 오는 외로움, 더구나 사이버 범죄 위험에 노출될 위험은 물론, 현실과 가상을 구분할 수 없다 보니 메타폐인이라는 중독자가 무수히 나오게 될 거라는 경고 등만 봐도 메타버스를 일반 은총 차원에서 가볍게 사고하려는 자세는 매우 위험할 수 있다는 것이다.

이번에 메타버스라는 주제로 글을 쓰면서 이런 상상을 해 봤다. 주일 아침 가장 편한 복장과 자세로 소파에 누워 VR(가상현실) 장비를 쓰고 자신이 원하는 교회를 선택하는데 그날의 기분에 따라 모던한 교회나 중세의 장엄한 교회, 서울 대형 교회나 시골 전원 교회 등 자신의 선호도에 따라 선택한 후 설교해 줄 목사도 자신이 좋아하는 얼굴로 아바타를 만들어 내거나 골라낸 다음 이미 누적된 수백만, 수천만 건의 설교 중에서 오늘 자기에게 맞는 설교를 선택해 달라고 인공지능(AI)에게 요구하는 모습. 그리고 이런 환경을 만들어 준 대가로 플랫폼 관리자에게는 사용료를, 마음에 드는 교회에는 가상화폐로 헌금을 보내는….

어쨌든 메타버스는 가짜 세상이다. 아무리 진짜같이 보여도 하나님이 창조한 세상이 아니라 인간이 만들어 낸 가짜 세상이다. 아무리 진짜같이 꾸며도 하나님이 창조한 현실감을 경험하는 데는 한계가 있을 것이다. 기독교 세계관의 핵심이 창조에서 시작된다는 점은 너무 중요한데 그 창조의 깊이와 경험을 가상 세계 안에서 잃어버리고 자기 멋대로 즐기려 한다면 예수 그리스도에 대한 임재를 체험했다는 고백은 공허한 이야기가 될지도 모른다.

국내의 한 유명 신학자는, 유발 하라리가 코로나로 전 세계가 상상치 못할 경험을 하기 전 인간 능력이 이미 신의 경지로 끌어올려졌다고 단정한 것과, 앞으로 미디어나 빅데이터가 종교가 되어 그것을 섬기는 광신도가 급증하게 될 거라고 예언했다면서, 메타버스도 그 범주에서 벗어나기 힘들 거라고 힘주어 말했다. 메타버스의 최종 지향점은 인간 중심, 좀 더 정확히 표현하면 자아 중심의 세계로 몰고 가 '자신이 왕'임을 믿게 만들 것이 분명하다는 말도 덧붙였다. 공감 가는 말이 아닐 수 없다.

지금까지 나온 전문가의 의견을 종합해 보면 앞으로 인간이 하던 많은 일들을 인공지능이 대신하게 될 거라는 데는 이견異見이 없어 보인다. 그렇지만 딥러닝Deep Learning을 통해 스스로 학습되고 진화한 인공지능이 언제 인간의 영역을 침범할지 아무도 모르는 상황에서 정확한 정의조차 내려지지 않은 메타버스 교회를 세우고 메타버스 예배를 드리자고 섣불리 주장하는 것은 신중성을 잃은 자세라고 아니할 수 없다.

결국 교회는 시스템이나 프로그램보다 관계 속에서 예수 그리스도의 지체임을 확인하고 함께 예배하고 먹고 안고 울고 웃어 주는 생명 공동체인데, 아바타와 가상으로 이루어진 메타버스 교회가 이런 역할을 얼마나 해 줄지 신중히 파악해야 한다고 생각한다. 제트세대나 알파세대가 아무리 온라인 세대라 하더라도 결국은 하나님의 창조 영역인 실제 세계에서 만나야 하지 않겠느냐고 힘주어 말하는 이들의 목소리를 무시해서는 안 된다고 생각한다.

이제 우리가 할 일은 분명하다. 예수 그리스도 안에서 통찰력과 분별력부터 강화하는 것이다. 그러려면 올바른 교리에 입각한 복음을 먹고 소화해 내는 일(복음사역)이 우선 되어야 할 것이다. 자녀가 중독에 빠지지 않게 하려면 회복사역과 문화사역이 필요하다는 것도 물론이다.

하나님 말씀에 의하면 앞으로 메타버스가 나오든 뭐가 나오든 배교背敎하는 자들이 많아질 것은 분명하다. 하나님을 찬양하는 문화보다 대적하는 문화도 많아질 것이다. 돈을 사랑하며 쾌락을 사랑하며 하나님 믿는 자들을 미혹할 문화는 홍수를 이룰 것이다. 메타버스란 말 자체가 초월을 뜻하는 단어와 세상을 뜻하는 단어의 합성이듯이 하나님 창조의 세상을 초월한 가상 세계에서 신이 되거나 신처럼 살라는 문구에 속아 넘어가는 자녀들도 많아질 것이다. 이런 세상에서 부모가 자녀에게 생명력, 통찰력, 분별력을 심어 주지 못한다면 어떤 일이 벌어질 것인가.

예수 그리스도의 생명력만이 사랑, 희락, 화평, 오래 참음, 자비, 양선, 충성뿐 아니라 온유와 절제의 열매를 맺게 할 것이며, 예수 그리스도의 통찰력은 인간의 지식으로 알 수 없는 것까지 그 정체와 가치를 파악하게 해 줄 것이고, 예수 그리스도의 분별력은 언제나 최상의 선택과 분별을 도와줄 것이다.

그뿐인가? 예수 그리스도의 창의력을 가진 사람들만이 하나님의 문화를 왓치아웃watchout하고 가이드guide하고 프로듀싱producing해 나갈 것이며, 예수 그리스도의 변증력을 가진 사람들만이 메타버스든 무엇이든 이 세상의 문화와 언어를 이용해 하나님의 진리를 변증해 소망을 전해 줄 것이다.

우리 자녀가 그런 자녀가 되도록 돕는 길은 부모가 먼저 복음사역과 회복사역과 문화사역으로 양육을 받아 자녀를 제대로 양육하는 길밖에 없다. 건강한 부모로부터 올바르게 양육받은 자녀만이 배교의 길에 빠지지 않고 유혹의 강을 무사히 건널 것이며 기드온 용사처럼 항아리와 불빛만으로도 수많은 적을 물리칠 수 있을 것이다.

이미 오래전에 삶의 모든 영역 속에 있는 보이지 않는 악들을 간파한 바울 사도의 경고는 포스트모던 혼돈의 시대를 사는 우리에게 중요한 경고를 주고 있다. "우리의 씨름은 혈과 육을 상대하는 것이 아니요. 통치자들과 권세들과 이 어둠의 세상 주관자들과 하늘에 있는 악의 영들을 상대함이라"(엡6:12)

당신의 자녀에게 복음사역·회복사역·문화사역으로 인해 예수 그리스도의 생명력과 통찰력, 분별력, 창의력, 변증력이 생수처럼 흘러넘치기를 바라며, 문화에 지배당하는 게 아니라 문화를 정복하는 자녀를 양육하는 부모가 되기를 예수 그리스도의 이름으로 축복한다.

문화사역9

문화사역은 문화를 통해 들어오는 세상 정신을 파악하게 돕는 사역이며, 문화로 사역하고 문화를 사역하도록 돕는 사역, 문화 세대인 자녀[56]로 하여금 왓처, 가이드, 프로듀서라는 문화 리더십을 갖게 돕는 사역이다. 문화사역의 핵심으로는, 미디어가 얼마나 힘이 센지 알게 해 주는 것과 문화 속에 담겨 있는 거짓 메시지에 속아 넘어가지 않게 도와주는 일, '누가 왕이냐?'의 문제를 해결하게 돕는 일이 포함되어 있다. 부모 입장에서는 문화 리더십이란 말 자체가 어렵게 보이겠지만, 문화 속에 파묻혀 사는 자녀를 위해서라도 우물 파듯이 조금씩 들어가다 보면 생수를 만나듯 안목이 열리게 될 것이다.

문화사역10

문화사역 중 세상이 어떠한지 즉, 세상 정신이 어떠한지 알게 해 주는 일은 너무 중요하다. 우리는 세상에 살지만 세상에 속하지 않아야 하기 때문이다In the World, But Not of the World.

너희가 세상에 속하였으면 세상이 자기의 것을 사랑할 것이나 너희는 세상에 속한 자가 아니요 도리어 내가 너희를 세상에서 택하였기 때문에 세상이 너희를 미워하느니라(요한복음 15:19).

세상이 어떠한지 알려면 세상 정신을 알아야 하는 건 당연지사. 세상 정신은 그 시대의 정치, 경제, 사회, 교육뿐 아니라 철학이나 과학 등을 통해 드러나지만, 가장 일반적이고 광범위한 표출은 문화이기 때문에 그 시대의 문화를 보면 시대정신을 가장 잘 알 수 있다.

사실 문화만큼 넓은 개념을 가진 것도 없다. 오래전 영국의 인류학자 에드워드 타일러는 "문화는 지식, 신앙, 예술, 도덕, 법률, 관습 등 인간이 사회의 구성원으로서 획득한 능력 또는 습관의 총체"라고 규정했었다. 이러한 개념 정의는 한동안 인류학계에 큰 영향을 끼쳤으나 인류학의 발전과 더불어 문화의 정의는 말할 수 없을 만큼 다양해져 문화사역의 범위를 정하는 일도 한층 어려워졌다.

문화사역을 사람 살리는 사역이라고 할 수밖에 없는 이유는 밀레니얼 세대나 알파세대 모두 문화의 영향을 엄청나게 받는 문화 세대이기 때문이다. 알파세대란 인공지능AI이나 로봇 등 기술적 진보에 익숙한 세대를 뜻하는데 이들은 어렸을 때부터 AI 스피커와 자연스런 대화를 하고, 언제든 원하는 서비스를 받으며 자라기 때문에 미디어 문화와 친숙할 수밖에 없다. 디지털 네이티브로 불리는 밀레니얼 세대[57]가 소셜 네트워크 서비스SNS를 배워 능숙하게 소통하는 데 그친 반면, 알파세대[58]는 아예 디지털 배아胚芽에서 잉태되어 디지털 미디어 속에 태어나기 때문에 존재 자체가 미디어 세대, 문화 세대라고 부를 수밖에 없다. 전문가들은 이들을 인류 최초로 등장한 새로운 세대라고 부른다. 그러니 이렇게 다른 세대를 자녀로 키우면서 미디어의 특성조차 모르고 미디어의 영향력, 미디어와 문화의 차이도 모른다면 산소마스크 없이 화성에 가려는 사람과 하나도 다를 바 없을 것이다.

문화사역11

문화사역의 1차 과제는 문화 세대인 자녀들로 하여금 문화 속 메시지와 메타포, 이미지를 읽어 내게 하는 데 있다. 메시지는 사람의 마음과 행동을 움직일 만큼 힘이 있는 언어를 뜻하는데 요즘 문화는 글이나 말 대신 이미지로 된 메타포를 더 많이 사용하고 있어 자녀를 위한 미디어 리터러시[59]는 필수 코스가 되었다. 특히 부정적 이미지나 비성경적 메타포는 혼의 기억에 깊은 각인을 남기기 때문에 어렸을 때부터 각별히 조심해야 하는데, 그렇지 못할 경우 성령으로 거듭난 후에라도 엄청난 후유증을 겪으며 살아야 한다는 걸 충분히 설명해 주어야 한다.

그렇다고 문화미디어를 경계 대상으로만 보는 것은 바람직하지 않다. 우리는 문화로 하나님을 찬양할 수도 있고 문화를 복음의 변증 도구로 얼마든지 활용할 수 있다. 다만 문화적 문맹, 문화적 예속, 문화적 소멸[60]에 빠지지 않으려면 올바른 신학에 기반한 문화사역으로 문화 리더십 쌓도록 도와야 한다는 것이다. 그동안 한국 교회는 성도들에게 성경 공부를 시키지 않으면 목회를 그만둬야 한다는 책임감으로 성경 공부에만 매진, 회복사역과 문화사역 쪽은 외면해 온 감이 없지 않으나, <레디 플레이어 원> 같은 영화 속 세상이 곧 실현되고 말거라는 전망, 거기다 미디어와 몸이 하나가 되어 살아야 하는 제트세대와 알파세대의 등장으로 이제는 과거의 좁은 패러다임에서 벗어나 문화에까지 제자 훈련의 영역을 넓히지 않으면 미국의 아미시 교파[61]처럼 외부와 격리된 곳에서 살아야 안심이 될 것이다.

분명히 말하지만 자녀 양육에 있어 문화사역의 필요성은 소신이나 각오의 문제가 아니다. 스티브 잡스가 스마트폰을 만들어 내고 로블록스나 제페토로 시작된 메타버스가 혁명적 미래를 예고하는데 구시대적 제자 훈련 틀에 갇혀 문화 세대는 물론, 문화 자체를 잃어버린다면 정복하고 다스리라는 문화 명령(창1:28), 새 포도주를 새 부대에 넣으라(눅5:37)는 주님 말씀을 무시하는 결과가 되고 말 것이다.

문화사역12

문화는 잘 쓰면 득이 되지만 잘못 쓰면 독이 된다. 문화는 잘 알고 들어가면 풍성한 삶을 경험할 수 있지만 잘 모르고 들어가면 세속주의라는 덫에 걸려 타락하게 된다. 그래서 교회 안에서 문화를 바라보는 시선이 극과 극으로 나뉘는 것 같다.

문화사역13

복음사역과 회복사역이 자리를 잡으면 문화사역은 쉽게 갈 수 있다. 문화사역은 문화에 대한 정의나 자세를 따지는 게 우선이 아니라 문화를 통해 들어오는 세상 정신을 파악하는 것이 우선이어야 하는데 그 이유는, 성경에 세상 정신을 조심하라는 말씀이 여러 번 나오기 때문이다.

너희가 세상에 속하였으면 세상이 자기의 것을 사랑할 것이나 너희는 세상에 속한 자가 아니요 도리어 내가 너희를 세상에서 택하였기 때문에 세상이 너희를 미워하느니라(요한복음 15:19).
세상이 너희를 미워하지 아니하되 나를 미워하나니 이는 내가 세상의 일들을 악하다고 증언함이라(요한복음 7:7).
이 세상이나 세상에 있는 것들을 사랑하지 말라 누구든지 세상을 사랑하면 아버지의 사랑이 그 안에 있지 아니하니, 이는 세상에 있는 모든 것이 육신의 정욕과 안목의 정욕과 이생의 자랑이니 다 아버지께로부터 온 것이 아니요 세상으로부터 온 것이라(요한1서 2:15~16).

문화와 세상 정신, 나아가 문화를 통한 영적 전쟁을 소설 형식을 빌려 상세하게 그려 낸 사람 중에 오스 기니스만한 사람도 드물 것이다.

데이비드 웰스도 현대화와 문화의 관계를 언급했으나 오스 기니스만큼 자세하지는 못했다. 그러므로 낮은울타리 문화사역은 문화와 세상 정신이라는 단어에 무게를 둔 채 오스 기니스의 『무덤파기 작전』[62]을 차용할 수밖에 없게 되었다.

문화사역14

오스 기니스Os Guinness는 세계적인 기독교 변증가이자 강연가, 작가, 사회 비평가로 활동하고 있다. 허드슨 테일러의 동역자였던 헨리 기니스의 증손자인 그는 1941년 제2차 세계 대전 중 중국에서 의료 선교사의 자녀로 태어나 1951년 중국 공산당 정책에 따라 추방되기까지 중국에서 어린 시절을 보냈다. 그 후 영국 런던대학과 옥스퍼드에서 사회학으로 박사 학위를 받았고, 라브리에서 프란시스 쉐퍼와 연구 활동을 함께하기도 했다. BBC의 프리랜서 기자로 활동하기도 한 그는 1984년 이후 미국으로 건너가 체류하면서 현대 기독교 문명과 철학의 흐름을 분석하고 공공 정책과 관련된 사안에 적극적으로 관여, 프란시스 쉐퍼의 사상을 계승한 최고의 문화 비평가로 평가받고 있다.

미국 주요 대내외 정책에 대한 연구, 교육, 출판을 목적으로 세워진 브루킹스 연구소의 객원 연구원과, 미국 내 종교의 자유를 연구 대상으로 하는 윌리엄스버그 헌장 협회 이사장을 지냈다. 1991년에는 트리니티 포럼을 창립하여 2004년까지 고든 맥도널드와 함께 수석 연구원으로 활동했으며, 세계 양심 헌장과 복음주의 선언을 입안했다.

오랫동안 유럽, 미국, 캐나다 등지의 수많은 대학과 전 세계 기업 및 정계 컨퍼런스에서 강연해 온 그는 학문적 지식과 대중적 지식 사이의 간극을 메우는 데 힘써 왔으며, 특히 신앙과 공공 정책에 관한 학문적 지식을 좀 더 많은 청중에게 쉽게 이해시키는 일에 열정을 나타내고 있다.

주요 저서로는 여기서 언급하려는 『무덤파기 작전The Gravedigger File』 이외에 한국에서 베스트셀러가 된 『소명The Call』, 현대 문화의 여러 경향을 분석하고 기독교적 대안을 제시하고 있는 『The Dust of Death(1973)』와 많은 젊은이들이 겪고 있는 신앙과 의심의 문제를 다룬 『In Two Minds(1976)』, 현대 미국 문화가 초래한 위기와 신앙의 미래를 다룬 『The American Hour(1993)』 등이 있다.

문화사역15

오스 기니스는 미국 복음주의를, 적의 표현을 빌려 노망기에 접어든 초기 청교도주의와 같다고 진단해 엄청난 충격을 준 미국의 변증 신학자다. 그는 개신교 직업 윤리의 씨가 변질되어 가는 것과 미국 복음주의가 성례전적 물질주의 특성에 영향을 받는 것에 깊은 우려를 표할 뿐 아니라, 시민 종교, 폐쇄 종교, 소비 종교 등 미국식 모조품이 가져올 폐해 등에 대해 날카로운 풍자를 했다.

그가 쓴 『The Gravedigger File』[63]은 사회 과학 서적이면서 독특한 형태로 출간이 되었다. 즉 사탄의 정보기관에서 사용되는 작전 명령 또는 작전 개요처럼 쓰여졌는데 중앙 안전 보장 이사회 부국장이

로스앤젤레스 지부장 대기자에게 보내는 편지 형식이 된 것이다. 이 책에 나오는 '제 무덤파기'란 말은, 현대화를 촉발시킨 기독교가 현대화에 발목 잡혀 세속화되어 가는 모습이 마치 스스로 무덤을 파고 그 안에 들어가는 모습과 유사하다는 데서 나왔다.

이 책은 사탄의 입장에서 현대 교회를 비판한 극비 문서 형태로, 현대 교회가 일으키는 모든 스캔들의 핵심(세속화, 개인화, 다원화)을 치밀하게 분석, 거대한 음모가 펼쳐져 가는 내용인데 숨이 막혀 올 정도로 디테일한 소설이다. 세상에 복음을 전파하라고 보냄을 받았지만, 오히려 세상 문화의 포로가 된 어처구니없는 상황에서 교회는 어떻게 살아남을 것인가가 이 책의 주제다.

오스 기니스는 이 책에서 교회를 전복시키려는 사탄의 비밀문서를 낱낱이 파헤치는 동시에 현대성과 세속성이라는 단잠에 빠져 있는 교회를 흔들어 깨우려는 것처럼 보인다. 예리한 사회학적 분석과 소설이라는 형태, 흡입력 있는 필치로 전개되는 『The Gravedigger File』은 오스 기니스의 천재성이 빛나는 걸작이라 할 수 있다.

내가 이 책의 원고를 처음 받은 것은 지금으로부터 25년도 넘었다. 그 후 나는 이 책을 통해 흔들거리는 것과 경련하는 것의 차이를 명백하게 알게 되었으며 기초가 무너지면 건물 전체가 무너지고 만다는 교훈을 배웠다.

오스 기니스가 이 책을 통해 우리에게 알려 준 여우의 방법을 대비하지 않으면 곧 후회하게 될 거라는 생각을 벌써 25년 전에 했으니, 이 책이 얼마나 큰 충격을 주었는지 상상할 수 있을 것이다.

정말이지, 한국 교회가 미국 교회를 모델로 해서 미국식 기독교 문화를 엄청 수입했는데 앞으로는 이 책의 중앙 이사회 부국장이 강조했던 "문화를 통해 교회를 정복하라"는 적의 외침을 생생히 기억했으면 좋겠다. 그리고 제발, 자신도 모르는 사이에 문화적 문맹의 단계에서 예속의 단계로, 그리고 문화적 소멸의 단계로 나아가지 않기를, 성공한 대형 교회들이 중소형 교회보다 앞서간다고 잘난 척하다가 적의 트로이 목마 계략에 넘어가지 않게 되기를 간절히 바랄 뿐이다.

문화사역16

교회의 문제를 지적하며, 신앙에 환멸을 느끼는 이들의 동참을 호소하고, 분노한 자들을 자극하는 신앙 서적들은 수없이 많다. 그러나 그 이유를 자세히 분석한 책들은 거의 없었다. 서구 교회가 안고 있는 문제의 원인이 어디에 있는지, 마르틴 루터가 무슨 이유로 현대 기독교인의 삶을 새로운 바벨론 포로 생활이라 불렀는지 등의 질문에 대해 여러 가지 대답을 내놨지만 대부분 부적절하거나 틀린 것이었다. 이런 문제들을 단순히 신학적 자유주의나 성적 방탕, 부패한 정치인들, 아니면 시대에 뒤떨어진 목회자들 탓으로 돌리는 모습은 뭔가 미흡하다는 생각을 하게 했었다. 그러나 오스 기니스는 복음주의자들에게는 조금 낯선, 사회 과학 형식을 빌려 문제를 비평하고, 이제라도 교회가 속임수를 깨닫고 문화를 통해 교회를 전복시키려는 적의 전략-무덤파기 작전에서부터 수면 효과 작전, 체셔 고양이 작전, 사설 동물원 작전, 혼돈 효과 작전, 모조 종교 작전-을 파악한 다음,

예수 그리스도의 능력으로 세상을 정복할 것을 권고하고 있다. 낮은 울타리 문화사역은 이런 기니스의 충고에 빚진 바가 크다.

문화사역17

"현대화라는 요인 때문에 교회가 당하고 있는 위협이 이렇게 컸던 적은 이제까지 한 번도 없었습니다. 어떤 시대 어떤 문화 아래서나 어떤 문명 하에서도 교회는 이렇게 상상할 수 없을 정도로 통제 불가능한 사태를 겪어 보지 못했을 뿐 아니라 그 구성원들의 삶을 형성하는 데 절대적인 영향을 미친 어떤 것도 경험해 보지 못했습니다. 현대 세계는 기독교의 도움으로 일어났지만 이제는 기독교를 추월해 버리고 말았습니다. 아버지는 아들을 낳았고 그 아들은 장성하여 이제 아버지와 죽음을 각오한 싸움을 싸워야 하는 운명에 처해 있는 것입니다."(무덤파기 작전, p. 31)

오스 기니스가 말하기를, 초대 교회는 핍박 가운데서도 믿음을 지키며 성장하는 동안 집요한 피 흘림을 지속적으로 경험했지만, 이 피 흘림이 오히려 기독교를 참된 진리 가운데로 몰아갔고 교회가 바로 서도록 도왔는데, 안타깝게도 지금은 아니라는 것이다.

교회가 변질되어 가는 과정을 오스 기니스는 현대화에 따른 세속화라고 말한다. 이 세속화가 결국에 가서는 교회를 무너지게 만들 거라는 게 오스 기니스의 경고로, 전형적인 왓처watcher 역할이다.[64] 그는 결과로 나타나는 세속주의보다 눈에 안 보이는 과정으로서의 세속화가 더 무서운데 그 이유는 교회가 눈치채기 어렵기 때문이라고 했다. 오스 기니스의 말대로 오늘 한국의 대형 교회 대부분은 효과적으로 복음을 전한답시고 세상 문화(사상, 철학, 심리학, 찬양이나 예배 형식)를 가져오기 위해 문을 활짝 열었고 그것은 대형 교회를 꿈꾸는 신학생들에게 하나의 로망이 되었다. 꼭 그 하나의 이유 때문이라고 단정할 수 없지만, 어떤 시대도 지금보다 세속주의, 혹은 세속화가 교회에 만연된 적은 없었다.

문화사역18

오스 기니스가 서구 교회 스스로 그리스도를 잃어 가고 있다고 한탄하는 이유는 발전된 현대성modernity이 기독교 신앙을 진보 세속주의로 대체하려 음모를 꾸미고 있는데 교회가 눈치채지 못하기 때문이라고 진단한다. 그에 의하면 현대성이 서구 교회 앞에 도전장을 내밀자 그 위력이 문화를 통해 나타나 복음이 힘을 잃어 가는 것처럼 보여지는가 하면 예수의 주主 되심은 교회 안팎에서 날로 배반당하고 있다는 것이다. 사실 이것은 서구 교회뿐 아니라 한국 교회의 현실이기도 하다.

이 책은 현대 문화가 갖고 있는 함정, 즉 사탄이 문화를 이용해 교회를 무덤 속에 밀어 넣으려 하고 있다는 사실을 예리한 시각으로 파헤치고 있기 때문에 정상적 그리스도인이라면 문화를 대하거나 문화를 가르친다는 의미를 숙고하게 만들어 준다. 이 책을 읽고 나면, 현대화된 문화를 통한 사탄의 전술, 전략에 현혹당하지 말라는 그의 말을 오랫동안 기억하게 될 것이다.

문화사역19

이 책에서 사탄은 이미 죽음의 위협이 기독교 영성을 저지하는 효과적인 수단이 아님을 간파했다고 한다. 이제 그들이 택한 전략은 로마 제국에서와 같은 서구형 사회의 기독교화인데, 사실은 이것이 기독교의 세속화를 이끌어 내는 무서운 전략이라는 것이다. 불행히도 서구에서 이 전략은 정확히 맞아 떨어졌고, 오스 기니스는 그것을 목격한 후 사탄이 어떤 전략을 가지고 교회를 전복하려 하는지, 그 과정을 자세히 설명하고 있다.

보고서 형식을 띤 이 책은 전체로 보면 크게 3부로 나뉜다. 1부는 작전의 개념, 2부는 현대 세계의 등장과 기독교 신앙에 가하는 엄청난 영향력에 대한 분석, 3부는 문화에 의한 오염이 기독교 제도와 사상, 기독교인의 사회 참여에 어떤 영향을 미쳤는지를 분석하는 것이다.

저자는 사탄의 교회 전복 작전 중 문화를 통한 침투 전략을 가장 실효성 있는 사례로 들었다. 그러면서 사탄의 입을 통해 "우리 예상대로, 문화를 이용해 교회에 침투해서 교회를 전복시킨다는 계획은 놀라운 전략일 뿐 아니라, 뜻밖에도 교회가 방어하기 어려운 약점임을 알게 되었다."고 흥분하기까지 한다.

교회는 믿음의 지성적 차원을 열심히 탐구하긴 했지만 신앙의 사회적 차원을 간과하는 경향이 강해져 사탄은 이 틈새를 이용, 교회를 전복시키기 위해 교회 안으로 새로운 사고방식을 들여보냈다는 것이다.

"우리는 항상 '논리로 싸워 이길 수 없으면 중상모략하라'는 구호를 즐겨 사용해 왔습니다. 지식 사회학이라는 분석 방법에 대한 바른 이해 없이는 기독교인들이 우리의 공작 활동을 발견해 내지 못할 것입니다. 혹, 발견한다 할지라도 이미 너무 늦어 속수무책의 상황에 이르게 될 것이 분명합니다."(무덤파기 작전. p. 48)

저자는 교회가 지성적 탐구의 자유를 남용, 문화의 다양성이라는 문제를 진리의 유일성을 객관적으로 증명해 내는 것과 같은 위치에 놓도록 허용하는 실수를 저질렀다고 분석한다.

현대화의 함정에 빠져 진리마저도 과학적, 혹은 합리적으로 이해하려는 태도와 지성을 숭배하려는 유혹에 넘어간 교회는 진리 자체의 신뢰성보다 진리를 설득하는 방법론에 더 타당성을 두는 오류를 범하게 되었다는 것이다.

"기독교인들이 믿음의 사회적 측면에 대한 필요성을 더욱 실감하고 문화를 분석하기 위한 새로운 방법을 얻게 될 확률은 매우 낮습니다. 이미 그들은 현대의 문화적 상황에 대해 합당한 설명을 전혀 못하고 있기 때문입니다."(무덤파기 작전. p. 49)

기독교 변증가답게 저자는 진리가 어떻게 교회에서 잘못 인식되는가를 제대로 설명한다. 가령 믿음과 관련해서 사탄은 믿음의 비합리적인 면들을 강조하는 동시에 문화를 이용, 왜곡시키는 방법을 사용했는데, 이게 먹혀들었다는 것이다.

이것은 교회의 진리에 대한 반응을 보수와 자유라는 두 극단으로 치우쳐 서로 싸우게 만들었으며 문화를 통한 세속화 문제는 젖혀 두고 이론에 매달리는 모습에서 이중적 모순이 발견되었다는 것이다.

"기독교인들이 문화를 분석하기 위해 비기독교적 가정들로 가득한 수단들을 사용하게 되면(혹은 실체를 묘사하는 용어들을 사용하게 되면) 결국에는 이 수단들(또는 용어들)은 다른 사람의 안경을 쓰거나 다른 사람의 신발을 신고 다니는 것과 같은 영향을 끼치게 될 겁니다. 수단이 사용자의 모든 것을 형성시켜 가게 마련 아닙니까? 기독교인들이 문화에 대해 비판적 안목으로 사고하지 못한 결과 문화를 통한 세속화 전략에 속수무책으로 당하기 쉽다는 사실을 잊지 마십시오."(무덤파기 작전, p. 52)

저자는, 기독교가 예수라는 진리에 굳게 서 있으면서도 진리에 대한 잘못된 태도를 가지고 있는 게 이상하다고 지적한다. 즉, 진리는 이론이 아님에도 현대 문화 생산자들이 원하는 대로 이론으로 생각하게 조장하는 전략에 넘어가 버렸다는 것이다.

세속화는 세속주의와 다르다고 강조하는 저자는 세속화의 개념을 "현대화될수록 종교성(영성)이 희박해진다."는 것으로 정의한다.

세속화의 목표는 종교(교회)의 소멸이 아니라 결정적인 왜곡이라면서, 왜곡이야말로 소멸보다 더 강력한 세속화의 목표라는 것이다.

저자는, 사탄은 그리스도인이 기독교 신앙을 버릴 수 없음을 너무나 잘 안다면서, 그렇다면 기독교를 소멸시킬 게 아니라 기독교 영향력이 사회 속에서 감소하게 하는 전략을 세울 수밖에 없다는 결정을 내렸는데 그것을 세속화 전략으로 명명했다고 밝힌다. 현대 사회의 핵심 분야(특히 문화)에서 기독교 영향력을 감소시킴으로써 그리스도 권위에 타격을 입히는 것이 주목표가 된 셈이다.

"세속화는 두 가지 측면에서 우리를 돕는 힘으로 작용합니다. 하나는 계속적으로 세속주의를 조성하여 냄으로써 그 힘을 증가시킨다는 것과 다른 하나는 종교를 압박함으로써 종교가 가진 힘을 약화시킨다는 것. 세속화와 세속주의는 둘 다 최종 목적지는 같지만 세속화가 그 목적지에 도달하는 데에 더 강하며 확실하며 교묘한 수단라는 점을 잊어서는 안 됩니다."(무덤파기 작전, p. 63)

오스 기니스에 의하면 사탄의 세속화 전략은 매우 집요하면서도 은밀하게 오랜 시간을 두고 진행되어 왔음을 알 수 있다.

이 작전의 결과 오늘날의 그리스도인들은 (자기들만의 독선에 빠져) 창문 없는 세계라고 부르는 곳에 사는 것을 당연시 여기게 되었으며 공공연한 곳에서 하나님의 초월성을 이야기할 수 없게 되었고, 예배 시간이든 설교 시간이든 천장 아래 존재하는 현실에 대해서만 이야기할 뿐, 더 이상 천장을 뚫고 나가려는 시도를 하지 않게 되었다는 것이다.

문화사역20

오스 기니스가 파헤친 무덤파기 작전을 간단히 정리하면,

첫째, 정면 대항을 피하라 - 교회에 정면으로 대항하여 싸우기보다는 교회와 함께, 교회 안에서 활동을 벌임으로 더욱 효과적으로 목표를 성취하라. 교회로 하여금 세상(문화)과 타협하게 함으로써 자신의 무덤을 스스로 파게 하자는 것이다.

둘째, 생각하지 못하게 하라 - 그들은 복잡하고 지적인 것을 죽기보다 싫어한다. 습관을 계속 부추겨라.

셋째, 기독교 출판을 통제하라 - 영혼을 일깨우는 깊은 성찰이나 개혁에 도움을 주는 책들을 어떻게든 막아라.

넷째, 세속주의를 실어 나르는 대중문화에 빠지게 하라.

문화사역21

왜 예수 그리스도의 생명력과 통찰력으로 무장되어 있어야 할 교회가 무덤파기 작전에 쉽게 넘어가는가? 오스 기니스는 적이 사자의 방법이 아니라 여우의 방법으로 싸우는 것으로 태도를 바꿨으며 약점보다는 강점을 공격하는 쪽으로 방향을 수정한 것이 적중했다고 본다.

"승리하지 못하면 진다는 전면전형, 즉 사자의 방법이 아니라 지지 않으면 이긴다는 여우의 비밀전 방법을 이용하라. 전복과 침투의 방법을 통하여 적의 허점들을 하나씩 제거해 나가는 것이다." (무덤파기 작전, p. 21)

여우의 방법인 비밀전의 단계는 다섯 단계로 이루어지는데,

"약점보다는 강점을 공격하라. 실제로 강점은 노출되어 있다. 이 강점들이 공격받기 쉬운 약점으로 변화하는 것은 흔히 있는 일이기도 하다. 예를 들어, 삼손의 지나친 힘이라는 강점이 방탕함을 낳고 결국 파멸로 이끌어진 것을 볼 수 있지 않은가? 또 강점은 보호받지 않게 되어 있음을 명심하라. 그리하여 물질만능, 황금만능, 과학만능주의를 계속 부추겨라. 소위 문화적 대명령에 의하여 세상과 접촉점을 찾아 복음을 증거하려는 그들의 욕망이 세상 문화를 분별없이 받아들이게 되면 곧 세속화라는 무덤에 들어가게 될 것이다."(무덤파기 작전, p. 24~26)

오스 기니스가 밝힌 사탄의 문화를 통한 교회 전복 과정.
첫째, 문화적 문맹의 단계 - 교회가 문화와 철저하게 결합하도록 부추김으로 교회는 교회의 특성이 사라지고 문화만 남는 것을 눈치채지 못하게 한다.
둘째, 문화적 예속의 단계 - 교회와 문화의 결합이 지나쳐 문화의 도움 없이는 아무 것도 못하게 한다.
셋째, 문화적 소멸의 단계 - 문화를 무비판적으로 수용하고 결합하게 되면 교회는 철저히 불타 없어질 것이다.

"저들이 쓰는 신앙이라는 말의 근본 의미 속에는 긴장 혹은 팽팽함이란 뜻이 들어 있다. 즉, 저들은 일종의 이중 싸움을 해야 한다는 뜻이다. 그들

표어는 한마디로 세상에 반대하면서 세상에 존재한다는 것, 이런 줄타기가 얼마나 불안할까? 이 줄타기 생활의 아킬레스건은 문화와의 접촉이다. 긴장을 풀고 복음을 전하려는 욕망으로 세속 문화를 받아들이려는 바로 그 실수를 노려라. 작전을 성공하기 위한 특수 지령. 10-80-10 작전을 잊지 말라. 교회 가운데 10퍼센트를 우리 편으로 끌어들여 교회 내에서 우리를 위해 싸우게 하라. 교회 구성원의 80퍼센트는 수동적으로 만들어 지배적인 사조에 무조건 따르게 하라. 겁쟁이가 되게 하든지 스스로를 안심시키는 자로 만들면 반드시 성공한다."(무덤파기 작전, p. 27~28)

어떤가? 대단하지 않은가? 상황이 이런데도 교회는 교만하여 적의 간계를 무시했다. 그리하여 문화를 자주 거론하면서도 문화의 실상을 모르는 성도가 많아졌고, 문화를 이용하는 사탄의 전략을 추상적으로만 이해하거나, 현대화에 대한 무지와 맹신은 말할 수 없이 높여, 결국 트로이의 목마 작전[65]처럼 세상의 문화를 분별없이 교회로 끌어들이는 실수로 난공불락이었던 성을 뺏기고 말았다는 것이다.

문화사역22
놀라운 건 오스 기니스뿐 아니라 데이비드 웰스도 현대성과 문화에 대한 이야기를 하고 있다는 사실이다. 웰스의 말을 인용해 보자.

"신학 실종을 이야기할 때 문화라는 주제를 배놓을 수 없다. 복음주의자는 문화를 중립적이며 무해한 것으로 보는 경향이 있다. 더 나아가서 그들은 흔히 문화를 기독교 진리를 드높이는 명분에 협조하도록 만들 수 있는 일종의 협력자로 본다. 나는 이런 소박성에 동의할 수 없다. 사실 나는 이런 태도가 위험하다고 본다.

　문화에는 가치관이 내재되어 있다. 문화 속 가치관 중 상당수는, 우리가 현대에 누리는 문명의 이기를 통해 전달되는 경우조차도, 신앙의 본질을 교란시키는 역할을 한다. 기술이 바로 그런 사례다. 기술은 우리의 잠재적 능력을 크게 확장시켰고 우리 생활 전반에 그 혜택을 확산시켰지만, 그와 더불어 불가피하게 자연주의적 태도 및 효율적인 것을 선한 것과 동일시하는 윤리관을 불러오기도 했다. 기술 그 자체가 복음을 공격하는 것은 아니지만 기술 사회에서는 복음을 무의미하다고 여기는 게 문제다. 기술에 대한 이와 같은 비판은 그와 비슷한 가치관들이 내재된 문화의 다른 많은 측면에 있어서도 똑같이 적용된다. 이런 사실을 보지 못하고 또한 그 결과로서 복음주의 신앙이 현재 역사적인 기독교 정통주의와의 연결점들을 많이 놓치고 있을 정도로 변화하고 있다는 점을 보지 못한다면, 실패다. 솔직히 말해 나는 기독교 정통주의가 보전되어야 한다고 믿기 때문에 현대 세계에 대한 믿음을 배격한다. 많은 복음주의자가 문화의 순수성을 믿는다며 현대 문화에 탐닉함과 동시에 그 문화에 의해 수탈당하고 있기 때문에 한때 개신교 정통성의 특징을 이루었던 진리의 모든 것을 믿을 수 없게 된 것이다.

　현대성을 어떻게 바라보느냐에 따라 신앙도 현격하게 차이가 난다. 과거에 복음주의자의 영혼을 물들였던 역사적 정통주의의 물결은 세상적인 성격 때문에 지금은 흐르지 못하고 막혀 있다. 오늘날의 문화가 자신을 순수한 것처럼 포장해 보여 주기 때문에 많은 사람은 그것이 세상적인 것임을 인식하지 못한다."(신학 실종, p. 117~139)

문화사역23

오스 기니스는 얼마 전 한국 성도를 향한 영상 강의를 통해 21세기 한국 교회의 주변 상황들을 분석하면서 "세속주의는 단순히 하나님을 무시하는 게 아니라 하나님을 향한 증오이므로 이를 조심하라."는 말과 함께 당면 과제들 3가지를 내놓았는데(강력한 제자 훈련 통해 복음으로 무장, 세속주의에 물든 교회의 회복, 문화를 구속하라는 명령 지키기) 이것은 놀랍게도 낮은울타리 3대 사역인 복음사역·회복사역·문화사역과 정확히 일치한다. 놀라운 일이 아닐 수 없다.

문화사역24

"오스 기니스의 『무덤파기 작전』 배경이 왜 하필 로스앤젤레스인가?" 라고 묻는 이가 있는데, 그것은 베버리힐스로 대표되는 할리우드 문화의 영향력과 풍부한 식량, 실리콘 밸리로 특징지어질 수 있는 첨단 미래 문화의 선두 주자가 모두 LA, 캘리포니아에 있기 때문이라고 기니스는 밝힌다.

또한 이곳은 대중 매체의 혁명적 발전의 선봉이며 안톤 라베이 같은 사탄 추종자의 공작 거점 지역과 바짝 붙어 있는 지역임을 잊지 말라고도 한다.

오스 기니스는 무덤파기 작전을 통해 사탄의 전략을 낱낱이 공개하면서 이 책을 읽는 독자들에게 "예수님이 당신의 주인인가, 현대화된 문화가 주인인가?" 묻는다.

그는 신앙의 박해보다 더 위협적인 것이 발전된 현대성의 유혹이라고 말한다. 세상에 물들지 않고 제3의 바보[66]처럼 사람으로 살아야 하는 이유가, 그리스도인은 세상 사람과 다르게 살도록 부름받았기 때문이라고 한다.

문화사역25

문화사역은 형태에 따라 문화를 향한 사역과 문화로 인한 사역으로 나뉜다. 문화를 향한, 이라고 말할 때 문화는 목표가 되며 문화로인한, 이라고 말할 때 문화는 수단 혹은 도구가 된다.

문화사역26

문화사역의 두 방향 중 문화를 향한 사역은, 이사야 같이 경고하고watcher, 여호수아 같이 인도하고guide, 다윗처럼 창조하라producer로 집약할 수 있는데 낮은울타리 문화사역은 그중 이사야같이 경고하라는 왓처watcher 사역으로부터 시작이 된다. 왓처란 문화를 분석하고 평가한 다음 경고할 것을 경고하는 사역이다. 왓처의 역할은 알리는 것, 즉 파수꾼이다.

예루살렘이여 내가 너의 성벽 위에 파수꾼을 세우고 그들로 하여금 주야로 계속 잠잠하지 않게 하였느니라(이사야 62:6).

파수꾼은 적이 급습하는 등 급할 경우에는 소리를 지르고 준비된 암호나 동작이 있으면 그것으로 성안 사람들에게 어떤 상황인가를, 어떤 위기인가를 알리는 역할을 한다. 옛날부터 전쟁에 이기려면 파수꾼의 역할이 매우 중요했다. 파수꾼이 졸거나 한눈팔다 성이 무너진 사례는 셀 수 없이 많다.

그렇다면 이 시대에 왓처가 필요한 이유는 무엇일까. 그것은 문화를 통한 전쟁 상황이 그때와 너무도 비슷하기 때문이다. 문화를 통해 교회를 세속화하려는 적의 음모가 은밀하게 진행되고 있기 때문이다. 시대정신과 시대 풍조가 미디어를 통해 나타나는 상황은 전쟁터가 따로 구별되어 있지 않고 일상화되었음을 알고 있기 때문이다. 더구나 오스 기니스가 말한 문화적 문맹, 문화적 예속, 문화적 소멸이라는 관점, 문화가 가지는 보편성이라는 입장에서 보면 그리스도인이 발을 딛고 있는 곳이라면 어디나 전쟁터로 봐도 무방하다는 것. 그런 면에서 그리스도인 부모나 교사는 모두 왓처로 부름받았다고 해도 과언이 아니라는 것이다.

왓처는 파악력이 기본이다. 전방을 주시하는 기본적인 임무 외에도 눈앞에서 벌어지는 각종 현상을 분석할 정보나 수단을 가지고 있어야 한다. 언제 어디서 누가 무엇을 했는가 알려 주는 일은 물론, 조금만 수상해도 "조심하라"고 경고하는 것이 왓처의 주요 임무다. 그러므로 왓처는 예민할 수밖에 없고 과장하여 말할 수밖에 없다. 축소 보고보다는 확대 보고가 위험성을 줄여 주기 때문이다. 그런데 이런 노력을 극단주의나 이원주의 음모론으로 몰아가려는 사람들이 있어,

사탄의 사기만 올려 줄 뿐이라는 것이다.[67]

나는 오래전에 문화를 통한 사탄의 유혹과 탐욕으로 가득한 문화 생산자들의 분별없는 행동을 알리기 위해 『왓처가 되라』라는 책을 썼었다. 여기에는 세속화된 문화에 대한 경고의 내용뿐 아니라, 갈 곳도 없고 쉴 곳도 없는 청소년들, 새장에 갇힌 새처럼 성적 올리기만 강요당하는 그들이 빠지기 쉬운 문화에 대해, 감수성 예민하고 반항하기 쉬운 자녀 둔 부모가 상황 인식을 제대로 할 수 있도록 여러 사례를 적어 두었다. 특히 문화 리더십이 부족한 부모를 위해 현대 대중문화의 실상을 소상히 알리고 단원마다 <왓처로서의 체크 포인트>를 통해 문화 리더십을 배양하도록 도운 적이 있었다. 왓처의 자격, 왓처의 방향, 왓처가 되는 법 등을 상세하게 서술한 책인데 벌써 추억 속의 작업이 되어 버렸다.

문화사역27

매체는 중립적이지만 문화는 중립적이지 않다는 것을 모르는 부모나 교사가 의외로 많다. 아이들은 더 그렇다. 그래서 문화를 좋은 목적으로 사용하기만 하면 하나님이 영광을 받으실 줄 안다. 반은 맞고 반은 틀리는 말이다. 문화를 사용하려면 올바른 것을 가져오든지 생산해 내야 하는데, 어떤 것이 올바른 문화고 어떤 것이 올바르지 않은 문화인지 기준이 애매하고, 교리에 따라 다르고, 개인마다 천차만별이어서 자칫 중구난방衆口難防이 될 수밖에 없다는 것이다.

하긴 평소에는 수도원 같던 교회가 문학의 밤이나 여름 수련회 같은 데서 조별 장기 자랑 벌이는 걸 보면 아슬아슬하게 느껴질 때가 많았다. 유초등부 아이들이 개그맨 흉내는 물론, 성적으로 야한 농담을 해도 수련회니까, 로 넘어가는 현상은 정말 이해하기 어려웠다. 더구나 뉴에이지 그룹이 만든 노래를 성가대가 예배 시간에 버젓이 부르는 걸 봤을 때는 아연 긴장하지 않을 수 없었다. 저 성가대 지휘자는 무슨 배짱으로 저 노래를 찬양이라고 올려 드리는 것일까. 예배 시간(특히 오후 예배 시간)에 부르는 찬양의 템포가 빨라지고 리듬이 격해지는 것은 그렇다 쳐도 가사가 분명히 비복음적인데 태연히 하나님께 올려 드린다고 외치는 찬양 인도자의 멘트를 듣고 있으면 예배가 무엇인지 알기나 하나, 생각이 복잡해지기도 한다. 교회에 온 아이들이 스마트폰으로 하는 게임을 보고 있노라면 문화의 문을 어디까지 열어 줘야 하는 건지 갈등하지 않을 수 없다. 물론, 문화의 주인이 사람이나 사탄이 아니라 하나님이시기 때문에 주눅 들거나 위축될 필요는 없지만 오스 기니스나 데이비드 웰스의 책을 읽어 보면 문화에 대한 무지가 얼마나 위험한 태도인지 알고 있기 때문이다.

문화사역28

예수 그리스도의 생명으로 거듭난 그리스도인이 가장 먼저 할 일은 마음을 지킬 뿐 아니라 마음을 지성소로 만드는 일이다. 그런데, 사탄이 문화(대중 매체)를 이용해 마음을 빼앗고 현혹시키는 일을 쉬지 않고 있다. 그것을 영적 전쟁이라고 한다.

제일 먼저 사탄은 우리 안에 자신을 높이려는 욕망을 심어 놓는다.

대중문화는 우리 자신이 왕이 되게 하고 욕망에 빠지게 만드는 좋은 도구라는 걸 사탄은 너무도 잘 알고 있기 때문에 상업주의 문화 생산자가 욕망을 부추기는 메시지로 인기를 얻으면 그것을 따라 하게 만든다.

욕망에 관한 것 중 "누가 왕인가?"의 질문은 너무 중요하다. 아담과 하와가 뱀의 속임수에 넘어가 선악과를 따먹게 된 것은 왕이 되려는 욕망 때문이었다. 현대의 수많은 N세대가 게임 중독, 스마트폰 중독에 빠지는 것도 자기가 자기 인생의 주인이라는 생각 때문이다. 오늘도 사탄의 노림수는 하나님의 자녀로 하여금 왕이 되게 해 하나님 인식을 방해하려는 것임을 잊어서는 안 된다.

다시 말하지만, 영적 전쟁의 핵심은 "누가 왕인가?"를 확인하는 데 있다. 영적 전쟁은 한마디로 왕 싸움이다. 대중문화 속 스타들이 쉼 없이 "네가 왕이다", "네 마음대로 살아라"라고 외치는데 케이팝으로 전 세계를 석권한 방탄소년단이 대표적 사례다.

그들을 세계적 스타가 되게 하는 데 기여한 'No More Dream'이란 노래 가사를 보면 '억압만 받던 인생 니 삶의 주어가 되어 봐. 니가 꿈꿔 온 니 모습이 뭐야. 지금 니 거울 속엔 누가 보여. I gotta say. 너의 길을 가라'라고 부르짖는 소리가 들린다.

방탄의 리더인 RM랩 몬스터, 김남준은 공연이 끝날 때마다 "러브 유어셀프, 러브 마이셀프" 하고 외치면서 "나는 나 자신을 사랑하는 것 외에 그 어느 것도 중요하지 않다는 걸 배웠어요."라고 덧붙인다. 그러면 공연장을 가득 메운 그의 팬들은 자지러질 듯이 소리를 질러 대면서

"아멘, 아멘" 하고 소리를 지른다.

"당신 인생의 주인은 당신 자신입니다. 당신이 주어主語입니다. 당신 마음대로 사십시오."

그들이 유엔에 초청받아 가서 부르짖은 말도 러브 마이셀프, 러브 유어셀프였다.[68] 그러나 우리 주님은 "아니다, 내가 너의 왕이다. 너는 나와 연합하고 나만 의지해야 한다."라고 말씀하신다.

문화사역29

X세대에서 Y세대, MZ세대, 알파세대로 이어지면서 세대를 구분하는 주기가 점점 짧아지고 있다는 말을 들은 적이 있다. 전에는 세대 간격이 약 30년 단위였다면 지금은 10년 단위로 좁아졌다고 한다. 그러면서 세대 간 격차는 엄청나게 벌어지고 있는데 세대 갈등을 유발하는 주 원인 중 하나가 문화라는 말을 들었다.

MZ세대는 1980년부터 2004년생까지를 일컫는 밀레니얼 세대와 1995년부터 2004년 출생자를 뜻하는 Z세대를 합쳐 일컫는 말이다. 이들은 정보를 찾고 검증하는 데 능숙하고 전통적인 마케팅보다는 개인이 제공하는 날것의 정보를 더 신뢰한다고 한다. 또한 자신의 가치관과 관련된 소비 행위나 불매 의사를 SNS에 공유하고 전달함으로써 불특정 다수에게 영향을 미치는 디지털 액티비스트라고 불리기도 한다. 미래도 중요하지만 현재를 더 중시하며 행복한 소비, 가격은 따지지 않고 자기만의 취향을 소중하게 생각하는 세대. 통계청에 따르면 이 MZ세대는 2019년 기준 약 1700만 명으로, 국내 인구의

34%를 차지하는데 이 세대를 끌어안을 수 있어야 그 다음에 따라오는 알파세대를 품을 수 있어 매우 중요한 사역 대상이다. 최근 다수의 기업에서는 이들을 심층 연구한 다음 대대적인 마케팅 전략을 펼쳐, 엄청난 매출을 올리는 데 성공했다고 한다.

구찌라는 회사의 사례를 보자. 오랫동안 명품 회사의 지존 자리를 지켜 왔던 구찌는 베이비부머, X세대에 이어 MZ세대가 핵심 고객층으로 성장하자 과감하게 기업 전략을 바꾸기로 했다고 한다. 나이든 직원이 젊은 직원을 멘토로 삼는 리버스 멘토링[69]과 30세 미만의 직원들로만 구성된 의사 결정 조직 그림자 위원회를 구성한 게 그 예로 앞에 말한 대로 상당한 성과를 거두었다는 것이다.

유통 업계의 경우는 더 심각해서 주 소비층으로 떠오른 MZ세대의 이목을 끌기 위해 예상치 못한 브랜드 간 이색 콜라보레이션 collaboration.협업, 합작을 펼치는 등 변화의 시대에 생존하기 위해 몸부림치고 있다.[70] MZ세대가 신선함과 재미를 소비 요소로 꼽는다는 걸 알아낸 뒤 나온 마케팅 전략이라니 그들의 치밀함에 혀가 내둘려진다.

긴 글 보다는 짧은 이미지 중심의 마케팅.
사진보다는 영상이나 움짤.
스튜디오보다는 일상적인 느낌.

이 정도면 우리의 문화사역이 왜 중요한지 감이 잡히지 않은가. 물론, 우리는 돈을 벌려고 복음사역, 회복사역에 문화사역을 융합하자는 것이 아니다. 돈을 벌기 위해 갖은 애를 쓰는 사람들을 참고할 필요는 있다는 것이다. 돈과 문화, 성공과 문화, 생명과 문화의 연관을 살피고 문화를 통해 어떤 세상 정신이 다가오는지 모른다면 자녀 양육이 추상화되거나 관념화되기 쉽다는 걸 잊지 말자.

문화사역30

풀러 신학교 조직 신학 교수인 이정석이라는 분이 '문화에 대한 교회의 태도'란 제목으로 쓴 글에 이런 내용이 나온다.

"한국 사회에 세속적인 서구 문화가 밀물처럼 상륙하여 문화 환경을 오염시키고 청소년들의 관심을 독점하자, 한국 교회는 문화적 위기의식을 느끼게 되었다. 더욱이, 한국 교회가 전통적 보수주의와 신비적 성령 운동에 의해 주도되면서 향락적 대중문화는 말세적 현상으로 인식되고 설교에서 무차별적 비판의 대상이 되었다. 이러한 흐름을 대표하는 운동으로는 신상언의 낮은울타리가 있다. 그는 청소년 사이에 급격히 파고드는 록음악이나 랩뮤직에 사탄적 음모가 있다고 주장하면서 대중음악을 사실상 뉴에이지 문화와 거의 동일시하였으며, 이러한 음모론적 비판은 모든 문화 영역으로 확대되었다. 또한 세대주의 종말론 시나리오도 컴퓨터가 사탄의 음모라고 주장하여 문화적 변화에 대한 저항감을 불러일으켰다."

오해다. 이렇게 한 사람을 쉽게 매도하는 일은 정치판밖에는 없었다. 학자들이 제대로 알아보지도 않고 이런 식으로 사람을 매도하는 경우가 종종 있다. 학문적 거만이 몸에 배었거나 자신만이 옳다고 믿는 권위주의형 사람들이 저지르는 실수인데 이런 오해는 늘 있어 왔다.

분명히 말하지만 나는 모든 문화가 사탄의 것이라고 주장한 적도 없고 모든 음악이 뉴에이지라고 주장한 적도 없다. 그런 운동을 일으켜 본 적도 없다. 절대 나는 운동가가 아니고 선동가는 더더욱 아니다. 낮은울타리 조직은 초라할 정도로 미약한데 무슨 운동을 일으킨단 말인가. 호세아나 아모스, 사도 바울이 그랬듯이 상업화된 대중문화 속에 우상적 요소가 들어 있다, 조심해라, 라는 의도로 글을 쓰고 강의한 적은 있지만 이 세상 모든 문화를 사탄의 것이라고 주장한 적은 한 번도 없었다. 아무리 유명한 분이라도 그가 쓴 글이나 강의를 일부만 듣고 이런 식으로 매도당하다 보면 누구도 이단 사이비로부터 자유로울 수가 없게 된다. 반대로 내가 이 교수의 글 중 한 부분만 인용하면 얼마든지 오해할 수 있는 근거가 나타나지 않겠는가. 풀러 신학교 교수라는 이분뿐 아니라 종종 나에 대해 이런 식으로 비판하는 사람들은 『사탄은 마침내 대중문화를 선택했습니다』한 권, 그것도 일부만 가지고 단정을 짓는다.

나는 이 책만 쓴 게 아니라, 『왓처가 되라』『행복한 문화사역』『N세대를 위한 열 가지 핵심 전략』『직면』『죽더라도 자식은 살리고 죽자』외에도 『사랑하는 사랑을 위하여』『만남을 위하여』『축복의 샤워』심지어 『빛을 위한 콘체르토』나 『황금사슬』같은 구속사 이야기를 소설로 쓰기도 했다. 지금 쓰고 있는 책은 『자녀를 살리는 복음사역 회복사역 문화사역』이다.『사탄은…』책이 초창기에 많이 팔려 유명해진 것은 사실이다. 그래서 그 책 내용이 나의 주장을 대표하는 것처럼 되어 버린 것도 사실이다. 그러나 더 많은 부분에 문화 소명과 문화 명령에 대해 언급한 것도 사실이다. 나는 문화 거부론이 아니라 문화 변혁론을 지지한다. 그런데 자세히 알아보지도 않고 문화 극단론자, 혹은 문화 음모론자로 몰아간다는 것은 천국에 가서 같이 살 사람의 예의가 아니다. 세상 정신이 아니고 그리스도인끼리 비판할 때는 정말 조심해야 하는데 함부로 정죄하다 아니면 말고 식으로 시침 떼는 사람들이 정말 많은 것 같다. 특히 학자이라는 사람들이 그렇다. 그런 식으로 정죄하면 안 걸려들 사람이 어디 있나. 예를 들어 보자. 어떤 설교자가 "이 세상은 악이 지배하는 것처럼 보입니다. 그러나 하나님은 우리에게 악을 이길 힘을 주셨습니다."라고 했는데 앞부분만 따서 사탄 추종론자라고 매도하면 사정을 모르는 사람들은 '그렇구나'라고 생각할 것이다. 특히 미국의 유명 대학 교수가 한 말이라면 덮어놓고 믿을 것이다. 완전 정치판에서 상대를 죽일 때 쓰는 방법을 교회 안에서도 사용하는 사람들이 있는데 조심해야 한다. 진짜 나쁜 건 자세히 알아보지도 않고 남이 쓴 글을 퍼 나르는 사람들인데 명백한 차도살인借刀殺人①이다. 정말 문제가 된다 싶으면 만나서 이야기나 들어 보자고 하면 될 텐데 지금까지 이런 식으로 나를 매도한 사람이 전화 한 통 거는 법을 본 적이 없다. 나는 풀러 신학교가

---

① 차도살인 - 남의 칼을 빌려 사람을 죽임.

있는 미국 캘리포니아에 수십 번 방문했기 때문에 전화 한 통화면 얼마든지 만나 줄 수 있는데, 그런 절차도 없이 유명 대학교수라는 분이 부족한 근거를 가지고 실명을 언급하며 '음모론자'로 매도하다니 그분의 수준과 인격을 의심하지 않을 수 없다.

문화사역31

알파세대가 태어나면서부터 미디어를 품에 안고 태어난다는 말은 열 번 말해도 부족함이 없다. 저들만큼 문화사역이 필요한 세대가 없다는 말도 이백 번은 해야 할 것이다. 왜냐하면 저들이 문화 세대라 문화라는 영역 뺏기면 다 뺏기는 셈이 되기 때문이다. 스물네 시간 문화 속에 살아가는 저들이 타락한 문화 생산자들에게 이용당하거나, 문화 통한 영적 전쟁에 밀려 패배 의식에 젖거나, 가짜 판타지에 속아 시간을 허비하며 살지 않도록 돕기 위해서라도 문화사역이라는 단어에 친숙해질 필요가 있다는 말씀을 다시 한번 드리고 싶다.

문화사역32

사역使役은 시킬 사使, 시킬 역役이란 뜻의 낱말이다. 사역을 전담하는 사람을 사역자라고 부른다. 사역은 부르심에 대한 반응인데, 반응보다도 부르심이 중요하다. 그중에도 누가 부르시느냐가 중요하다. 물론, 우리는 우주의 창조자 만왕의 왕으로부터 부름받았기에 행복한 복음 사역자, 행복한 회복 사역자, 정말 행복한 문화 사역자라고 자부할 수 있다.

그런데 우리는 이 '사역자'라는 말보다 '양육자'라는 말을 더 좋아한다. 사역이라 할 때는 일이 연상되지만 양육이라 할 때는 사람이 연상되기 때문이다. 우리가 양육해야 할 대상은 첫째로 자식이다. 사랑하는 자식에게 복음사역·회복사역·문화사역 통해 하나님이 누구신지 바로 알게 하고, 자신이 어떤 존재인지 알게 하며, 세상을 정복하고 다스린다는 게 무슨 의미인지 알게 하기를 원한다. 복음사역과 회복사역의 중요성은 말할 필요도 없지만 문화사역에 소홀한다면 우리 자식들은 문화적 소멸의 대상이 되어 돈만 벌려는 저들에게 질질 끌려다닐지도 모른다.[71] 포로가 따로 없고 노예가 따로 없다. 전에 이스라엘 민족이 하나님 말 안 듣다 포로로 잡혀간 적이 있었는데 우리 자식들이 그렇게 되도록 놔둘 수 없다. 문화라는 게 애굽이나 앗수르만큼 불량 국가 형태가 아니라고 안심하면 안 된다. 몸은 팔려가지 않더라도 문화라는 영역에서 포로가 되면 정신이 황폐화되기가 쉽기 때문이다.

문화사역33

낮은울타리 문화사역의 초점은 문화를 사역하고 문화로 사역하는 것이다. 문화가 목표일 때는 왓처, 가이드, 프로듀서를, 문화가 수단일 때는 복음화와 상황화라는 개념이 등장하는데 지금까지 우리 말고 그런 말을 공개적, 반복적으로 하는 사람을 본 적이 없다. 문화를 정복하고 다스리기 위해서는 예수 그리스도의 생명력이, 문화 속 메시지, 메타포, 이미지를 파악하기 위해서는 예수 그리스도의 통찰력이, 어떤 문화 소비를 선택해야 하나 고민될 때에는 예수 그리스도의 분별력이, 하나님 나라에 맞는 문화를 생산하기 위해서는 의존적 창의력이, 문화를 통해 소망의 복음을 설명하고자 할 때는 예수 그리스도의 변증력이 필요하다는 말도 우리만 외치고 있는 것 같다.

앞에서도 언급했지만 복음은 신학의 실종 때문에 아슬해지기 쉽고, 회복은 심리학과 신비주의 때문에 아슬해지기 쉬우며, 문화는 세속화라는 덫 때문에 아슬해지기 쉬운 상황에서, 교리와 신학이 분명한 복음, 부모뿐 아니라 어린 자녀까지 예배자로 세워지게 하고 저들이 함께 지성소에 들어가야 체험이 되는 회복, 기독교 신자 전부가 문화적 문맹자라 해도 과언이 아닌 오늘의 부모들에게 문화적 예속, 문화적 소멸의 위험성을 이해시키려 갖은 애를 써가며 나아가 자녀로 하여금 문화를 변증 도구로 삼도록 도와주는 단체는 우리 말고 별로 없는 것 같다.

복음사역·회복사역·문화사역의 융합이라는 어려운 개념은 또 어떤가? 보스턴의 고든 콘웰 박사 과정 몇 명만 이해했던 이 어려운 개념을 희미하게나마 알아차린 부모들이 각 지부를 만들고 온오프라인을 이용해 자녀를 공동 양육하는 일이 일어난 것도 코로나 팬데믹이 가져다 준 놀라운 선물이었다. 물론, 주님이 하신 일이다. 지난 33년간 주님이 다 하셨다. 월요일 저녁 피곤한 중에도 몇 안 되는 우리 아이들이 나의 지도에 따라 복음을 변증하려 애쓰는 걸 보면 눈물이 다 나온다.

생각해 보면 지금 나와 함께 사역하는 이들은 이 세상 사람이 아닌 것 같다. 교회 학교 교사도 안 해 본 부모들이 내 양육에 따라 JPA라는 지저스 파워 아카데미 스쿨을 운영하는 것이나, 메타버스를 주제로 큐밀리터리 사관학교를 척척 진행하는 것도 놀라운 일이고, 후원자 없는 황무지 같은 땅에서 전문 기자 하나 없이 그 어려운 월간지 발행(33년간 단 한 달도 쉬지 않고 발행), 어깨너머로 배워 홈페이지 업데이트를 해내는 간사, 홈스나 틴즈홈스, 키즈홈스, 복음변증학교 영상 제작, 교회를 돕는 캠프, 예라어하 큐티, BTS 노래를 전문적으로 읽어주는 통찰력학교, 아가서를 동화로 들려주는 방구석 라디오, 복변학 숏클립, 죽더라도 자식은 살리고 죽자 오디오북, 조이램 예배 등 대형교회나 어마무시한 선교 단체도 하기 힘든 사역을 하나하나 해 나가는 동역자들을 보면 이게 현실인가 꿈인가 싶다.

문화사역 에필로그
- 부모를 위한 체크 리스트 -

문화는 삶이다. 그런데 그리스도인들에게 문화를 분별한다는 개념이 없다. 문화를 살린다는 개념은 더더욱 없다. 당신은 어떤가?

문화사역은 세상 정신이 어떠한지 정확하게 알려 주는 사역이다. 그런데 교회를 오래 다녀도 문화 속에 퍼져 있는 세상 정신을 제대로 모른다. 문화사역 훈련을 제대로 받아 본 적이 없기 때문이다. 당신의 경우는?

문화는 주로 정신 영역에 영향을 미친다. 그런데 메타버스 속에 들어가 흥겹게 놀 줄은 알아도 그 안에 어떤 철학과 종교가 있는지는 알아보려고 하지 않는다. 몸이 병드는 것보다 정신이 오염되는 게 더 위험한데 교회 안에 문화를 우습게 여기는 젊은이들이 급속히 늘어 간다. 당신 교회는 어떤가?

문화사역은 예배로 시작한다. 그런데 그렇게 오랫동안 성경을 암송시키고 큐티를 빼먹지 않도록 시켰는데 예배가 무엇인지 모르고 예배를 지루해한다. 더구나 사람들 앞에서 예배 인도를 하라면 손사래 치며 도망가기도 한다. 문화사역은 단순히 영화 얘기나 하고 새로 나온 CCM 배우는 정도가 아니라 묵시에 들어가고 지성소 예배로부터 시작이 된다는 걸 모르는 부모가 너무나 많다. 당신은 어떤가?

문화를 판단하는 근거인 복음은 계시다. 계시란 감추어진 진리다. 감추어진 진리를 해석하려면 신학, 즉 교리가 있어야 하는데 교회와 가정에서 신학이 실종되어 버렸다. 당신에게는 문화사역을 제대로 배울 만큼의 신학이 정립되어 있는가?

문화사역은 생명과 관련이 있다. 생명은 반드시 생명력을 수반하게 되어 있다. 왜냐하면 생명은 일회적이지만 생명력은 반복 지속적으로 얻어 내야 하기 때문이다. 그런데 생명 얻는 방법은 알아도 생명력 얻는 방법은 모르거나 추상적으로 안다. 그러니 생명력과 연관된 문화 통찰력과 분별력은 물론, 문화 창의력과 변증력이 없어 숨거나 당할 수밖에 없다. 당신의 경우는?

문화사역의 기준이 되는 복음은 예수 그리스도와의 연합을 의미한다. 연합 없이 열매를 맺을 수 없다고 주님이 단언하셨다(요15:5). 그런데 이게 웬일인가. 예수 그리스도와의 연합을 인식하는 것은 오직 성소에서만 가능한데 거기에 못 들어가고 밖에서만 어영부영하는 부모 자녀가 허다한 걸 어떻게 설명해야 하나. 혹 이론으로는 알아도 실제로는 못 들어가는데 예배 마쳤다고 축도해 보내는 목사님들도 찜찜하긴 마찬가지 아닌가. 예배를 통한 연합 인식이 안 되니 문화를 대하는 태도가 애매모호할 수밖에 없다. 뭐든지 잘만 쓰면 약이 된다며 신이 나서 문화를 교회로 갖고 들어오는데 아뿔싸, 트로이의 목마 작전에 걸려들었다. 어떤 교회는 뉴에이지 음악으로 주님을 찬양하기도 해서 왜 그런 거냐고 물었더니 뉴에이지인줄 몰랐다는 것이다. 세상에….

문화를 통한 세상 정복은 언약이며 명령이다. 창세기 1장 28절에 처음 나온 명령이자 언약이다. 성경은 언약으로 시작해서 언약으로 끝난다. 사람은 계약을 맺지만 하나님은 언약을 맺으셨다. 그것도 일방적 은혜 언약, 구속 언약이다. 그런데 이 언약을 제대로 알고 감격해하는 자녀들이 없다. 문화를 통해 하나님의 언약을 선포하는 일은 매우 중요한데도 많은 부모들이 명령과 언약과의 관계에 무지하거나 무시하고 살아 문화사역이란 말조차 꺼내기 힘들어졌다. 당신과 당신 교회는 어떤가?

문화사역은 건강한 양육을 가능하게 한다. 양육받은 만큼 양육이 가능하게 되어 있다. 일반 제자 훈련 프로그램에서 문화와 양육과의 관계를 제대로 정리한 사례는 본 적이 없다. 문화 세대를 자녀로 둔 부모, 교사에게 문화사역 훈련은 기본인데도 전무하다시피 한 게 이상하지 않은가. 매뉴얼에 따른 교사 교육이나 구역장 교육은 받았어도 문화사역이 포함된 양육은 제대로 받은 적이 없다는 게 현실 아닌가. 영적 지도자와 문화적 소비 경험을 한 번도 해 본 적 없이 집단으로, 단체로, 그것도 속성으로 성경 지식을 전달받는 데 급급, 문화를 사역하고 문화로 사역한다는 개념은 물려받은 적 없이, 오히려 문화를 두려워하거나 문화를 무시하는 사람이 교회에 많다고 한다. 당신의 경우는 어떠한가?

양육은 교육과 다르다. 교육이 지성의 문제를 해결하는 것이라면 양육은 지성과 감정과 의지의 문제를 다루는 것인데 감정, 그중에도 문화 소비와 관련되어 핵심 감정의 문제를 다루는 법을 배운 적이 없다. 문화는 지성 영역보다 감정 영역에 영향을 미치기 때문에 문화사역을 제대로 받으면 감정이 얼마나 중요한지 알게 된다. 양육이 지정의를 온전케 하는 데 목표를 둔 것이라면 부모나 자녀 양육 과정에 문화사역은 필수적으로 들어가야 한다. 당신 생각은 어떤가?

복음사역은 하나님을 알게 하는 사역이다. 회복사역은 자기를 알게 하는 사역이다. 문화사역은 세상 정신을 알게 하는 사역이다.

복음사역과 회복사역을 받았더라도 문화사역이 빠지면 세상에 살되 세상을 사랑하지 말라는 주님의 명령이 균형을 잃게 된다. 주님은 세상을 사랑하지 말라고 했지 세상에 살지 말라고 한 게 아니잖은가? 생명으로 거듭난 이후 문화 생산, 문화 유통, 문화 소비는 삶의 일부분이어야 하는데 그런 의식을 가지고 산 그리스도인이 많지 않았다. 당신은 어떤가?

양육만이 하나님을 야다로 알게 한다는 건 이미 열 번도 더 말했다. 오늘날 교회 안의 청소년이나 청년들이 떠나는 건 십중팔구 양육이 안 되었기 때문이라는 말도 수없이 했다. 기독교가 아니라 문화라는 종교를 숭배해 왔으니 기독교가 종교가 아닌데도 기독교를 종교로 여겨 기독교보다 더 좋아 보이는 종교(예를 들면 영화나 게임, 메타버스)를 찾아 떠나는 현상을 앞으로는 더 자주 보게 될 거라고 나는 예언한다. 하나님이 싫어서 떠나는 게 아니라 하나님을 몰라서 떠나는데도 세 사역에 대한 이해 없이 이상한 데서 해결책을 찾으려 하니 문제만 악화될 뿐이다. 당신의 생각은 어떠한가?

교회 안의 제자 훈련 프로그램을 보면 양육 중심이 아니라 봉사나 교육 위주로 되어 있다. 복음사역·회복사역·문화사역 개념 없는 사람을 순장, 지역장, 심지어 교사나 교육 부장으로 임명하니 다음 세대 양육에 문제가 생기는 건 당연지사. 더구나 문화사역 개념 없이 문화 세대를 양육하라는 건 영어 모르는데 미국 사람 설득하라는 얘기와 뭐가 다른가? 이에 대해 당신은 어떻게 생각하는가?

문화사역 중 문화를 향한 사역은 왓처 단계를 지나 가이드, 프로듀서로 전개되어야 한다. 그중 첫째 단계인 왓처 역할을 하려면 문화에 대한 평가를 제대로 할 수 있어야 한다. 이단 설교는 교리를 중심으로 분별해 내기 쉽지만 문화는 교리만 가지고는 분별하기가 어렵다. 그래서 전문 문화사역 단체의 도움을 받아야 하는데 요즘 교회마다 밖에서 하는 훈련을 무조건 받지 말라고 한다. 이에 대한 당신의 생각은 어떤가?

건물은 있는데 양육자는 없는 교회, 조직은 있는데 회복사역과 문화사역 없는 교회가 성공한 교회로 인정받는 모습을 너무 많이 보아 왔다. 양육에 대한 개념이 부족한 신자들은 설교만 잘 들으면 신앙생활에 문제없을 거라 생각하지만 문화를 밥 먹듯이 먹는 자녀에게 전문 문화사역 없이 세상을 잘 살아 나가기를 기대하는 건 무리가 아닐 수 없다. 문화사역에서 미디어 리터러시를 빼놓을 수 없는 이유가 설교로는 그런 문제를 해결할 수 없기 때문이다. 당신은 지금이라도 문화사역의 기본부터 배울 의향이 있는가?

이 책을 읽는 부모라면, 지금이라도 양육의 초점·관점·지향점을 다시 점검하기를 바란다. 성경 공부와 복음 공부의 차이를 정확히 정리할 수 있기를 바라고 문화사역의 정의와 필요성을 정리할 수 있기를 바란다. 다음 세대 양육에 있어 예수 그리스도를 초점으로 한 복음사역·회복사역·문화사역을 융합할 준비를 하기 바란다. 이사 등으로 교회 선택을 해야 할 경우 신학이 분명하고 자녀에게 문화 리더십을 제대로 길러 주는 교회 찾아내기를 바란다.

복음사역, 회복사역에서와 마찬가지로 문화사역에서도 지성소 예배는 너무 중요하다. 지성소 예배를 통해 예수 그리스도의 생명력으로 충만해 있지 않으면 문화를 바라보는 통찰력과 분별력, 창의력과 변증력은 길러지지 않을 것이다. 예배는 보는 게 아니라 드려져야 한다. 필요하면 하루 백번이라도 드릴 수 있어야 한다. 어렸을 때부터 예배자로 서지 못하면 귓가로 배운 지식은 사상누각이 되고 문화를 대하는 태도는 어정쩡하여 아무 문화나 먹어 치우는 잡식성 괴물로 전락할텐데 어떤가? 당신과 당신 자녀 이야기 아닌가?

자식은 반려동물이 아니며 텃밭에서 경작하는 김장 배추가 아니다. 자녀에게 복음을 먹이고, 지성소 예배를 익히게 해 주고, 마음의 상처를 직면으로 다루는 일, 문화를 향해서는 왓처, 가이드, 프로듀서로 사는 것은 물론, 문화를 통해서는 소망의 복음을 변증할 수 있는 건강한 그리스도인으로 살 수 있도록 도와주는 부모 되기를 진심으로 바란다. 다시 말하지만 자녀에게 복음을 못 먹이고 회복은 맛도 못 보게 하고, 문화사역 개념조차 없는 기독교 교육의 장으로 데려갔다간 반드시 후회하게 될 것이다. 복음사역·회복사역·문화사역 융합 없이 형식적으로 이루어지는 기독교 교육의 패러다임을 바꾸지 않으면 가나안 2세대처럼 미래가 없다는 걸 명심하기 바란다. 성령께서는 말도 안 되는 상황 속에서도 역사하시지만 부모가 제대로 양육하지 않고 자녀가 브링 업bring up되는 사례는 거의 없었음을 기억하기 바란다.

낮은울타리 문화사역에 동참하는 방법

1. 낮은울타리 홈페이지 이용하기

2. 낮은울타리 월간지 이용하기

3. 낮은울타리 부모 통찰력학교에 참가하기

4. 영화 읽기, 미디어 리터러시 교육에 참가하기

5. JPA, NCS, NAS에 자녀 보내거나 각 교회 개설 운영 방법 문의하기

6. 낮은울타리 가족회원이나 협력교회에 가입하여 지속적으로 자료 받기

7. 『왓처가 되라』『행복한 문화사역』『죽더라도 자식은 살리고 죽자』 책 읽기

8. 오스 기니스의 『무덤파기 작전』 공부에 참가하기

9. 큐밀리터리 캠프에 자녀를 참가시키거나 직접 운영하기

10. 낮은울타리 복음변증학교 등록하기

wooltari.com | 02.515.0180

에필로그 1

교회 교육과 가정 교육에서 세 개의 사역이 실종되었거나 약화된 것은 참으로 뼈아픈 일이다.

복음사역이 실종되었다.
회복사역이 실종되었다.
문화사역이 실종되었다.

복음사역이 실종되었으니 하나님을 모르고,
회복사역이 실종되었으니 자기 자신을 모르고,
문화사역이 실종되었으니 세상을 모른다.
그러니 어떻게 제대로 된 신앙생활을 살 수 있겠는가?

하나님이 누구신지 알려면 복음을 먹어야 한다.
내가 누구인지 알려면 직면을 해야 한다.
세상이 어떤지 알려면 문화 속 세상 정신을 파악할 줄 알아야 한다.

하나님이 누구신지 모르는데 어떻게 믿음이 자라며,

내가 누구인지 모르는데 어떻게 정체성 확립이 가능하며,

세상이 어떤지 모르는데 어떻게 영적 전쟁을 수행하겠는가?

교회를 다니는데도 하나님이 누구신지 모르는 이유는 복음 대신 내러티브를 먹였기 때문이고 제자 훈련에 수련회에 각종 프로그램을 섭렵하면서도 자기 자신을 모르는 이유는 지성소에 들어가 회복되는 법을 배우지 못했기 때문이고 문화 전성시대 문화 홍수 속에 살면서도 세상을 모르는 이유는 문화를 통해 들어오는 세상 정신을 제대로 파악하지 못했기 때문이다.

내러티브가 뭐냐고? 이야기다. 신학이 실종된 이야기다.[72] 이 이야기는 인물 중심이거나 사건 중심이거나 교훈 중심이어서 생명력을 강화시키지 못하는데도 역사와 묵시를 구별 못하는 부모들은 열심히 가르쳤으니(씨를 뿌렸으니) 열매가 맺힐 거라고 착각을 한다.

회복이 뭐냐고? 지성소에서 자신의 부정적 성격이 하나님의 성품으로 교체[73]되는 과정이다. 단순한 힐링이 아니다. 이것은 예배 없이는 안 된다. 지성소 예배란 말 그대로 지성소에 들어가는 예배다. 어려서부터 예배를 통해 수시로 지성소에 들어가지 못하면 자신이 쌓아 올린 두 개의 벽에 갇혀 버리게 된다.

복음을 먹이는데도 신앙 성장이 안 일어난다면 이 벽 때문일 가능성이 매우 높다. 이 벽의 이름은 거절과 반항, 도피와 폭발이라 하는 벽인데 여기서 순응형, 할 수 없어형, 경쟁형, 비판형이라는 부정적

성격이 탄생하는 것이다. 문제가 발생할 때마다 지성소에 들어가 이 벽과 벽돌을 허물어 달라고 기도하지 않는다면 성령 충만은 언감생심焉敢生心, 결국엔 알 수 없는 반항심 때문에 누가복음의 둘째 아들처럼 돼지우리로 가게 되거나 순종할 줄 모르는 사울처럼 하나님이 일으키는 폭풍우에 모든 것을 잃어버리는 충격을 경험하게 될 것이다 (겔13:13).

문화에 대하여⋯ 문화란 세상 정신을 실어 나르는 고급 운반체를 말한다. 원래 매체와 문화는 구별해야 하는데 스티브 잡스가 아이폰 만들어 낸 다음부터는 구별이 애매해졌다. 앞으로 메타버스metaverse 전성시대가 오면 그 구별은 더 애매해질 것이다. 메타버스는 말 그대로 가상현실과 증강현실과 혼합현실과 확장현실, 라이프 로깅과 거울세계가 만들어 내는 전혀 다른 세상 아닌가. 앞으로 몇 년 안에 알파세대와 제트세대는 부모와 전혀 다른 세상에 들어가 살게 될 거라니 미디어와 거리를 두고 살아온 부모와 격차가 더 벌어질 것은 불 보듯 뻔할 것이다. 이제 천지는 개벽하고 자식은 타민족 수준을 지나 거의 외계인 수준에 이르게 될 것이다. 매체와 문화의 구별이 애매해지는 것뿐 아니라 아예 또 하나의 지구가 만들어질 거라는 예측이 파다한데도 영혼을 사로잡을 문화를 제대로 가르치기는커녕 현대적 예배를 드린답시고 문화를 끌어들여 제 무덤파기 작전을 진두지휘하고 있으니 이를 어쩌면 좋은가.[74]

내가 볼 땐 총체적이다. 복음사역이란 측면에서도 그렇고 회복사역 측면에서도 그렇고 문화사역 측면에서도 문제가 겹겹이 쌓여 있다. 비관적이진 않지만 낙관적이지도 않다. 무엇보다 예수 생명으로 거듭난 교사와 부모가 복음사역·회복사역·문화사역 융합의 중요성을 모르거나 알고 싶어 하지 않다는 건 소름 끼치는 일이다.

설교를 듣고 성경을 읽으니 복음을 먹는 줄 아는 게 문제고, 심리 상담에 통성 기도 없으면 회복되는 줄 아는 게 문제고, 텔레비전 못 보게 하고 스마트폰 빼앗으면 세상 정신으로부터 보호받을 거라고 착각하는 게 문제다.

복음을 못 먹어 하나님이 누구신지 모르는 아이들이 늘어 가고, 회복이 경험되지 않아 자기 자신이 누구인지 모르며, 문화를 몰라 세상, 아니 세상 정신이 어떤 것인지 모른 채 메타버스에 들어가 결혼도 하고 쇼핑도 하고 설교도 들을 우리 아이들 생각할 때마다 기대보다 걱정이 앞서는 건 우리보다 앞서갔던 이들의 자기반성에 가까운 책(예를 들어 데이비드 웰스의 『신학 실종』 같은)들을 읽었기 때문이다. 오스 기니스는 사탄이 하는 일 중에 기독교인의 골수를 건조시키는 게 있다는데 우리나라 기독교 출판 시장이 와해되는 현상은 매우 염려스러운 것 중 하나다.

갈수록 위기가 증폭되는 상황에서 복음사역·회복사역·문화사역에 대한 관심이 일어나지 않는다는 건 영적 지각력이 없거나 약해졌다는 의미이므로 어디가 문제인지 체크부터 하기를 바란다(『죽더라도 자식은 살리고 죽자』 책의 체크 리스트 참조).[75]

부디, 이제라도 사랑하는 자식에게 복음이란 양식을 먹이고 지성소란 회복의 장으로 안내하고 문화라는 욕망의 바다를 정복하며 다스리게 하는 부모가 많이 나오게 되기를 바란다. 상송상청霜松常靑① 이라 했던가? 양육이 제대로 되어야 교회가 살고 가정이 살고 나라가 사는 길이라고 나는 생각한다. 자식이 죽는데 돈 많이 벌면 무슨 소용 있으며 다음 세대가 죽는데 예배당 크게 지으면 무슨 소용 있겠는가?

한국 교회를 사랑하는 사람으로서, 그동안 신학이나 교리에 대해 제대로 가르치지 않고 오히려 오해하도록 만든 이들은 그 과오를 책임져야 할 거라고 나는 감히 주장한다. 중세 시대 가톨릭처럼 신학을 신앙 고백으로 가르치지 않고 권위주의로 변질시켜 기득권을 누린 사람들은 앞으로 톡톡한 대가를 치를 것이다. 신학을 정치적으로 이용, 자기 세력을 과시하기 위해 교단을 분열시켜 한 줌의 권력을 맛본 사람들은 처절한 역사 앞에 무릎을 꿇어야 할 것이다. 초교파 혹은 복음주의라는 명목하에 마케팅에 물든 기독교, 심리학에 물든 기독교, 덕목에서 가치로, 성품에서 성격으로, 본성에서 자아로, 세속주의에서 세속화로 교회를 변질시켜 버린 지도자들은 앞으로 다가올 참담한 결과에 무릎 꿇어야 할 것이다.[76]

하나님의 계시가 구체화된 묵시의 기독교가 아니라 역사 속 번영의 기독교, 생명력의 복음이 아니라 성공의 복음을 강조한 설교자에 의해 번성한 교회는 엄청난 후유증에 시달리게 될 것이며 변증을 훈련하지 않고 양육 개념조차 없는 교회 학교, 생명력이 아니라 관리형으로 타락한 교회 지도자들은[77] 머지않아 세속화된 주님의 교회를

---

① 상송상청 – 소나무는 추운 서리에서도 그 푸르름을 잃지 않는다.

보며 후회의 눈물을 흘리게 될 것이다. 무엇보다 자녀를 양육해야 할 부모들이 저들에게 복음 먹이는 일과 회복하도록 돕는 일과 세상 정신을 구별하도록 돕기 위해 전문적 훈련을 받지 않는다면 곧 자녀를 잃게 될 것이라고 경고한다.

이 책은 교회 성장이나 교회 개혁을 부르짖는 개혁가들을 위한 책이 아니라, 자녀를 잘 양육하기 원하는 부모를 위한 책이다. 그러므로 이 책은 철저히 부모 중심으로 쓰여졌다. 부모들에게 신학교에 가야 한다고 도전하기 위해 쓴 책이 아니라 무엇이 올바른 신학인지, 신학이 왜 필요한지 알게 해 주고 자녀와 함께 하는 회복사역, 세상 정신을 파악하는 문화사역에 참여하도록 격려하기 위해 쓴 책이다.

다행히 그동안의 홈스와 틴즈홈스, 키즈홈스가 신학적 정당성을 확보하고 이 책을 쓰기 시작하기 얼마 전 부모 자녀를 대상으로 시작한 복음변증학교는 앞에서 제기한 문제 해결을 증명할 수 있게 되어 감사할 뿐이다. 다만, 우리에게는 이것이 끝이 아니고 시작이라는 점을 분명히 밝히고 싶다. 목숨보다 귀한 자녀를 살리기 위해 복음사역에서 출발, 회복사역과 문화사역이라는 아름다운 여행을 같이 하고 싶은 분들은 이 책을 주의 깊게 읽어 주기를 바란다. 우리가 주 안에서 하나 되면 얼마나 좋을까. 주와 합하는 자는 한 영이니라(고전6:17).

융합convergence의 중요성에 대해서도 한마디 하고 싶다. 융합은 통합integration과 다르다.[78] 통합이 외형적 묶음이라면 융합은 본질적 묶음이기 때문이다.

복음을 변증 형태로 먹여 소화하게 하는 것을 복음사역, 역기능 부정적 성격을 신성한 성품으로 교체하는 사역을 회복사역, 문화 속에 들어 있는 세상 정신이 어떻게 속이는지 알고 무덤파기 전략에 걸려들지 않게 돕는 사역을 문화사역이라 했는데 이 세 사역을 예수 그리스도 중심으로 융합融合하여 양육에 적용하지 않으면 지정의, 영혼육의 온전한 변화는 어려워질 거라고 나는 경고한다.

물론, 이 책은 경고하기 위해 쓰여진 게 아니라 안내하기 위해 쓰여졌다. 실용서는 아니지만 이 책을 읽다 보면 하나님이 주시는 지혜와 계시의 영,[79] 영적 지각력,[80] 5 JESUS POWER[81]로 충만해지는 법을 알게 될 것이다. 이 용어의 의미와 획득 방법은 기회가 있을 때마다 언급하겠지만 사역을 통해 어려서부터 예수 그리스도의 생명력을 중심으로 통찰력, 분별력, 창의력, 변증력으로 충만해지는 법을 익히지 않으면 아가서에 나오는 술람미가 아니라 예루살렘 여자처럼 살게 될 것을 나는 염려한다.

복음은 예수 그리스도 = 로마서 1:2~4
회복도 예수 그리스도 = 히브리서 8:10
문화도 예수 그리스도 = 로마서 12:1~2

그러므로 오직 예수 그리스도를 통해서만 복음이 무엇인지 자신이 누구인지 문화가 전해 주는 세상이 어떠한지 알 수 있게 된다. 예수 그리스도를 야다(ידע)로 아는 길은 복음을 먹고 지성소에 들어가야만 가능한 일이다. 복음을 먹고 지성소에 들어가는 사역을 복음사역이라 했으니 자연히 회복사역과 문화사역이 성공하려면 복음사역부터 제대로 이루어져야 한다. 그러나 웰스의 말처럼 신학이 실종되자 복음이 길을 잃은 형국이 되어, 회복사역마저 변질되고 문화사역은 무덤가를 헤매게 되는 것이다.

초점은 관점을 만들고 관점은 지향점을 만든다.

초점이 흐려지면 관점도 흐려진다. 성경 공부보다 복음사역이 더 초점이 맞는 이유는 해석에 관한 문제 때문이고 나눔이라는 말보다 다룸이라는 말에 더 초점을 두어야 한다는 건 주체에 관한 문제이기 때문이다. 다시 말하지만 성경 공부는 불교 믿는 사람도 하고 나눔은 하나님 안 믿는 사람도 아주 좋아하는 메뉴인데 하나님이 주인인 교회에서 나눔으로 문제를 해결하려 하다니 초점과 관점이 안 맞는다는 생각이 떠나질 않는다. 초점과 관점이 안 맞으니 지향점인 하나님 나라, 그 나라 완성을 위한 천직 개념을 제대로 심어 주는 교회나 가정이 없는 건 당연한 일(?).

복음으로 충분하다. 그러나 복음사역만으로는 충분하지 않다.

복음은 능력이 있기 때문에(롬1:16-17) 제대로 먹기만 하면 배에서 생수가 흘러나오고(요7:38) 영적 생동감(계2:7)은 넘치며, 교체받은 신의 성품(벧후1:4)으로 인해 성령의 열매가 주렁주렁 맺히기까지 한다(빌1:11, 계22:2).

그렇게 복음사역은 평생 독성을 분해해 주는 간처럼 거듭난 우리를 살게 해 주는 역동적 사역이 틀림없지만 회복사역, 문화사역과 같이 갈 때 완벽해진다는 걸 다시 한번 강조하고 싶다. 그러므로 자녀를 사랑한다면 복음사역을 하고, 더 사랑한다면 회복사역을 하고, 더 사랑한다면 문화사역을 하라고 격려해 주고 싶다.

복음사역이 계시를 복음으로 요리해 사랑하는 자식에게 잘 먹이는데 초점을 둔다면 회복사역은 내면의 문제인 상처(시102편, 잠15:13)를 은혜로 바뀌게 하며, 문화사역은 외면의 문제인 세상 정신(요일2:15)과 싸워 이길 힘을 가지게 한다는 것 잊지 마시기를 바란다. 마치 삼총사 같은 이 세 사역은 교체된 자로서의 풍성한 삶(요10:10)과 성령의 역동성(요4:28)을 경험하게 해 줄 것이다.

부모를 먼저 우리의 세 사역에 초청하는 이유는 자녀 때문이다. 자녀를 살리려면 부모를 먼저 살려야 하겠기에 부모를 우선적으로 초청하는 것이다. 미래의 주인공인 자녀들이 건강해진 부모를 통해 예수 그리스도를 만나고 부활을 경험하고 마음껏 복음을 먹으며 회복 후 영적 지각력으로 충만하여 변증 전문가와 양육 전문가로 세워져 가는 모습을 기대하는 것만으로도 나는 충분히 행복해진다.

복음과 회복과 문화.

생각할수록 참 기가 막히는 조합이다.

에필로그2

어제는 낮은울타리 창립 33주년(2022년 10월 9일) 기념일이었다.
33년 동안 1~4기 사역을 하게 하신 하나님을 찬양한다.

제1기 사역은 1989~1997년

월간 낮은울타리를 창간하고 문화사역 중 왓처 역할 시작, 수많은
국내외 교회와 학교를 방문하여 문화 창조의 중요성은 물론, 세속화
된 문화에 대한 도전과 경각심을 촉구한 시기, 이 때의 주요 저서로는
『대중문화 최후의 유혹』『왓처가 되라』『사탄은 마침내 대중문화를
선택했습니다』 등.

제2기 사역은 1998~2005년

모라비안 사역 모델을 연구, 한국 최초의 모라비안십을 구현하기
위해 비즈니스 미션 하기로 결심, 후원 없이도 자립할 수 있는 운영
체계 아래 울타리 웨딩을 시작, 저렴한 비용과 기독교 세계관이 정
립된 고급 서비스로 국내 최대의 웨딩 전문 회사로 발전(이윤은 박함),

구체적인 문화사역의 방향 정립 및 N세대 부흥 위한 여러 대안 모색, 문화사역 중 가이드 역할, 국내 유수의 대학들에 출강, 유초등부는 물론 중고등부 교육 자료 기획 제작 보급, 국내 최초의 문화 리더십 향상을 위한 교사 양성 코스인 울타리 문화 아카데미 운영, 국내 최고의 실용음악원 개설(원장 송영주), 국내 최초의 기독교 문화사역 창작 뮤지컬 공연 위한 안젤리 뮤지컬 팀 창단, 기독교 교양지로는 최초로 5만 8천부를 발행하는 업적 달성. 국내 최초의 설교용 동영상 자료인 와우큐 시리즈 제작하여 각 교회에 보급, 그러나 교회 어른들의 보수적 태도로 생각보다 와우큐 구매율이 높지 않고 점점 늘어나는 간사 사례가 부담되기 시작, 아이엠에프 후유증 등으로 월간지 정기 구독료 미납자 증가, 전반적인 독서율 하락으로 고전하다 새로 시작한 영상 제작이 적자를 초래하며 재정적 위기에 몰림. 결국 낮은울타리 최대의 시련에 직면함. 주요 저서로는『행복한 문화사역』『N세대와 성공적으로 사는 법』『N세대를 위한 10가지 핵심 전략』등.

제3기 사역은 2005~2019년

전에 하던 사역은 카메라 하나까지 후배에게 물려주고 미국으로 떠났었기 때문에 무無에서 새로 시작하는 단계. 2년여 만에 미국서 돌아와 거처할 곳도 없어 동가숙서가식하는 가운데에도 서울영동교회의 작은 후원을 발판으로 처음부터 다시 시작, 종래의 말씀 리더십이라는 기반 위에 문화 리더십과 간호 리더십이라는 개념을 접목, 균형을 유지하며 좀 더 체계적인 N세대 부흥 전략 제시하기 시작, 미국에 가 있는 동안 급격히 늘어난 게임 중독에 관한 뉴스를 들으며 안타까워하다 기도 중에 흠스라는 회복사역 탄생, 이어 틴즈흠스와 키즈흠스, 큐밀리터리와 조이램 예배, 축복의샤워 캠프 등 N세대 부흥에 도화선이 된 획기적 대안 제시, 가정과 교회 학교 안에 구체적이고 실제적인 커뮤니케이션 활성화와 예배 부흥의 가능성 제시, 재정 악화로 깊은 고난 덕분에 가장 낮은 자세로 하와이 코나와 캐나다 밴쿠버에서 간사 훈련, 가정 사역 훈련받은 결과 낮은울타리 사역의 시야가 넓어지는 계기가 됨. 주요 저서로는 『직면』『축복의 샤워』『상처야 잘 가』.

제4기 사역은 2020~현재

복음사역·회복사역·문화사역의 융합을 통해 가정을 중심으로 부모가 주체가 된 자녀 양육의 모델이 만들어지고, 그것을 실행할 지부 활동이 펼쳐지기 시작, 부산을 기점으로 국내외 여러 지역에 지부가 세워지고 가정 중심, 부모 중심으로 한 양육이 구체화되기 시작, 부산지부와 서울지부 중심으로 『아가서』와 『소요리문답』, 성막과 지성소 예배, 오스 기니스의 『무덤파기 작전』과 데이비드 웰스의 『신학 실종』, 스티브 맥베이의 『질문있어요』 공부가 무르익고 JPA, NCS, NAS라는 자녀 양육 학교의 완성, 부산 경성대 채플 강의를 계기로 <복음변증학교>라는 획기적 콘셉트를 구현할 영상 콘텐츠와 보조 자료가 함께 제작되어 세 사역의 융합이 실제화되는 역사적 사건이 발생했다.

2019년 중국 우한에서 코로나바이러스가 발견되어 전 세계 팬데믹으로 번진 2020년을 기점으로 4기 사역이 활발히 진행된 점도 우연이 아니다 코로나 팬데믹으로 모든 외부 강의가 취소된 이후 ZOOM으로 부산지부와 서울지부 학부모, 자녀와 해외지부 빌더스들을 함께 양육하면서 굳어진 공동체 의식은 자녀를 공동으로 양육해야 된다는 자각이었다. 각 가정에서 부모가 책임지되, 개인적 양육보다는 공동체적 양육이 훨씬 효과적이라는 평가를 통해, 지부라는 형태를 빌어 <복음변증학교>와 <부모 통찰력학교> 중심으로 HMMS, TEENZ HMMS, KIDZ HMMS는 물론, JPA, NCS, NAS 같은 사역들이 교회는 물론, 가정 단위로 정착될 수 있다는 확신은 향후 여러 곳으로 흘러가 축복의 통로로 쓰임받을 거라는 기대를 심어주었다. 실로, 33년 동안 특별한 후원을 얻지 못한 가운데서도 많은 시행착오와 영욕의 시간을 통해 가정의 회복, 문화의 회복, 건강한 자녀 양육이라는 사명을 감당할 만큼 강하게 훈련시켜 주신 주님이 국내는 물론, 해외의 부모, 교사, 자녀를 위한 전문적 양육, 전문적 훈련이 가능하도록 세 사역의 융합이라는 개념과 그 실행 방안을 체계화하도록 인도해 주신 것을 감사하고 찬양한다. 2022년 현재 주요 저서로는 『죽더라도 자식은 살리고 죽자-5 JESUS POWER』『자녀를 살리는 복음사역 회복사역 문화사역』.

실로 드문 일이다. 이렇게 짧은 기간 동안 엄청난 일을 하게 하신 경우도 드물 것이다. 양적 규모는 크지 않지만 질적 규모로는 엄청난 일이 벌어졌다고 자부하고 싶다. 오늘, 이 자리에 있는 여러분들이 함께 낮은울타리 3사역에 동참해 주신다면 다음 세대 부흥과 건강한 자녀 양육이라는 천직 사명이 더욱 구체화되고 확장되어 나갈 것을 의심하지 않는다. 당신이 우리의 동역자요, 증인이다. 하나님이 붙여 주신 가족이다. 이 사역을 통해 만난 부모들이 우리와 함께 복음사역 훈련, 회복사역 훈련, 문화사역 훈련을 즐거이 받기 시작한다면 이 땅의 가정과 다음 세대 사역은 새로운 국면을 맞게 될 것이다. 우리를 통해 역사하실 주님을 기대하는 가운데 망할 듯 망하지 않고 4기 사역까지 온 것은 기적이다.

다시 한번, 우리에게 주신 복음사역·회복사역·문화사역의 융합 통해 가정이 회복되며 자녀가 양육되며 작은 교회들, 교회 학교가 부흥되기를 소망한다. 이 세 사역을 통해 역기능 가정이 순기능 가정이 되고, 중독에 빠졌던 자녀가 중독에서 나와 영혼육이 건강해지기를 소망한다. 건강하게 양육된 우리 자녀를 통해 이 땅 거민이 여호와의 손이 능하심을 알게 되기를 소망한다.

진정한 부흥의 시작이란, 영적 지각력을 가지고 하나님을 보는 것이며, 지혜와 계시의 영으로 충만해지는 것이며, 5 JESUS POWER로 역동성이 발현되는 것임을 우리와 함께하는 이들에게 확신으로 자리 잡기를 소망한다. 전쟁의 소문, 난리와 난리의 소문, 게임 중독이나 학폭, 자살 충동자 증가 소문, 각종 코로나 팬데믹 후유증 소문으로 뒤숭숭하고 불안한 상황에서 주님의 나라가 완성될 그날까지 함께 갈 동역자들이 파도처럼 일어나기를 소망한다. 우리에게 허락해 주신 4기 사역이 주님 영광을 위한 작은 불씨가 되기를 소망한다.

낮은울타리 사역 소개

JPA는 JESUS POWER ACADEMY의 약자로, 예수님의 능력인 생명력, 통찰력, 분별력, 창의력, 변증력을 풍성히 받아 누리게 할 뿐 아니라, 이것으로 하나님의 나라를 만들어 가도록 다음 세대를 양육하는 낮은울타리의 특별 학교 이름이다.

JPA와 NCS와 NAS를 운영해야 하는 이유

1. 기존 공교육의 한계를 느낀 부모가 너무 많다.

2. 기존 교회 학교 교육의 한계를 느낀 부모가 너무 많다.

3. 세속적 가치관에 노출되는 정도가 너무 심하다. - 세계관 문제.

4. 게임 중독이나 스마트폰 중독 문제를 외면할 수 없다. - 중독 문제.

5. 예배와 직면이 생활화되지 않으면 안 된다. - 회복 문제.

6. 미디어 시대에 문화 읽기 같은 기본적인 훈련조차 되어 있지 않다. - 문화 리더십 문제.

7. 상처 문제를 해결하지 않으면 욕망의 문제, 관계의 문제가 해결되지 않는다. - 직면 프랙티스.

8. 기존 교회 학교 교육으로는 창의력 개발이 어렵다.
   - A.I., METAVERSE 시대 대비.

9. 변증을 기본 커리큘럼으로 하는 신앙 교육이 필요한 시대다.
   - 변증 훈련 필수.

10. 본인이 직접 자녀를 양육할 준비가 되어 있는 부모가 많다.

JPA는 생명력 강화를 위해 지성소에 들어가는 예배와 직면 기도를 생활화한다.

생명력은 생명을 가진 자가 생명을 가진 자답게 살게 하는 능력으로 성소에 들어가 예수님과 연합을 인식한 후 지성소에 들어가 직면을 통한 회복사역 후에 풍성히 받는 하나님의 선물이다(요10:10, 시102편). 예배가 살면 모든 게 살지만, 반대로 예배가 죽거나 형식적이 되면 모든 것이 죽거나 형식적이 된다. 사실 JPA의 성공 여부는 여기 입학한 학생과 부모가 지성소 예배를 제대로 드리느냐 못 드리느냐에 달려 있다. 생명력 강화를 위한 예배 실습은 틴즈홈스나 키즈홈스와 연계하여 더 실제적이 되고 역동적이 된다.

JPA는 통찰력과 분별력 강화를 위해 문화 읽기 수업을 한다.

통찰력은 생명력 가진 성도가 세상의 모든 사건과 상황을 꿰뚫어 보는 능력으로 포스트모던이라는 안개 속을 제대로 살아가게 돕는 힘이며 분별력은 주의 은혜 안에서 최선의 선택을 하도록 돕는 지혜와 계시의 영을 말한다(엡1:17-19). 이것을 위해 JPA에서는 시대정신이 들어있는 문화 읽기를 함으로 올바른 세계관과 정체성을 갖도록 도우려 한다.

JPA는 창의력 강화를 위해 영화 만들기 수업을 한다.

창의력은 복음화와 상황화라는 주님의 명령을 수행해 이 세상의 모든 영역을 하나님의 나라로 완성해 가기 위한 필수 능력으로, 이것을 위해 영화 만들기 수업을 한다. 영화만큼 창의력을 배우고 실습할 수 있는 도구가 없을 정도로 창의력에 관한 모든 기능을 다 갖추고 있다. 문화를 제대로 익히지 못한 어른들에게 영화 제작은 어렵게 느껴지지만 영상 세대인 제트세대와 알파세대에게는 전혀 그렇지 않다. 더구나 낮은울타리 30년 사역 노하우는 어린이들에게도 얼마든지 영화 제작을 가르쳐 주님 주시는 창의력이 무엇인지 맛보게 할 수 있다.

JPA는 변증력 강화를 위해 매 시간 변증 실습을 한다.

변증력은 베드로전서 3장 15절에 따라 세상 사람들에게 소망에 관한 이유를 설명하는 능력이다. 포스트모던 시대는 진리에 관해 관심을 갖지 않는 시대다. 과거의 방법 가지고는 논쟁이나 전도마저 외면당하기 쉬운 시대다. 변증은 복음화와 상황화라는 주님의 방법을 따라 이 시대 언어와 문화로 생명의 진리를 설명하여 설득하는 능력이다. JPA에서는 교수에게 일대일 훈련은 물론, 우수한 학생들끼리 조를 편성해 조별 간 개인 간 변증하는 훈련을 받게 될 것이다. 그리하여 베드로의 변증과 바울의 변증법에 따라 어느 상황에서든 소망의 복음을 유려하고 아름답게 변증하며 살게 될 것이다.

NCS ⋯ Najonwooltari Concentration School의 약자. 낮은울타리에서 하는 다음 세대 집중력학교로 주로 복음을 변증하는 훈련 위주로 진행하며, 복음을 문화로 변증하는 과제를 한다.

HMMS ··· Home Mission Ministry School by Encounter의 약자. 직면을 통한 가정 회복사역으로, 예배를 통해 지성소에 들어가 상한 감정을 토설하는 직면을 통해 회복을 경험하게 돕는 사역이다.

TEENZ HMMS ··· 청소년 회복사역.

KIDZ HMMS ··· 어린이 회복사역.

BBS ··· Bring up Builders School의 약자. 자녀를 건강하게 양육하기 위한 부모 통찰력학교.

GAS ··· Gospel Apologia School(복음변증학교)의 약자. 복음을 문화를 사용하여 변증하는 학교.

NAS ··· Najonwooltari Apologia School의 약자. 낮은울타리에서 하는 다음 세대 변증학교로 주로 복음사역과 회복사역, 문화사역을 융합하여 훈련을 진행하며, 복음을 문화로 변증하는 과제를 한다.

부록 - 용어 사전

4개의 부정적 성격

순응형: 사람에게 인정받고 싶은 욕구가 강한 유형.

할 수 없어형: 조울증이 심하고 의욕 상실로 소명이 없는 유형.

경쟁형: 무엇인가 해내야 삶의 의미가 있다고 생각하며 자충성, 조종과 통제에 능한 유형.

비판형: 경쟁형의 삶을 살다가 실패한 후 '내가 실패했으니 너도 실패해야 한다.' 며 자기 문제를 다른 사람까지 끌고 들어가는 유형.

5 JESUS POWER

예수 그리스도가 우리에게 주시는 다섯 가지 능력으로 생명력, 통찰력, 분별력, 창의력, 변증력.

생명력: 생명 가진 자로 하여금 생명 가진 자답게 풍성히 살게 하는 힘(요10:10). 하나님의 은혜, 성령의 단비.

통찰력: 상황이나 사건을 꿰뚫어 보는 힘(단1:4).

분별력: 구별하는 힘, 올바르게 선택하고 결정하게 하는 힘(마16:3).

창의력: 생명력을 북돋워 주는 힘, 주님의 마음을 나타내는 힘, 세상을 정복하고 다스리게 하는 힘(출31:1~5).

변증력: 소망에 관한 이유를 알려 주는 동시에 상대방을 설득하고 이해시키는 힘(벧전3:15).

N세대 (다음 세대)

Next, New, New Media Generation, Netizen을 일컫는 말. N세대 = 문화 세대 = 가슴 세대 = 감정 세대 = 알파세대, 제트세대, 밀레니얼 세대

감정

일반 감정(emotion): 상황에 따라 올라오는 감정으로 빙산으로 비유할 때 윗부분에 해당한다.

핵심 감정(core emotion): 자기 행동과 사고와 감정을 지배하는 중심 감정으로 빙산의 아랫부분에 해당한다.

계시

하나님께서 열어서 보여 주시는 것.

하나님께서 깨달아 알게 해 주시는 것, 묵시, 성경 66권의 계시로 충분함.

구속사

예수 그리스도를 중심으로 한 하나님의 구원 역사.

하나님이 예수 그리스도 안에서 하나님의 백성을 구속하시는 구속의 역사 .

다림줄

담을 쌓을 때 수직으로 올바르게 쌓았는지 확인하기 위하여 사용하는 건축 용구로, 하나님께서 이스라엘을 심판하실 때 사용하신 판단 기준을 말하며, 요한복음 10장 10절의 생명력이나 에스겔 36장 26절의 회복을 의미하기도 한다.

대면

예배를 통해 하나님 앞에 나아감.

대체물

사랑의 결핍을 느낄 때 공허한 마음을 채우고자 욕망을 따라
선택하는 것(물질, 행위, 기타).

마음이라는 단어의 성경적 의미

히브리어 '레바브'(LEBAB), '레브'(LEB), 헬라어 '카르디아'(KARDIA). 하나님이 우리 마음에 다림줄을 내리신다는 건 우리의 속사람, 즉 성격이 변할 수 있는 측면을 가지고 있음을 말해 준다.

마음(HEART)과 동의어들이 성경에 나오는 횟수는, 지성(MIND) 204회, 의지(WILL)
195회, 감정(EMOTION) 166회, 개성 · 인격(PERSONALITY) 257회.

문화 리더십 3단계

왓처(Watcher): 세상 정신이 깃든 문화를 감시, 경고, 알림, 비평.
가이드(Guide): 일반 은총과 특별 은총이 깃든 문화로 안내.
프로듀서(Producer): 그리스도의 창의력을 바탕으로 생산자의 삶을 살아감. 정복하고 다스리라는 하나님의 문화 명령을 이행하려는 자세.

문화 속에 나타나는 메시지, 메타포, 이미지

메시지(Message): 수신자의 행동을 유발, 수정하게 하는 행위적 비행위적 언어.

메타포(Metaphor): 비유, 상징.

이미지(Image): 어떤 사물이나 사람에게 받는 인상.

사역

하나님이 불러내어 시키신 일. 십자가, 지성소, 보혈과 관련되어야 함.

상처

사랑의 결핍 상태를 일컫는 단어. A형과 B형이 있다. A형 상처는 Absence Trauma로 사랑을 충분히 받지 못할 때 발생하는 소극적 학대이다. B형 상처는 Bad Trauma로 사랑을 뺏길 때 발생하는 적극적 학대를 일컫는다.

상황화

하나님의 계시를 그 시대의 언어와 문화를 이용해 전달하려는 노력, 혹은 과정.

섭리와 경륜

하나님의 작정을 실행하시는 방법으로 창조하신 모든 피조물을 다스리시고 인도하심.

성경적 세계관

세상을 보는 하나님의 눈, 진리이며 생명인 성경을 바탕으로 정립된 세계관, 그리스도의 생명력을 바탕으로 지각을 끊임없이 사용하여 통찰력과 분별력을 갖추게 된 가치관.

성인 아이

역기능 가정의 산물로, 몸은 어른이지만 인격은 미성숙한 상태로 감정의 기복이 심하고 정서가 불안하며, 해소되지 않은 어린 시절 문제를 끌어안고 살아가는 성인. 또는 나이에 맞지 않게 성인의 문제를 조숙하게 다루는 성인화된 아이를 의미한다. (팀 슬레지의 정의)

세계관(WORLD VIEW)

생각의 틀, 가치관의 틀, 세상과 사물을 보는 가치 기준, 세상을 보는 안경=안목, 삶의 전 영역에 미치는 영향력, 생각으로부터 시작되는 결과물, 정체성이 구체화되는 통로.

세속주의

세상 사람들이 가지고 있는 세계관으로, 욕망이라는 세상 정신이 문화의 옷을 입고 나타나는 가치관. 외모 지상주의, 물질주의, 성공주의 등이 있다.

역기능 가정

아버지 부재, 어머니 부재, 대화의 부재로 인해 순기능을 하지 못하는 가정.

역동성

생명력으로 충만해져 예수 그리스도를 이해, 인식, 의존하여 연합을 인식하므로 풍성한 열매를 맺고자 하는 마음 또는 태도. 내재해 계신 예수 그리스도의 능력으로 살아가게 하는 힘(행1:8).

영적 지각력

하나님이 누구신가와 하나님이 일하시는 방법, 소명과 사명, 천직을 찾아 하나님의 나라를 이루게 하는 능력(엡1:17~19).

욕망

세상 정신의 결정체. 육신의 정욕, 안목의 정욕, 이생의 자랑(요일2:15~16). 생명나무가 아니라 선악나무로 가기로 선택하게 하는 유혹의 핵심.

우상화

하나님 이외에 사람이나 물체, 비물체 등이 숭배의 대상이 되는 것.

이중 문화 지도자

세계관이 다른 교회와 세상, 두 영역에서 생명력과 통찰력을 가지고 살아가며 영향력을 끼치는 사람.

자충성

생수의 하나님을 떠나 스스로 웅덩이를 파게 하는 성향(렘2:13). 하나님 없이 자기 힘으로 살아가려는 태도. 신앙이 아니라 신념과 의지로 사는 삶. 절대 의존의 반대 개념.

절대 주권

자연과 인간에 대한 지배권이 오직 하나님에게만 있다는 뜻.

정체성과 세계관을 파악하는 몇 가지 질문

나는 누구인가?: 존재론

나는 어디서 와서 어디로 가는가?: 목적론

내게 가치 있는 것은 무엇인가?: 가치론

그것을 어떻게 아는가?: 인식론

중독

세계관 변질로 나타나는 결과.

"대체물만이 나를 위로해 줄 거야"라는 신념에 사로잡혀 상처와 욕망을 빌미로 사탄이 잡아 버리는 상태.

지성소

성막의 가장 안쪽에 법궤를 두는 곳, 하나님 임재의 장소.

하나님과 일대일로 대면하는 곳, 죄와 상처가 해결되는 곳, 언약궤가 있는 곳, 생명력의 공급처, 성령이 거하시는 마음.

직면(Encounter)

예배를 통해 성령이 거하시는 자기 마음이 지성소임을 인식한 후 자신의 악한 감정, 상한 감정, 더러운 감정, 악한 마음, 상한 마음, 더러운 마음을 하나님께 토하고 부정적인 성격을 하나님의 거룩한 성품으로 교체 해 달라는 기도(시62:8).

예배를 통해 지성소에 들어가 하나님 앞에서 자신의 문제를 토로하는 기도(다루는 것-시102; 38:5).

천직

돈을 기준으로 선택한 직업이 아니라 하나님의 부르심에 응답하여 수행하는 일 또는 자세.

코람데오

라틴어로 '하나님의 얼굴 앞에서'라는 뜻. 무슨 일을 하든 하나님의 임재 앞에서 하듯이 하겠다는 믿음의 고백.

타민족

언어, 문화, 사고의 차이가 있는 민족 개념으로 세대 차이를 느낄 때 비유적으로 사용하는 말.

토설 기도

마음에 담아 둔 쓰레기 같은 상처를 하나님 앞에 토해 내는 것. 부정적 성격을 만드는 요소를 하나도 남김없이 하나님께 넘겨 드리는 작업. 지성소에서 드리는 가장 정직한 기도.

판타지

공상, 상상, 환상 또는 그것의 산물을 뜻하는 단어.

항상성

변하지 않으려고 하는, 그 자리에 안주하고 싶어 하는 상태나 태도.

현대 세계관의 대표적 특징

세속주의, 물질주의, 자연주의, 인간주의, 혼합주의, 다원주의.

회개

방향을 돌려 하나님께로 향하는 것. 원래 상태를 회복하는 것. 하나님이 기뻐하시는 삶을 살기 위해 역동성을 구하는 것.

회복(Restoration)

나의 부정적 성격이 하나님의 성품으로 바뀌는 과정, 주님과 생명의 관계를 이룸, 요한복음 15장의 원리처럼 주님께 붙어 연합함으로 나타난 열매, 생명 얻은 자가 이해, 인식, 의존을 통해 생명력을 풍성히 받아 누리는 과정, 직면을 통해 상처가 은혜로 바뀌는 과정, 기경된 밭처럼 부정적 성품이 하나님의 거룩한 성품으로 교체된 상태(마13:18), 직면사역을 통해 쓴 뿌리(히12:15)가 제거된 모습.

주석

1장. 복음사역 회복사역 문화사역이 필요한 이유

1. <한국 자살률 OECD 1위 자료>

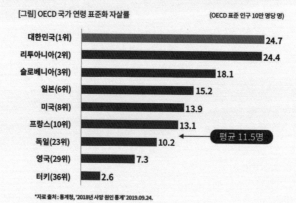

1 한국 자살률, OECD 1위

- 2018년 한국의 자살은 24.7명(인구 10만 명당)으로 OECD 회원국 중 가장 높음
- 한국의 자살률은 OECD 평균 11.5명(인구 10만 명당)보다 2.1배 높은 수준임

[그림] OECD 국가 연령 표준화 자살률 (OECD 표준 인구 10만 명당 명)

국가	자살률
대한민국(1위)	24.7
리투아니아(2위)	24.4
슬로베니아(3위)	18.1
일본(6위)	15.2
미국(8위)	13.9
프랑스(10위)	13.1
독일(23위)	10.2 ← 평균 11.5명
영국(29위)	7.3
터키(36위)	2.6

*자료 출처: 통계청, '2018년 사망 원인 통계' 2019.09.24.

2. 한국IFCJ 가정의힘에서 조사한 내용을 보면 한국 기독교인의 31%가 자신의 가정이 건강하지 않다고 응답했다. 기독교인 부모에게 자녀의 교육 내용을 물었더니, 놀랍게도 신앙 교육이 인성 교육의 3분의 2에도 못 미치게 나왔다. 자녀를 신앙으로 양육하는 데 가장 큰 걸림돌로는, 너무 바빠 시간이 없어서가 23%로 가장 높고, 다음으로 부모의 얕은 신앙 19%, 신앙 교육의 구체적 방법을 몰라서 16% 등으로 나타났다.

3. 조선일보, 2021.10.2. 「김지수의 서정시대」 칼럼 참고.

4. Family Ministry School. 세계적인 선교 단체 YWAM의 2nd School.

5. 에베소서 1:3~10.

6. 스티브 맥베이, 『질문있어요』, 터치북스 2016, P. 19.

7. 아가 2:15.

8. 스티브 맥베이는 율법주의를 '우리의 행동이 하나님과의 관계에 영향을 미친다고 생각하는 것'이라고 정의했다.

9. 프란시스 튜레틴은 『변증신학 강요』에서, "신학은 하나님께서 자신의 영광과 사람들의 구원을 위하여 계시하신 자신과 자신의 사역에 관한 교리의 체계(syntagma) 혹은 그 몸(corpus)이다."라고 했다.

10. 최금남, 『신앙과 생활』, 2021, 가을호, p. 11.

11. David Martyn Lloyd-Jones. 20세기 최고의 강해 설교자 로이드 존스는 어렸을 때부터 의사가 되기를 바랐고 우수한 성적으로 의과 대학에 들어갔으나, 하나님께서 그에게 바라시는 것은 육신의 질병을 고치는 의사가 아니라 영혼의 질병을 고치는 목회자의 길임을 깨닫게 되었다. 그는 27살 때 장래가 촉망되던 의사 직업을 버리고 아베나본에서 목회를 시작하였다. 남웨일즈에 있는 이 도시에서의 사역은 놀라운 부흥을 가져왔다. 그 후 런던의 웨스트민스터 채플에서 30년 동안 목회를 했으며, 미국과 유럽 전역을 다니며 능력 있게 말씀을 가르쳤다. 그는 영혼을 일깨우는 깊이 있는 설교로 전 세계 많은 사람에게 지금까지도 큰 영향을 끼치고 있다. (교보문고 작가 소개)

12. 팀 켈러, 『팀 켈러의 인생질문』, 두란노, 2019, p. 237.

13. 마틴 로이드 존스, 『교리 강좌』, 부흥과 개혁사, 2007.

14. 개혁 신학자들은 신학의 원리를 계시의 원리(principia revelations)라고도 칭하며, 다음 세 가지를 거론한다. 첫째, 존재의 원리(principium essendi)로서, 하나님 자신, 혹은 하나님의 자기 계시에 관한다. 둘째, 외적 인식의 원리(principium cognoscendi externum)로서, 성령의 영감으로 기록된, 하나님 말씀인 성경에 관한다. 셋째, 내적 인식의 원리(principium cognoscendi internum)로서, 성령의 조명과 감화로, 믿음으로, 그 대상을 받아들임(受納)에 관한다.

15. 마틴 로이드 존스, 『교리 강좌』, 부흥과 개혁사, 2007.

16. 사사기 2장 10절 - 그 세대의 사람도 다 그 조상들에게로 돌아갔고 그 후에 일어난 다른 세대는 여호와를 알지 못하며 여호와께서 이스라엘을 위하여 행하신 일도 알지 못하였더라.

17. 구약의 지성소가 하나님을 만나는 장소였다면 신약의 시대를 사는 우리에게는 지성소가 마음에 있다. (히브리서 8:10, 9:24 참고)

18. 모든 예배는 지성소에 들어가는 예배이므로 특별한 의미는 없다. 다만 예배의 목적을 분명히 알도록 지성소라는 단어를 강조하였다. 성막 구조에 따라 순서대로 들어가다 보면 은혜 가운데 지성소에 이르도록 돕는데 목표를 두고 있다. 홈스에서는 물론, 가정 예배와 개인 예배를 생활화하는데 큰 도움이 되고 있다.

19. Campus Crusade for Christ, 한국대학생선교회.

20. 가나안 성도가 급증하고 있다. 최근 한국기독교목회자협의회에서 조사한 결과를 보면 만 19세 이상 성인 남녀 크리스천 중 가나안 성도(현재 교회 비출석자)는 전체의 23%로, 열 명 중 네 명이 벌써 교회를 떠났다. 이들이 교회를 떠난 이유는 교회 불만도 불만이지만, 구속받기 싫어서 자유로운 신앙을 찾아 교회를 떠나는 요인이 44%로 가장 높다. 이들 중에는 신앙적 미성숙도 포함될 수 있지만, 다른 사람과 엮이지 않고 홀로 생활을 즐기는 '나홀로 Life'를 추구하는 현대인의 트렌드와 밀접한 관련이 있다. 앞으로 시간이 지날수록 이러한 문화적 트렌드는 더 강화될 것이며 얽매이기 싫어 교회를 떠나는 가나안 성도가 더 늘어날 것으로 보인다.
또, 국내 '한국IFCJ 가정의힘'이라는 단체가 전국에 있는 크리스천 수천 명을 대상으로 설문 조사한 내용을 보면, 고등학생 자녀의 경우 '부모보다 신앙생활을 못할 것 같거나 하지 않을 것 같다'는 응답이 무려 %로 유치원생 자녀 18%보다 두 배 가량 차이를 보였다.

21. 렘브란트의 그림 '돌아온 탕자'에 보면 아버지 얼굴에 그려진 두 눈이 하도 울어 퉁퉁 불어 있는 걸 알 수 있다.

22. 데이비드 웰스, 『신학 실종』, p. 341.

23. 크리스천 청소년의 70% 가까이,
낮은 신앙 수준 상태에 있어!

- 크리스천 청소년의 신앙 수준을 성인 크리스천과 비교해 보면, 신앙이 가장 낮은 단계인 1단계 비율의 경우 청소년 35%, 성인 16%로 청소년이 성인보다 두배 이상 많은 것으로 나타났다(교회 출석자 기준).
- 반면, 신앙이 가장 강한 4단계 그룹의 경우, '청소년' 11%, '성인' 20%로 이 역시 성인이 청소년보다 2배 가량 많다.
- 이러한 취약한 신앙이 청년 시기까지 그대로 이어지는 것으로 나타나고 있다.

[그림] 신앙 수준(크리스천 청소년 vs 크리스천 청년 vs 개신교 성인, 교회 출석자 기준)****   (%)

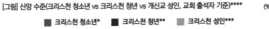

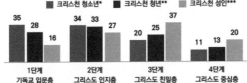

* 자료 출처 : 안산제일교회/한국교회연구원(여정통합)/목회데이터연구소, '2021 크리스천 중고생의 신앙생활에 관한 조사연구', 2021.06.17.
(전국 교회출석 개신교 중고생 500명, 온라인조사, 2021.04.08~23)
** 크리스천 청년 : 한국교회탐구센터/21세기교회연구소/목회데이터연구소, '코로나시대 기독청년들의 신앙생활 탐구', 2021.01.27.(전국 만 19-39세
개신교 청년 700명, 온라인조사, 2020.12.30~2021.01.05.)
*** 크리스천 성인 : 목회데이터연구소, 2020.11~11그, 만 19세 이상 교회 출석 개신교인 1,794명, 온라인 조사
**** 신앙수준 측정 방식 : 개신교인의 신앙수준을 측정하기 위해 미국의 「무브」(국제제자훈련원)에서 제시한 신앙수준 척도를 이용함

24. 현재 우리나라에서 교회에 출석하지 않는 크리스천은 23%에 달한다. 4명 중 1명 꼴이다. 탈종교화(대체 종교 등장), 나홀로 Life 등의 사회적 트렌드 변화로 젊은 층을 중심으로 가나안 성도는 점점 더 늘어날 것이다(목회데이터연구소. Number 제11호).

25. 감정 세대라는 말에는 감정을 자극하는 문화와 음식의 영향을 많이 받는 세대라는 뜻도 있다.

26. 욕망은 자기가 자기 인생을 주관하려는 고집, 육을 즐겁게 하는 자극에 길들여지려는 마음이다.

27. 노승수, '신앙과 감정', Post Tenbrans Lux, 2018.03.03, https://lewisnoh.tistory.com

28. Emotional Quotient … 감성 지수. 감정을 통제·조절하고 타인과 원만한 관계를 유지할 수 있는 능력.

29. Spiritual Quotient … 영성 지수. 자녀 됨, 종 됨, 제자 됨, 신부 됨, 왕 됨, 제사장 됨, 선지자 됨을 나타내는 능력.

2장. 역기능 가정에서 순기능 가정으로

30. <카핑 베토벤>이라는 영화만 봐도 이런 그의 성격을 알 수 있다.

31. 역기능 가정에서 자란 사람으로, 정상적인 양육 부재로 올바른 대화나 정서를 키워 나가지 못한 상태. 타인의 정서에 의존된 삶을 살아가기 때문에 매사에 상처받기 쉬워 특별한 이유 도 없이 수치심을 느끼거나, 사랑과 동정을 혼동, 자신의 불안정감을 보호하기 위해 장벽을 세우고, 타인과 친밀한 관계 맺는 걸 어려워하면서도 타인으로부터 인정받기 위해 강박감 에 사로잡혀 지나칠 정도로 노력하는 사람을 일컫는 말.

32. 김경은, 폴 매카트니, "비틀즈 해체는 존 레넌 결정이었다", 조선일보, 2021.10.12.

33. 헤세는 목사인 아버지의 요구로 들어간 억압적 분위기의 신학교 교육에 적응하지 못해 자살 시도까지 했고, 다윗은 부모에게 버림받은 상처를 시로 쓸 정도(시편 27:10), 압살롬은 아버지 의 사랑을 받지 못해 괴로워한 역기능 가정의 대표적 희생자.

34. 2020년 10월 13일 서울특별시 양천구에서 발생한 아동 학대 살인 사건. 홀트에서 입양한 당시 8개월 여자아이를 입양 부모가 장기간 심하게 학대하여 16개월이 되었을 때 죽음에 이르게 한 사건이다.

3장. 복음사역

35. 최금남, 『그대 신앙은 안녕하십니까』, 쿰란출판사, 2020, p. 11.

36. 고든 콘웰 신학교의 조직 신학 및 역사 신학 교수. 『신학 실종』을 비롯하여 『윤리 실종』, 『거 룩하신 하나님』, 『위대하신 그리스도』 등 많은 저서가 있다.

37. 호칭이 관계를 만든다. 자녀, 종, 청지기, 제자 모두 예수 그리스도와의 관계를 나타내는 말 이다. 자녀, 종, 제자라는 호칭은 예수 그리스도를 타자화他者化하기 쉬운데 신부는 아니다.

신부만이 신랑과 같은 침실을 쓰고 한 몸이 된다. 그러므로 신부가 아니고는 연합의 깊이를 체험할 수 없다. 그러므로 우리의 양육은 피양육자인 자녀가 이 땅을 사는 동안 예수 그리스도의 신부로 살아가게 하는 데 목표를 둔다.

38. 예표론 - 속죄 제사, 성전, 할례와 같이 구약과 신약의 통일성과 연속성을 추구하는 신학적·역사적 해석의 한 방법. 일명 모형론이라고 하며, 모든 사건과 인물이 그리스도를 중심으로 움직인다는 전제를 가지고 성경을 구원사 일부로 해석하려는 자세.

39. 고든 콘웰 교수인 데이비드 웰스는 신학이 얼마나 중요한가 이야기 하면서 『신학 실종』이라는 자신의 저서 제5장에서 **"본다(호라오)는 것이 신학의 전부"**라는 말을 했는데 이는 영적 지각력, 그중에서도 영적 시각의 중요성에 대해 강조하고 있다. 웰스에 의하면 신학은 ❶ 하나님의 진리를 **보는** 것이며, ❷ 진리와 현대화된 사회의 허풍 사이의 커다란 간격을 **보는** 것이며, ❸ 이 세상에서 진리가 어떻게 실천되어야 하는지를 **보는** 것에 대한 학문이라는 것이다.

4장. 회복사역

40. HMMS = **H**ome **M**ission **M**inistry **S**chool by Encounter. 예배를 통해 지성소에 들어가 직면하는 법을 프랙티스하는 거룩한 과정. 예배와 기도라는 핵심 사역 외에 중보, 축복, 연합, 인식 등을 통해 자신의 부정적 성격이 하나님의 거룩한 성품으로 바뀌어 감을 경험하게 된다.

41. "내 부모는 나를 버렸으나 여호와는 나를 영접하시리이다."

42. 억압적인 규칙과 습관들에 오랫동안 노출된 결과 개인적 혹은 대인 관계에서 일어나는 문제들에 대해 직접적으로 이야기하지 못하고 자신의 감정을 공개적으로 표현하기 어려운 정서·심리·행동 상태(Robert Subby). 사랑을 주고받는 인간관계의 능력이 손상되어 빚어진 자기 파괴적이고 학습화된 행동들 또는 성격 결함(Earnie Larsen).

43. **순응형** - 사랑 갈구. **할 수 없어형** - 열등감의 극치. **경쟁형** - 성취감의 대가. **비판형** - 비판의 명수.

44. 신상언, 『직면』, 낮은울타리, 2018.

45. a medicine or therapy that cures disease or relieve pain. 치유, 치료.

46. consideration, concern. 돌보다, 보살피다.

47. Absence trauma.

48. Bad trauma.

49. 그러므로 너는 회칠하는 자에게 이르기를 그것이 무너지리라 폭우가 내리며 큰 우박덩이가 떨어지며 폭풍이 몰아치리니(겔 13:11).

50. 김기동, '하나님 살려 주세요', CBS <새롭게 하소서>, 2021. 04. 27.

51. 김태평, 『자세히 보는 성막여행』, 도서출판 멘토, 2013.

5장. 문화사역

52. 김대식, '[릴레이 인터뷰 4편] 같은 세상을 보지 못해도 우리는 같이 살 수 있을까?', SBS D FORUM (SDF), YouTube. 2022.04.03. https://youtu.be/YqgptHsk07w

53. 낮은울타리에서 만든 복음변증학교 영상 중 메타버스에 관한 콘텐츠를 효과적으로 사용할 수 있다(문의 02-515-0180).

54. 오스 기니스, 『무덤파기 작전』, 낮은울타리, p. 28.

55. 고상범, '메타버스 시대의 다음 세대와 교회 학교', 주사모TV, YouTube, 2021.09.01.

56. 여기서 자녀라 함은 육적 자녀, 영적 자녀 모두를 말한다. 내 배에서 나온 자녀만 자녀가 아니다. 성경에서 자녀를 말할 때 영적 자녀를 말하는 경우가 많다. 대표적인 사례가 바울과 디모데를 말할 수 있다. 바울이 디모데를 '낳았다'라고 말한다. 자신을 통해 구원받은 자를 영적 자녀로 본다. 그 육적 자녀, 영적 자녀를 주의 거룩한 백성, 신부로 양육하는 일을 최우선에 두는 것이다. 자녀 양육을 최우선에 두는 이유는 주님이 그렇게 하셨기 때문이다. 주님은 이 땅에 와 사시는 동안 양육에 우선을 두었다. 선포와 치유도 하셨지만 12명의 제자 양육하는 일을 가장 중요하게 여기셨다.

57. 1980년대 초부터 2000년대 초 사이 출생하여 2007년 글로벌 금융 위기 이후 사회생활을 시작한 세대. 2000년대에 성장기를 거친 세대라는 의미에서 그런 이름이 붙었다. Millennials 또는 Generation Y(Y세대)라고도 한다. 베이비부머 세대의 자녀로 모바일 기기를 이용한 소통에 익숙하다.

58. 2010년 이후 출생한 세대로, 2021년 현재 10세 미만. 밀레니얼 세대의 자녀 세대로 디지털 네이티브로 기술 친화력이 타의 추종 불허, 강력한 소비력, 기존 세대와 완전 다른 사고 가짐. X-Y-Z세대가 끝나고, Z세대 다음은 다시 A가 되어야 한다는 의견이 많아 알파세대라고 부름.

59. 다양한 미디어에서 나오는 정보를 단순하게 받아들이지 않고 비판적으로 해석하고 검토할 수 있는 능력. 미디어 산업이나 일반적인 미디어 내용의 패턴 그리고 매체 효과와 관련된 지식 구조를 습득하는 것으로, 미디어에 접근하고 비평하고 창조하거나 조작할 수 있도록 하는 관습. 여러 대중 매체에서 전달되는 정보들을 단순히 받아들이기만 하는 것이 아니라, 비판적인 시각으로 정보를 해석하고 창의적으로 검토하여 재창조하는 능력.

60. 오스 기니스는 교회가 문화를 가져올 때 조심하지 않으면 이 세 단계로 적에게 당할 수 있음을 경고했다. 문화적 문맹은 문화가 무엇인지 모른 채 교회로 가지고 들어오는 단계, 문화적 예속은 그 문화 없이 예배도 안 되고 교육도 어려워진 상태. 예를 들어 찬양할 때 사용하는 악기, 문화적 소멸은 결국 그 문화 때문에 세속화의 덫에 걸려 교회의 생명력을 잃어버리는 단계.

61. 아미시파(Amish)는 재세례파 계통의 개신교 종파를 말하는데 17세기 이후 탄압을 피해 유럽

에서 이주해 주로 미국 펜실베이니아주와 캐나다 온타리오주에 거주하며 공동체를 이루어 산다. 이들은 재세례파가 보수화되면서 등장한 교파의 성격답게 자동차나 전기·전자 제품, 전화, 컴퓨터 등 현대 문명 거부로 유명하며, 종교적 이유로 스스로 외부 세계와 격리한 채 생활한다. 이들은 종교적 이유로 신념에 따른 병역 거부를 실천하여 군대에 가지 않고, 공적 연금을 수령하지 않는 등, 정부로부터 어떤 종류의 도움도 받지 않으며 단순하고 소박한 검은색 계통의 옷만 입고 대다수가 전통 방식의 농축산업에 종사한다. 아이들은 자신들이 설립한 마을 내 학교에서만 교육하게 하며, 종교는 연구 대상이 아니라는 신앙에 따라 종교와 과학을 가르치지 않는다. 단지, 읽기, 쓰기, 계산하는 법 등 생활에 필요한 기본 지식만 배울 뿐이다. 사업이나 가게가 커지기를 바라지 않고, 소박하게 산다. 모든 아이는 부모의 감독 하에 직업 교육을 도제식으로 받는다. 아이들은 지혜와 지식이 서로 다르다는 것을 배워야 한다. 학년제 수업을 거부하며, 경쟁을 부추기는 공립 학교 교육에 반대한다. 대부분의 학생은 중등 교육까지만 배우지만 소수의 우수한 학생은 고등학교와 대학교로 진학시키기도 한다. 이들은 노동을 귀하게 여기며 부를 쌓으려고 하지 않고 스스로 생계를 이어가는 걸 원칙으로 한다. 아미시 공동체에는 범죄, 폭력, 알코올 중독, 이혼, 약물 복용이 거의 없다. 이들은 자녀에게 성인이 되기 직전 아미시 공동체의 삶을 떠나 독립하여 살 것인지 여부를 결정하는 휴식년을 갖게 한다.

62. "교회로 하여금 스스로 무덤을 파게 하라"는 사탄 부국장의 명령에서 나온 내용. 극비 문서로 분류된 교회 전복 작전 파일 이름이기도 함. 오스 기니스, 『무덤파기 작전』, 낮은울타리, 2001.

63. 앞에 말한 대로 오스 기니스의 저서로 한국에서는 낮은울타리에서 『무덤파기 작전』으로, 정연에서 『악마의 비밀문서를 훔치다』로 번역 출간되었다.

64. 오스 기니스의 경고처럼 낮은울타리 문화사역은 세 단계로 진행되었는데 왓처, 가이드, 프로듀서가 그것이다. 그중 첫 번째, 낮은울타리 문화 리더십 왓처의 입장에서 쓴 『사탄은 마침내 대중문화를 선택했습니다』가 베스트셀러가 되고 집중 조명되면서 그 이후 진행된 국내 최초의 실용음악원 개설, 국내 최초의 기독교 창작 뮤지컬 팀 창단, 월요 문화 학교나 교사를 위한 문화사역 연구소 개설, 대형 이벤트인 신촌 문화 축제 주최, 복음사역과 문화사역이 접목된 와우큐 예배 등 참으로 다양한 가이드와 프로듀서적 문화사역 활동이 가려져 버린 것은 몹시 아쉽다 하겠다.

65. 호메로스의 역작 <일리아스>에 나오는 이야기로, 10년간 난공불락이었던 트로이 성 함락을 위해 그리스군이 마지막 치명타로 준비한 것은 그 유명한 목마. 그리스군은 목마 속에 오디세우스를 비롯한 30명의 정예 병사들을 남겨둔 채 막사를 불태우고 트로이 해안을 떠났다. 트로이 사람들은 전쟁이 끝났다는 기쁨에 환성을 지르며 성 밖으로 나와 거대한 목마를 두고 갑론을박을 벌이다 결국 성 안으로 끌고 들어간다. 그날 밤 목마 안에서 나온 병사들이 성문을 열어젖히고, 물밀듯 쳐들어온 그리스군에 의해 난공불락의 트로이 성은 무참하게 무너지고 만다. 오스 기니스는 이 이야기를 통해 교회의 적인 사탄이 문화라는 목마를 이용, 난공불락의 교회를 무너뜨리려 한다는 걸 설명했다.

66. 『무덤파기 작전』은 절망적인 내용이 아니라 희망을 주는 책이다. 왜냐하면 바보에 의해 적의 작전이 드러나게 되고 결국, 제3의 바보를 통해 전쟁에서 이길 수 있음을 알려 주기 때문이다. 여기 나오는 제1의 바보는 실제로 바보다. 어리석기 짝이 없어 지성적, 도덕적으로 바보스러움이 가득하다. 제2의 바보는 '초연한 바보'다. 조롱을 당해도 결코 낙심하지 않고 모욕을 당해도 요동치 않고 웃을 수 있는 자다. 기독교 관점에서 두 번째 바보는 세상에서는 바보라 불리지만 실제로 바보도 아니고 세상에 의해 무너지지 않는 사람이라 할 수 있다. 그리고 제3의 바보는 바보처럼 보이지만 실제로는 바보 제조자다. 스스로 어리석은 행위를 통해 그 어리석음을 폭로하는 사람이다. 저자는 비록 지금은 교회가 전복되어 보이지만 실제로는 전복될 수 없는 역설이 있음을 제3의 바보를 통해 말하고 있다.

67. 오스 기니스의 경우를 보자. 그는 『무덤파기 작전』을 통해 오늘날 사회와 기독교 안에서 일어나는 각종 문제들, 다원주의, 동성애 목사, 심지어 역사적 예수 탐구를 통해 나타나는 기독교의 탁월성과 유일성을 거부하도록 하는 사탄의 치밀한 전략을 드러낸다. 진리의 상대적 개념을 교회가 자연스럽게 받아들이도록 한 사탄의 전략도 과감히 파헤친다. 그의 책을 읽다 보면 자칫 사탄의 능력이 대단하구나, 하는 절망감을 갖게 될 위험성도 있다. 그러나 이런 그의 노력을 극단적이라고 폄하하는 것은 어리석은 일이다.

68. "Love myself/시작의 처음부터/끝의 마지막까지/해답은 오직 하나/왜 자꾸만 감추려고만 해 니 가면 속으로/내 실수로 생긴 흉터까지 다 내 별자린데…" <앤서>라는 노래에서 이렇게 노래했던 방탄소년단은 유엔 본부 연설에서도 이렇게 말했다. "저는 과거의 실수들이 모여서 만들어졌다. 내일, 저는 지금보다 조금 더 현명할지도 모르겠다. 그 실수들은 제가 누구인지를 얘기해 주며 제 인생은 우주를 가장 밝게 빛내는 별자리다… 내가 누구인지, 내가

누구였는지, 내가 누구이고 싶은지 모두 포함해서 러브 마이셀프."

69. 선배가 후배로부터 젊은 감각과 아이디어, 트렌드를 배우는 역(逆) 멘토링.

70. 대한제분의 밀가루 상표와 콜라보한 곰표 밀맥주, 빙그레 메로나와 이색 콜라보를 이어온 휠라(FILA) 등 과거에 볼 수 없는 새 전략이 속속 등장하고 있다.

71. 상업주의자들은 돈만 벌면 무엇이든 가능하다고 생각하는 사람들이다. 그들이 만드는 문화 속에 들어 있는 세상 정신은 육신의 정욕, 안목의 정욕, 이생의 자랑이다. 사탄은 그런 문화를 이용해 하나님의 백성을 타락시키려는 것이다. 그러므로 문화가 곧 사탄이란 말은 틀렸지만 사탄이 문화를 이용하기로 선택했다는 말은 맞는 것이다.

에필로그1

72. 신학을 다른 말로 하면 교리가 된다. 최금남 목사에 의하면 기독교 교리는 성경으로부터 나오는 바 기독교 근본 진리를 조직적으로 설명하는 것이라고 했다. 교리는 권위를 가지게 마련인데, 그 권위는 권위 있는 교회 단체가 심의, 승인, 채택, 공식화의 검증을 거쳐 주어진다는 것이다. 그리고 그 권위는 성경에 종속된다. 데이비드 웰스는 『신학 실종』에서, 오늘날의 교회가 신학에 대한 최우선적인 관심을 상실했기 때문에 이렇게 약해졌다고 진단했다. 그뿐 아니라, 부주의하게도 현대 문화의 감성과 그리스도의 진리를 맞바꾸어 버렸기 때문에 영향력을 상실해 버렸다고 주장했다.

73. 이사야 40:31, "오직 여호와를 앙망하는 자는 새 힘을 얻으리니"에서 히브리어 '얻는다'라는 말은 교체, 또는 대체라는 뜻이다. 허드슨 테일러 선교사는 이 구절에 사용된 '얻는다'라는 단어를 연구하면서 삶이 180도 바뀌었다. 그 후 그는 교체된 생명(the exchange life)이라는 단어를 만들었다. (스티브 맥베이, 『질문있어요』, 터치북스, 2016, p. 34.)

74. 무덤파기라는 용어는 오스 기니스의 『The Gravedigger File』에서 따왔다.

75. 2020년 <숲이나무에게>를 통해 발행한 신상언의 저서, 『죽더라도 자식은 살리고 죽자』에 5 JESUS POWER 항목별 체크 리스트가 실려 있다.

76. 데이비드 웰스, 『용기 있는 기독교』, 부흥과개혁사.

77. 데이비드 웰스, 『신학 실종』, 부흥과개혁사, p. 341.

78. 통합은 물리적으로만 하나가 되는 것이지만, 융합은 melting(용해)이 되는 동시에 화학적 반응이 일어나면서 엄청난 시너지가 발생하는 상태.

79. 에베소서 1:17~19.

80. 영적 시각, 영적 청각, 영적 촉각, 영적 후각, 영적 미각으로, 신학 없는 영적 지각은 없다. 영적 지각은 올바른 신학으로 해석된 복음을 먹을 때 내면에 충만하게 되고 역동성을 가지고 올바르게 역사하게 된다.

81. 예수 그리스도의 생명력(요10:10), 통찰력(빌4:6~7), 분별력(롬12:2), 창의력(출31:1~5), 변증력(벧전3:15).

초판발행	2022년 10월 9일
지은이	신상언
펴낸이	신상언
펴낸곳	낮은울타리
책임디자인	임선희
책임편집	Sugarplum ㅣ Ermine
출판등록	제 2012-000036호(2006.12.12)
주소	서울시 관악구 낙성대로 38, 206호
전화	02) 515-0180
팩스	02) 515-0435
ISBN	978-89-5511-185-9